SCHLACHTFELDER

Die tapferen Männer, lebende und tote, die hier kämpften, haben es geweiht, über unser

schwaches Vermögen, etwas hinzuzufügen oder daran zu schmälern, hinaus.

Die Welt wird unsere Worte bald vergessen haben, aber niemals, was sie hier taten.

ABRAHAM LINCOLN (1809–1865) – GETTYSBURG-ANSPRACHE

SCHLACHTFELDER

Die wichtigsten Kriegsschauplätze

1805–1945

tosa

First published in 2006 by New Holland Publishers
London • Cape Town • Sydney • Auckland
www.newhollandpublishers.com

Copyright © 2006: New Holland Publishers (UK) Ltd
Copyright © 2006 in text: individual authors
Copyright © 2006 in maps: New Holland Publishers (UK) Ltd
Copyright © 2006 in illustrations: New Holland Publishers (UK) Ltd
Copyright © 2006 in photographs: individual photographers and/or their agents as listed on page 142

Alle Rechte vorbehalten.
Copyright © 2008 der deutschsprachigen Erstausgabe bei tosa im Verlag Carl Ueberreuter Ges. m. b. H., 1090 Wien, Alser Straße 24
Übersetzung aus dem Englischen: www.textwerkstatt.at/Werner K. Müller (Text), Caroline Klima (Karten)
Coverentwurf: Joseph Koó
Druck: Tlačiarne BB s.r.o., Slovakia

www.tosa-verlag.com

SEITE 1 *Dieses Mahnmahl für einen unbekannten amerikanischen Soldaten, der bei der Invasion in der Normandie starb, wurde nach der Invasion an der verwüsteten Küste der Normandie errichtet.*

VORIGE DOPPELSEITE *Panzer waren zwar durch Artilleriefeuer verwundbar, halfen aber der Infanterie, sonst undurchdringlichen Stacheldraht zu überqueren, und boten Fußsoldaten Deckung und Feuerschutz. Das Foto entstand in Flandern.*

OBEN *Sari Bair von Terence Cuneo. Zur Unterstützung von ANZAC-Einheiten führt Major Allanson ein Bataillon der 6. Gurkha Rifles gegen die von den Türken gehaltene Höhe von Sari Bair.*

NÄCHSTE SEITE *Waterloo (Öl auf Leinwand) von George Jones zeigt eine typische, überdramatisierte Landschaft mit Wellington in einem blauen Mantel auf seinem Braunen, Kopenhagen.*

Inhalt

EINLEITUNG

Von Michael Rayner

Schlachtfelder faszinieren nicht nur die, die dort gekämpft haben, sondern auch spätere Generationen. Die Gründe, sie aufzusuchen, sind vielschichtig, selbst für den Besucher von heute. Erinnerung und Andenken an das Geschehene dürfte aber immer schon der Hauptgrund für den Besuch gewesen sein; die große Anzahl von Gedenkstätten und Denkmälern auf den Schlachtfeldern belegt dies ebenso wie die alten, einem Gott geweihten Trophäen und Gedenktafeln, die heute Regiments-Kameradschaften hier installieren. Manchen Menschen geht es aber in erster Linie darum, die Geschehnisse, die auf einem Schlachtfeld abliefen, durch einen Besuch richtig zu verstehen. Generäle und Militärtheoretiker wussten stets um die Bedeutung des Geländes für den Ablauf einer Schlacht. Schon der römische Schriftsteller Vegetius erklärte seinen Lesern, dass „ein erheblicher Teil eines Sieges davon abhängt, wo der Kampf stattfindet". Der Besuch eines Schlachtfeldes ist deshalb für den Historiker von solcher Bedeutung, dass viele ohne Ortsbesichtigung erst gar nicht über eine Schlacht schreiben würden. Schließlich ist der Ort ein Quell der Geschichte, der ebenso viel Aufmerksamkeit, Beachtung und Verständnis verdient wie jede Schrift oder andere Form

OBEN *Der Nationale Militärpark von Gettysburg im Blick nach Westen über die Nordseite des Friedhofshügels mit dem Reiterstandbild von Generalmajor Winfield Scott Hancock, der am Abend des 1. Tages half, diesen Hügel zu sichern. Der Friedhofshügel war ein Angelpunkt der Stellungen der Union und wurde von Meades Armee während der ganzen Schlacht massiv angegriffen.*

der Überlieferung. Das Verstehen eines Schlachtenablaufs setzt ein Verstehen des Schlachtfeldes voraus. Dies erfordert zunächst eine Rekonstruktion der historischen Landschaft, d. h. geografische Veränderungen der Szenerie müssen virtuell bis zum Zeitpunkt der Schlacht rückgängig gemacht werden, was meist nur auf der Basis alter Karten, Berichte oder der Geologie der Landschaft erfolgen kann. Natürlich hilft ein Besuch des Schlachtfeldes, bestehende Vorstellungen über eine Schlacht zu stützen oder falsche schriftliche oder bildliche Darstellungen zu verwerfen.

Falsche Vorstellungen über ein Schlachtfeld und damit über die dort abgelaufenen Geschehnisse sind verbreitet. Ein gutes Beispiel liefert Wellingtons Hügelkette bei Waterloo. Diese wird auf vielen Gemälden der Schlacht und vielen Berichten dargestellt. Wenn man sie mit der selbst gewonnenen Ansicht vergleicht, zeigt sich sofort, ob der Berichterstatter oder der Maler das Schlachtfeld selbst besucht hat. Die Hügelkette ist häufig zu hoch und zu steil dargestellt; in Wirklichkeit steigt sie gemächlich an und ist auch nicht sehr hoch, was das Besondere an Wellingtons Aufstellung ausmacht. Ein Besuch zeigt dies sofort, selbst wenn man noch zusätzlich berücksichtigen muss, wie zum Beispiel der Löwenwall das Gelände verändert hat, welche Häuser seinerzeit wo standen, wie die Feldgrenzen verliefen und wie sich Straßen und Wege in Lage und Größe verändert haben. Ein Besuch vermittelt auch einen Eindruck von der Art und dem Zustand des Bodens wie vom Standort von Hecken, Bäumen und Waldstücken, was wiederum Aufschluss über einsehbare und nicht einsehbare Abschnitte vermittelt. Solche Merkmale können zusam-

men mit anderen Naturgegebenheiten wie der Jahreszeit, in der die Schlacht stattfand, und dem damals herrschenden Wetter zu einer kritischen Beurteilung der Schlacht und einer Würdigung der Leistung der Befehlshaber und Soldaten führen.

Dieses Buch befasst sich mit einer Reihe von Schlachten der letzten zwei Jahrhunderte, die uns heute noch interessieren. Obwohl es sich dabei in erster Linie um Schlachten zu Land handelt, werden Pearl Harbor und Arnheim – letztere trotz ihrer Luftlandeoperation – mit einbezogen. Besichtigungen der Schlachtfelder kann man selbst vornehmen, doch werden auf allen hier behandelten auch professionelle Führungen angeboten. Somit darf man davon ausgehen, beim Besuch auch Informationen mit modernen Hilfsmitteln zu erhalten. Der Tourismus der Schlachtfelder ist im Wachsen, was Annehmlichkeit und gute Darstellung an vielen dieser Orte – auch solchen, die hier nicht behandelt werden – beschleunigt hat. Besichtigt man 1985 und 2005 das Schlachtfeld der Somme, so wird ein erheblicher Fortschritt in der Besucherfreundlichkeit erkennbar. Während man 1980 kaum Einrichtungen für Besucher vorfand, standen 2005 sorgfältig ausgesuchte moderne Hilfsmittel und Erläuterungen im Newfoundland Memorial Park und Thiepval bereit. Andere wie z. B. die von Delville Wood wurden überarbeitet. Der Anstieg der Besucherzahlen hat natürlich hierzu beigetragen, aber auch Kosten durch die oftmals engen Zufahrtsstraßen und den Wegen in den Anlagen selbst verursacht. Deshalb können z. B. die Besucher im Newfoundland Memorial Park nicht mehr frei im „Niemandsland" herumstreifen, weil die Erosion das Wichtigste, was der Besucher sehen möchte, zerstört. Anderseits wird die steigende Popularität der Schlachtfelder als Ziele von Touristen und Schulausflüglern zu ihrer Erhaltung beitragen. In einer idealen Welt würde man diese Stätten allein wegen ihrer Historie pflegen, aber leider dominiert oft ein ökonomischer Druck, sodass viele Schlachtfelder verschwinden oder zerstört werden. Zeigt man dagegen ihr wirtschaftliches Potential auf, so sind lokale und nationale Institutionen eher geneigt, sie zu erhalten, anstatt sie unter Asphalt oder Häusern verschwinden zu lassen. Man kann nur hoffen, dass Regierungen die historische Bedeutung der

OBEN *Das massive Denkmal von Thiepval für die Vermissten an der Somme von Sir Edwin Lutyens mit den Namen von über 73.000 britischen und südafrikanischen Soldaten ohne bekannte Grabstätte. Auf dem angrenzenden Friedhof ruhen 300 französische und 300 britische Soldaten.*

Schlachtfelder begreifen und mehr tun, als sie aus rein archäologischen Gründen zu erhalten.

Als Autor eines jeden Kapitels wurde ein Experte ausgesucht. Alle haben auf ihrem Gebiet profundes Wissen aus eigener Forschung und Lokalkenntnis. Etliche Autoren haben auch durch ihr Schlachtfeld geführt, sodass ihre Ausführungen hilfreiche Hinweise für den Besucher enthalten und Einblick ins Terrain geben. Wegen der guten Qualität und Größe der Karten und Abbildungen kann man das Buch gut zu Hause in den trüben Wintermonaten studieren. Vielleicht inspiriert es Sie dazu, im nächsten Frühling oder Sommer einige dieser faszinierenden und bedeutenden Stätten zu besuchen, die Winston Churchill als Wendepunkte der Geschichte bezeichnete.

Die Napoleonischen Kriege

1805 – 1815

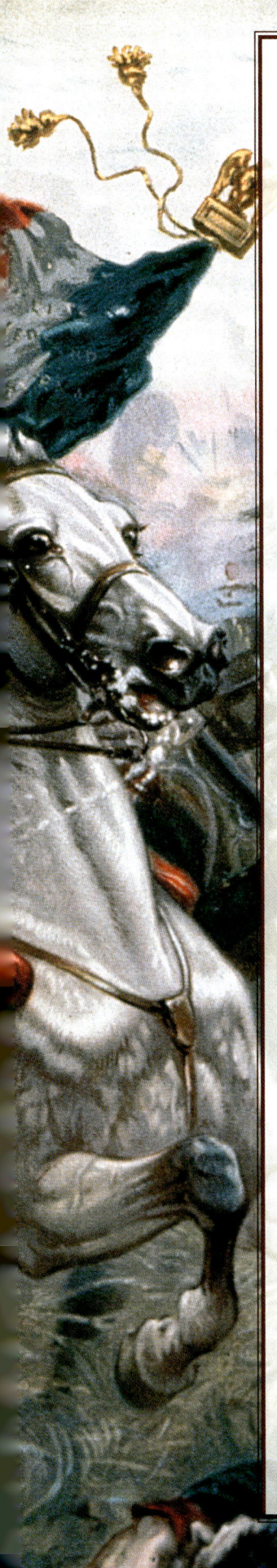

Von Michael Rayner

Als Napoleonische Kriege bezeichnet man die Kriege von 1804 – als Napoleon Bonaparte Kaiser von Frankreich wurde – bis 1815, dem Ende des Krieges der 100 Tage, in die Frankreich, England, Preußen, Russland und Österreich verwickelt waren. Manche Historiker würden diesen Zeitabschnitt mit 1799 beginnen lassen, als Napoleon Erster Konsul von Frankreich wurde. Des Weiteren darf man die Napoleonischen Kriege als eine Fortsetzung der französischen Revolutionskriege betrachten, die ab 1792 die ganzen 90er-Jahre anhielten. Eigentlich muss man diesen Zeitabschnitt mit seinen harten Kämpfen als einen Weltkrieg ansehen, der 100 Jahre vor dem eigentlichen Ersten Weltkrieg ablief. Der Kampf gegen Frankreich, seine Schwesterrepubliken, seine Satellitenstaaten und Verbündeten beschränkte sich nicht nur auf Europa, sondern fand auch im Mittleren Osten und Indien statt. Selbst der Krieg zwischen England und USA von 1812 zählt ebenso zu den Napoleonischen Kriegen wie der Seekrieg, der auf der ganzen Welt ausgetragen wurde.

Die Kriege sind durch Aufstieg und Niedergang gekennzeichnet, wobei Napoleon eine Reihe brillanter Siege über die Armeen seiner gegnerischen Verbündeten errang, bevor sich das Blatt wendete, seine Armeen geschlagen wurden und seine Macht mit Waterloo endete. Die ganze Zeit über konnte sich Napoleon nicht gegenüber der britischen Seemacht behaupten, schon gar nicht nach der Seeschlacht von Trafalgar (1805). Zu Lande waren seine Armeen anfangs absolut überlegen, weil sie viel beweglicher waren und mit größerem Kampfgeist kämpften und sich die Fortschritte in der Kriegskunst nach 1790 zunutze machten. Napoleons Generäle trugen sicherlich zu den Erfolgen bei, wenn auch manche Historiker diesen Grund nicht anerkennen, indem sie die Schwäche der gegnerischen Generalität herausstellen oder Napoleon großes Kriegsglück bescheinigen. Wie auch immer, er siegte glorreich über die Österreicher und Russen 1805 bei Austerlitz, 1806 bei Jena und Auerstädt über die Preußen, 1807 über die Russen bei Friedland und 1809 wieder über die Österreicher bei Wagram.

Seine koalierten Gegner reorganisierten ab 1809 ihre Streitkräfte und Taktiken nach französischem Modell, was Napoleon das Siegen erschwerte. Mit seiner Invasion in Portugal 1807 und der Errichtung der französischen Herrschaft in Spanien hatte er sich übernommen, weil er damit den iberischen Guerillakrieg auslöste. Die Ursache hierfür war zum Teil seine gegen England gerichtete Kontinentalsperre, die 1812 zum Krieg gegen Russland führte. Im iberischen Krieg gelang es England mit seiner Armee in Europa Fuß zu fassen und unter Arthur Wellesley (Herzog von Wellington) mit spanischen und portugiesischen Einheiten etliche Siege bei Talavera, Salamanca und Vittoria zu erringen.

Trotz dieser Rückschläge marschierte Napoleon 1812 in Russland ein, gewann knapp die erbitterte Schlacht von Borodino und konnte noch Moskau einnehmen, bevor er sich verlustreich zurückziehen musste. Nach diesem Desaster organisierten sich seine Gegner neu und formierten sich 1813 zur Völkerschlacht von Leipzig. Abwehrkämpfe in Frankreich konnten seine Niederlage und Abdankung nicht verhindern. 1814 musste er sich nach Elba ins Exil begeben, von wo er im Februar 1815 zurückkehrte, um seine Herrschaftsperiode der 100 Tage anzutreten, die mit seiner Niederlage bei Waterloo endete. Nicht nur die Herrschaft, sondern auch die Ära Napoleons fand damit ihren Abschluss.

AUSTERLITZ 1805

 *Von Michael Hannon*

Der Friede von Amiens war nur eine Atempause, denn die Wiederaufnahme der Kämpfe schien unvermeidlich. Nach der Krönung Napoleons zum Kaiser der Franzosen am 2. Dezember 1804 schuf der britische Premierminister William Pitt die dritte alliierte Koalition (Kasten S. 13).

Österreich und Russland strebten eine Restauration der Verhältnisse von 1789 an, so dass Napoleon seinen Invasionsplan vorläufig zurückstellen musste. Nach Abbruch der Zelte in Boulogne am 23. August stand die „Grande Armée" einen Monat später am Rhein. Nie zuvor hatte man eine solche Streitmacht zusammengestellt und so schnell und präzise bewegt. Die französische Organisation und Stabsarbeit war hervorragend und die Ausbildung des Mannschaftsstandes weit besser als bei jedem Gegner. Fast 220.000 Mann, 30.000 Reiter und fast 400 Geschütze waren auf 7 Armee-Korps verteilt.

Wie so oft gab es bei den Alliierten Konfusionen unter anderem

OBEN: *Mack, der beste der österreichischen Generäle, übergibt zum Zeichen der Kapitulation Napoleon seinen Degen. Dieser gibt ihn tröstend mit den Worten zurück: „Alle Weltreiche gehen mal unter!"*
VORIGE SEITE: *Farblithografie von Sullivan. Der symbolische Untergang von Napoleon in der Schlacht von Waterloo, als Serg. Ewart von den Scots Greys den Adler der 45. französischen Linien-Infanterie aufgreift.*

deshalb, weil Russland noch den Julianischen Kalender benutzte, wodurch 10 Tage unbemerkt vergingen und damit wichtige Termine verstrichen. So erreichte die russische Armee unter General Kutuzow den Inn 10 Tage später, als von den Österreichern geplant. Auch war man sich nicht über die Prioritäten einig; die Österreicher wollten sich auf Norditalien konzentrieren, die Briten auf Mitteldeutschland in der Absicht, Preußen einzubeziehen; den Russen traute man wegen ihrer Polenpolitik und ihrem Engagement mit den Türken nicht; außerdem dauerte ihre Mobilisierung sehr lange.

Österreich und Russland verfügten über je drei nicht gut ausgebildete Armeen unter dem nominellen Befehl der drei Brüder von Kaiser Franz I., er selbst hatte den Oberbefehl. Erzherzog Karl unterstand die Armee in Italien, Johann stand in Tirol und Ferdinand mit General Karl Mack an seiner Seite in Bayern. Die russischen Kommandeure hießen Kutuzow, Buxhöwden und Bennigsen. Kutuzow rückte langsam durch Mähren vor, Herzog Friedrich Wilhelm Buxhöwden und Bennigsen warteten auf die Erlaubnis Preußens, durch Schlesien zu marschieren.

Die „Grande Armée" setzte am 25. September über den Rhein und hatte bis Mitte Oktober den größten Teil von Erzherzog Ferdinands Truppen bei Ulm eingekreist. Ferdinand selbst setzte sich ab und überließ es General Mack, sich am 20. Oktober zu ergeben. Die Franzosen machten 50.000 bis 60.000 Gefangene, die am nächsten Tag die Stadt

DER TIGER UND DER HAI

In den ersten Jahren nach der französischen Revolution von 1789 bis 1792 waren die übrigen vier Mächte mit den Vorgängen in Frankreich halbwegs einverstanden. England witterte die Chance, sein Empire auf Kosten seines Erzfeindes zu vergrößern, Russland, Österreich und Preußen bemühten sich, möglichst viel von Polen abzubekommen. Bald war jedoch klar, dass die Franzosen mit den Errungenschaften ihrer Revolution ganz Europa, wenn nicht die ganze Welt beglücken wollten; ein Krieg war damit programmiert.

Zwischen 1792 und 1799 errang Frankreich über die meisten Länder Europas eine Vormachtstellung, trat aber die Seeherrschaft an England ab. Mit der Vernichtung der französischen Flotte bei Aboukir 1789 brach das napoleonische Empire fast zusammen. Als man schließlich im März 1802 den Frieden von Amiens unterzeichnete, war eine Tiger-Hai-Situation entstanden: England hatte eine Marine, aber wegen seines Engage-ments in Indien keine Armee, Frankreich dagegen eine weit überlegene Armee. So konnte keiner dem anderen gefährlich werden. England musste zur Wahrung der Kräfteverhältnisse einen Festlandsdegen heuern und subventionierte dazu Österreichs und Russlands Armeen.

Als Napoleon im Februar 1800 „erster Konsul von Frankreich" wurde, sah er sehr bald, dass er für eine französische Hegemonie in Europa England früher oder später ausschalten musste. Er plante eine Invasion und zog seine „Grande Armée" mit 220.000 Mann bei Boulogne zusammen. Das Training war hart, die Disziplin unerbittlich, aber die Kampfmoral hoch. Die Armee wurde in mehrere Korps aus mindestens zwei Divisionen gegliedert, jedes mit eigenem Offiziersstab, eigener Infanterie, eigener Kavallerie, Artillerie und eigenem Fuhrpark. Diese Kombination aus Ausbildung, Moral, sich gegenseitig unterstützenden Waffengruppen und Organisation war es, die die Schlacht von Austerlitz gewinnen sollte.

verließen. Gleichzeitig vernichtete Lord Nelson die vereinigte französische und spanische Flotte bei Trafalgar. Der Hai herrschte nun auf den Ozeanen, während der Tiger seine Unbesiegbarkeit auf dem Lande demonstrierte.

Kutuzow hatte den Inn erreicht, entschied sich aber nach dem Desaster von Ulm dafür, sich entlang der Donau nach Osten abzusetzen. Mit Glück konnte er am 10. November aufs Nordufer übersetzen und hätte beinahe das VIII. französische Korps bei Dürnstein vernichten können. Die Franzosen zogen am 13. November in Wien ein und schafften es mit Bluff, über die einzige Brücke ans Nordufer zu gelangen. Die russische Nachhut unter General Bagration deckte den Rückzug von Kutuzows Truppen, die sich mit den anderen Alliierten bei Olmütz vereinigten.

Napoleon blieb ein paar Tage im Schloss Schönbrunn am Rande Wiens, wo sich seine Quartiermeister aus dem riesigen Waffenlager eindeckten, bevor man nach Norden aufbrach, um sich mit der Vorhut zu vereinigen. Ein weiteres Arsenal fiel ihm in Brünn in die Hände, wo er am 18. November einzog. Die nächsten Tage dienten zur Erho-

LINKS *Nach seinem erfolgreichen Gegenangriff gegen die russische Garde des Zaren führt General Rapp, einer von Napoleons „Aide-de-Camps", seine Gefangenen vor, unter ihnen ihren Befehlshaber, Prinz Repnin.*

lung und Reorganisation. Napoleon erkannte natürlich das Risiko langer Nachschubwege, mit ihren aufwendigen Sicherungen. Im Nordwesten musste das Korps von Marschall Bernadotte den Teil von Erzherzogs Ferdinand Truppen, die in Ulm entkommen waren, im Auge behalten, Wien selbst wurde vom III. Korps unter Marschall Davout gesichert.

DIE WICHTIGSTEN KONTRAHENTEN

NAPOLEONS GEGNER

Alexander I., russischer Zar
Franz II. (I.), Kaiser des Heiligen Römischen Reiches und Kaiser von Österreich
General Mikhail Illarionovitch Kutuzow
General Mack, Baron Karl Mack von Leiberich
General Peter Bagration
Prinz Repnin (Leibgarde des Zaren)
General Feodor Buxhöwden
General Levin August Bennigsen

AUS DER GRANDE ARMÉE

Marschall Jean Lannes (V. Korps)

Marschall Jean-Baptiste Jules Bernadotte (I. Korps)
Marschall Louis Nicolas Davout (III. Korps)
General Anne Jean Marie René Savary
Marschall Nicolas-Jean de Dieu Soult (IV. Korps)
Marschall Joachim Murat (Kavallerie-Reserve)
General Dominique Joseph René Vandamme
General Louis Vincent St.-Hilaire
General Nicolas Charles Oudinot (Grenadiere)
General Legrand
Marschall Jean-Baptiste Bessières (kaiserliche Garde)
General Jean Rapp

Zar Alexander I.   *Marschall Jean-Baptiste Bessières*

ALLIIERTE FEHLEINSCHÄTZUNGEN

Dem alliierten Stab war das Risiko Napoleons nicht verborgen geblieben, woraus man schloss, dass sich die Position der Franzosen zunehmend verschlechtere. In Wirklichkeit plante Napoleon die Truppenmassierung für die kommende Schlacht. Um die Stärke seiner Gegner zu erkunden, schickte er General Savary mit einem Verhandlungsangebot ins Lager der Alliierten. Dies bestärkte die Vorstellung der Jüngeren im Stab von der Schwäche Napoleons. Nur der erfahrene Kutuzow riet zu weiterem Rückzug in der Annahme, Napoleon würde eine weitere Dehnung seiner Versorgungswege nicht riskieren.

Das Wetter war übel und anders als die gut versorgten enthusiastischen Franzosen litten die Alliierten unter Kälte und Versorgungsmangel. Unter Missachtung von Kutuzows Rat mussten Alexander und Franz wohl oder übel in der Absicht vorrücken, Napoleon von Wien abzuschneiden. Am 28. November wurde Marschall Soults Vorhut unweit östlich von Austerlitz angegriffen und zog sich auf Weisung Napoleons auf eine Stellung westlich des Goldbachs zurück. Dieser Rückzug überzeugte den unerfahrenen alliierten Stab, dass die Franzosen einer Schlacht auswichen. Der Zar befahl darauf, die Anhöhen um das Dorf Pratzen zu besetzen. In Wahrheit verlief Napoleons Vorbereitung planmäßig. Die Santon-Höhe wurde mit Gräben und einer Batterie aus acht Geschützen gesichert; Bernadotte und Davout sollten in Eilmärschen zur Hauptarmee stoßen. Napoleon erriet die Absicht der Alliierten, verließ sich aber darauf, dass Davouts III. Korps den rechten Flügel unter allen Umständen halten würde.

Die miserable Arbeit des alliierten Stabes gipfelte in dem chaotischen Versuch, in der Nacht vom 1. Dezember aufzumarschieren. Es wird erzählt, dass die alliierten Befehlshaber die Situation recht gelassen sahen und sich nur wenige von ihnen die Mühe machten, den Plan auf der Karte nachzuvollziehen. Schriftliche Befehle gingen erst sehr spät raus und manche erreichten ihr Ziel erst kurz vor Beginn der Schlacht im Morgengrauen des 2. Dezember.

NAPOLEONS PLAN

Napoleon nahm zunächst an, dass die Alliierten bei Kobelnitz angriffen, doch überzeugte ihn der Lärm ihrer Bewegungen, dass sie sich weiter südlich in Richtung Telnitz und Sokolnitz formierten. Dies passte ihm sehr gut, denn wenn Davout die Versuche, ihn von Wien abzuschneiden, vereiteln konnte, würden sie ihren linken Flügel mit Truppen aus dem Zentrum verstärken. Der rechte alliierte Flügel unter General Bagration würde durch die Santon-Stellung, das V. Korps unter Marschal Lannes sowie Murats Reservekavallerie und Bernadottes Korps gebunden werden. Sobald das feindliche Zentrum genügend ausgedünnt war, würde er hier seinen entscheidenden Gegenangriff mit dem IV. Korps unter Marschall Soult und den Divisionen St.-Hilaire und Vandamme vortragen. Die kaiserliche Garde und Oudinots Grenadiere sollten eine starke Reserve bilden

Die Angriffe der Alliierten bei Telnitz und Sokolnitz verliefen

RECHTS *Napoleon trifft mit Kaiser Franz I. am 4. Dezember zusammen und stimmt einem Waffenstillstand zu, der im Vertrag von Pressburg, in harten Bedingungen formuliert, am 26. Dezember unterzeichnet werden sollte.*

anfangs erfolgreich, aber weder Stab noch Kommandeure vermochten etwas daraus zu machen; General Legrands Division blieb Herr der Lage. Dichter Nebel verbarg die beiden Divisionen unter Soult hinter dem Goldbach vor den Alliierten. Es war kalt, begann aber zu tauen. Hagel und Regen hatten die Nacht für alle sehr unerfreulich gemacht, was die Moral der Alliierten weiter senkte. Um 8:00 Uhr zeigte die aufgehende Sonne starke russische Verbände auf dem Weg nach Süden durch das Schlachtfeld. Napoleon fragte Soult, wie lange seine Leute brauchen würden, die Höhen von Pratzen zu erreichen. „20 Minuten, Sire", erwiderte der Marschall, „denn meine Soldaten, bleiben durch Nebel und Rauch verborgen".

„Sehr gut", erwiderte der Kaiser, „wir warten 15 Minuten". Gegen 9:00 Uhr hatte die Sonne von Austerlitz den Nebel durchbrochen und eine halbe Stunde später hatte St.-Hilaires Division den Hügel von Pratzen und Vandamme die Stellung von Vinohrady erobert. Die Kavallerie der russischen Garde unternahm einen mutigen Gegenangriff, welcher Napoleon in Bedrängnis gebracht hätte, wenn man nicht über eine viel zu große Distanz im Trab geritten wäre und so außer Atem auf dem Schlachtfeld ankam. Marschall Bessières bereinigte die Situation, indem er General Rapp mit zwei Jägerschwadronen und den Mamelucken aus Napoleons Garde in die Schlacht warf. Dieser Angriff wurde durch das Gemälde von Gerard weltberühmt, welches Rapp zeigt, wie er mit zerbrochenem Säbel dem Kaiser seine Gefangenen vorführt, darunter Prinz Repnin, Kommandeur der Leibgarde des Zaren, mit dessen Fahne.

DIE ENDPHASE DER SCHLACHT

Um 14:00 Uhr wurde das französische Hauptquartier in die Kapelle von St. Anton verlegt, wo Napoleon neue Befehle für die Endphase der Schlacht ausgab. Bernadotte sollte die Stellung von Pratzen halten und die Garde mit Ourdinot und Soult die verbliebenen feindlichen Kräfte (Buxhöwdens Armee) einzukreisen, um die ohnehin schon Fliehenden zu vernichten. Viele bekannte Historiker sagen Napoleon nach, er habe die zugefrorenen Teiche um Satchen beschießen lassen, so dass viele Flüchtende ertranken. Als man aber die Teiche auf Napo-

leons Befehl zwischen dem 8. und 12. Dezember trockenlegte, fand man nur die Leichen von zwei Russen. Trotzdem, 15.000 alliierte Soldaten waren gefallen oder verwundet, 12.000 wurden gefangen, 180 Kanonen und 50 Standarten erobert. Die französischen Verluste beliefen sich auf 1305 Tote, 6940 Verwundete und 573 Gefangene.

DAS SCHLACHTFELD HEUTE

Das Schlachtfeld von Austerlitz ist heute relativ unverändert. Als Karte kann man die 1:30.000 SLAVKOV – *Austerlitz, bitra tri cisarú*, ISBN 8085302039 von Geodézie Brnõ, 1991, empfehlen. An der Stelle des taktischen Hauptquartiers Napoleons steht ein Ehrenmal von 1930 mit einer gravierten Skizze der Schlacht. Die Stelle bietet einen idealen Überblick über die Gegend und ist leicht zu finden, gleich neben der alten Olmütz-Straße (Route 403, Olomoucke-Straße), etwa 9 km

---

DER NAME DER SCHLACHT

Die Schlacht von Austerlitz fand in der Nähe des Dorfes dieses Namens statt. Angeblich sollen der Zar und Franz I. die Nacht vor der Schlacht in Schloss Austerlitz geschlafen haben. Als Napoleon sie da hinauswarf, wollte er seinen Triumph dadurch unterstreichen, dass er diesen Ortsnamen als Name für die Schlacht verwendete.

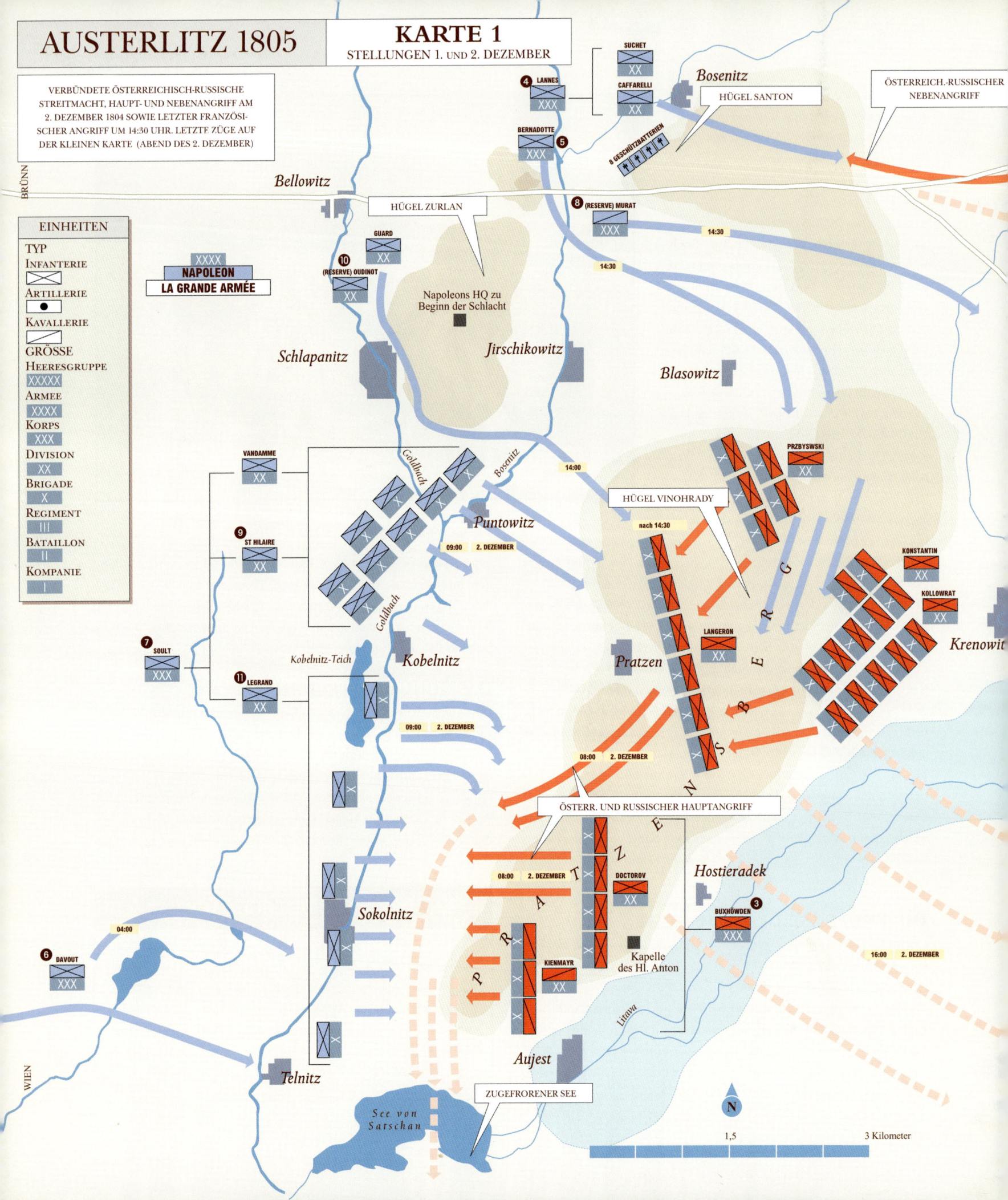

AUSTERLITZ 1805

KARTE 1
STELLUNGEN 1. UND 2. DEZEMBER

VERBÜNDETE ÖSTERREICHISCH-RUSSISCHE STREITMACHT, HAUPT- UND NEBENANGRIFF AM 2. DEZEMBER 1804 SOWIE LETZTER FRANZÖSISCHER ANGRIFF UM 14:30 UHR. LETZTE ZÜGE AUF DER KLEINEN KARTE (ABEND DES 2. DEZEMBER)

ÖSTERREICH-RUSSISCHER NEBENANGRIFF

EINHEITEN

TYP
INFANTERIE
ARTILLERIE
KAVALLERIE

GRÖSSE
HEERESGRUPPE   XXXX
ARMEE   XXX
KORPS   XXX
DIVISION   XX
BRIGADE   X
REGIMENT   III
BATAILLON   II
KOMPANIE   I

BRÜNN
BELLOWITZ
Bosenitz
HÜGEL SANTON
SUCHET
LANNES ❹
CAFFARELLI
BERNADOTTE ❺
8 GESCHÜTZBATTERIEN

HÜGEL ZURLAN
(RESERVE) MURAT ❽
14:30
14:30

NAPOLEON
LA GRANDE ARMÉE

GUARD
(RESERVE) OUDINOT ❿

Napoleons HQ zu Beginn der Schlacht

Schlapanitz
Jirschikowitz
Blasowitz

VANDAMME
Goldbach
Puntowitz
Bosenitz
14:00

HÜGEL VINOHRADY
PRZBYSWSKI
nach 14:30

ST HILAIRE ❾
09:00 2. DEZEMBER

KONSTANTIN
KOLLOWRAT
Krenowit

SOULT ❼
Kobelnitz-Teich
Kobelnitz
LANGERON
Pratzen

LEGRAND ⓫
09:00 2. DEZEMBER
08:00 2. DEZEMBER

ÖSTERR. UND RUSSISCHER HAUPTANGRIFF
08:00 2. DEZEMBER

Sokolnitz
DOCTOROV
Hostieradek

BUXHÖWDEN ❸
16:00 2. DEZEMBER

KIENMAYR
Kapelle des Hl. Anton

04:00
DAVOUT ❻

Telnitz
Aujest

ZUGEFRORENER SEE
Litava

See von Satschan

WIEN

N
1,5   3 Kilometer

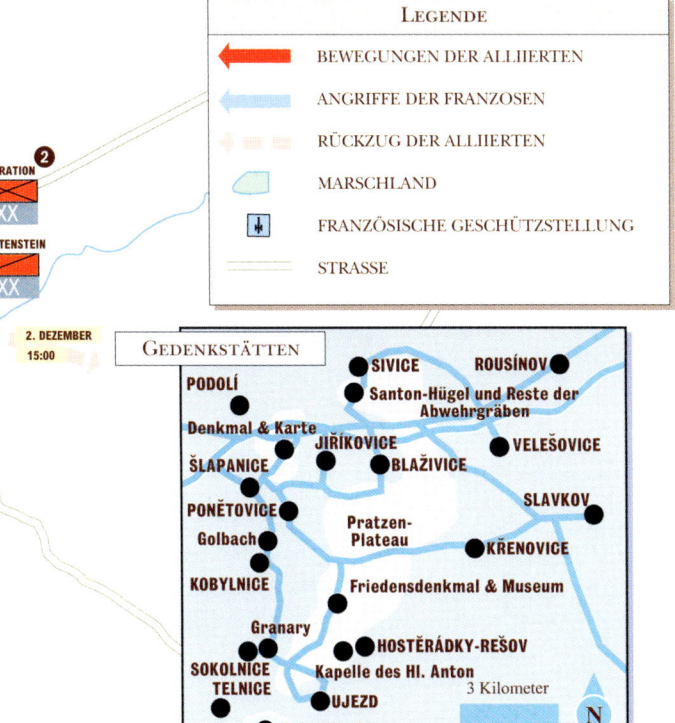

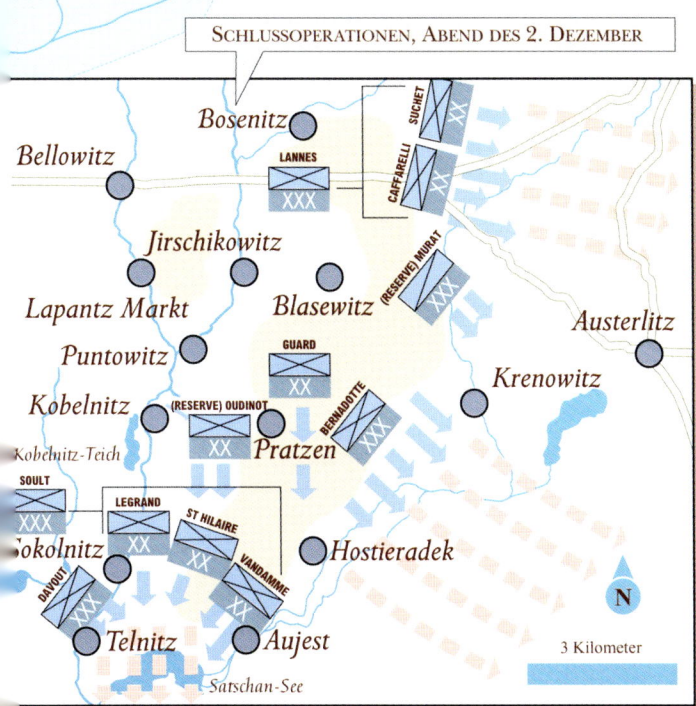

östlich von Brünn. Man kann sich vorstellen, wie der tiefliegende Nebel Soults Truppen am Goldbach in den Morgenstunden verbarg, während man den Feind drüben auf dem Pratzen Plateau leicht beobachten konnte. Man kann den Santon-Hügel besteigen und die Reste der Befestigungsgräben erkennen. Auf dem Hügel südlich von Pratzen steht ein Mahnmal neben einem kleinen Museum.

Das häufig erwähnte Schloss von Sokolnitz war nur ein größeres Landhaus, welches zu Anfang der Schlacht zerstört wurde. Was heute dort steht, wurde einige Jahre später gebaut. In der Nähe steht übrigens ein großer Kornspeicher, ähnlich dem, der die Verteidigungsbastion von Essling in der Schlacht von 1809 bildete.

Bei Zatcany (Satchen) bildeten die flachen, jetzt trockengelegten Felder um die Litavia einst die berühmten Teiche von Satchen.

Zur vollständigen Besichtigung gehört auch ein Besuch von Schloss Kaunitz, wohin Napoleon nach der Schlacht seinen Stab verlegte.

ZEITTAFEL

25. September Die „Grande Armée" setzt über den Rhein

Mitte Oktober Erzherzog Ferdinands Armee wird zum großen Teil bei Ulm eingekesselt.

20. Oktober General Mack muss sich ergeben.

10. November Nach dem Erreichen des Inns und Rückzug nach Osten entlang der Donau setzt Kutuzows Armee ungehindert über den Fluss.

13. November Die Franzosen erreichen Wien und bluffen sich zur letzten intakten Brücke über die Donau durch.

17. November Napoleon marschiert nach Norden, um sich mit seiner Vorhut zu vereinigen.

18. November Das Arsenal von Brünn fällt Napoleon in die Hand.

28. November Marschall Soults Vorhut wird östlich von Austerlitz angegriffen und zieht sich auf Befehl Napoleons auf Stellungen westlich des Goldbachs zurück.

1. Dezember Chaotische Bemühungen des alliierten Stabes, während der Nacht die Truppen zu formieren.

2. Dezember Kurz vor Morgengrauen beginnt die Schlacht

08:00 Im Sonnenaufgang marschieren starke russische Einheiten mitten durchs Schlachtfeld nach Süden. Soult erklärt, seine Truppen könnten in 20 Minuten die Pratzenhöhen erreichen.

09:00 Die Sonne von Austerlitz durchdringt den Nebel.

09:30 Der französische Angriff mit der St.-Hilaire-Division auf die Pratzenhöhen und Vandammes auf die Vinhorady-Stellung verläuft erfolgreich
Die russische Garde führt einen beherzten Gegenangriff mit der Kavallerie durch, kommt aber erschöpft auf dem Schlachtfeld an.
General Rapp bereinigt die Situation mit zwei Jägerschwadronen und den Mamelucken aus Napoleons Garde.

14:00 Der Stab der Franzosen wird zur Kapelle von St. Anton verlegt. Napoleon gibt neue Befehle für den Schluss der Schlacht aus. Bernadotte muss die Pratzenstellung halten, die Garde, Oudinot und Soult sollen die übrigen Gegner (Buxhöwdens Truppen) einkreisen, was letztere zu einer wilden Flucht veranlasst.

JENA UND AUERSTÄDT 1806

Von Michael Hannon

Die Ereignisse am Dienstag, dem 14. Oktober 1806, gehören zu den bemerkenswertesten und ungewöhnlichsten aller Annalen der Militärgeschichte. „Napoleon gewann eine Schlacht, die er nicht verlieren konnte, während Davout eine Schlacht gewann, die er nicht gewinnen konnte." So der Militärhistoriker Generalmajor J.F.C. Fuller. Die Geschichte dieser Schlachten beginnt 1805, als das I. französische Korps unter Marschall Bernadotte ohne Erlaubnis durch die preußische Provinz Ansbach marschierte, um an der Schlacht von Ulm teilzunehmen, die mit der Kapitulation des größten Teils der österreichischen Armee unter General Mack endete. Der preußische Außenminister Karl von Haugwitz, ein Befürworter der preußischen Neutralität und somit kein guter Botschafter für ein Ultimatum, wurde beauftragt, Napoleon aufzusuchen und mit Vergeltung zu drohen. In Brünn gewährte ihm der Kaiser Audienz, wollte aber nicht verhandeln, weil er mit den Vorbereitungen für die Schlacht von Austerlitz am 2. Dezember zu beschäftigt war. Von Haugwitz wurde nach Wien geschickt, wo er seinen französischen ranggleichen Partner, Talleyrand, treffen könne. Als Napoleon im Dezember nach Wien

EUROPA
JENA & AUERSTÄDT 1806
AFRIKA

Kopenhagen, Amsterdam, London, Brüssel, Berlin, Prag, Warschau, Wien, Lissabon, Madrid, Rom, Athen

zurückkehrte, konnte von Haugwitz nur seine Glückwünsche zu Austerlitz anbringen. Aber einer der Punkte des Friedensvertrages zwischen Österreich und Frankreich sprach Preußen zur Besänftigung den Staat Hannover zu.

Das Gros der französischen Armee (außer der Garde, die nach Paris zurückkehrte) verblieb auf der rechten Rheinseite als Druckmittel gegen die deutschen Fürsten, dem neuen Rheinbund beizutreten, Napoleons Ersatz für das alte Heilige Römische Reich. Aber Sachsen zögerte trotz französischer Drohungen und überlegte, sich mit Preußen zu verbünden, wo man die Anwesenheit der französischen Truppen in Deutschland als einen Affront ansah. Auch hatte Napoleon die Übergabe von Hannover an Preußen dahingehend revidiert, dass er es lieber an England für weiteres Stillhalten zurückgeben wollte. Die Kunde von diesem Vorhaben brachte die Kriegspartei auf, angeführt von der schönen Königin Luise (Befehlshaberin der Husaren der Königin) und Prinz Louis Ferdinand, welcher König Friedrich Wilhelm III. schließlich überredete, Napoleon anzugreifen.

Am 10. August 1806 begann Preußen mit der Mobilmachung. Der König war nominell der Oberbefehlshaber, hatte jedoch keine militärische Erfahrung. Er bestellte deshalb den 81-jährigen Feldmarschall v. Mollendorf zu seinem Berater. Seine direkten militärischen Untergebenen, der Herzog von Braunschweig, Prinz von Hohenlohe und General Rüchel, waren alle von ihrem Können so überzeugt, dass

OBEN *Die Schlacht von Jena, Wasserfarben auf Papier von Jean Antoine Simeon Fort, welches die Dimensionen der napoleonischen Schlachten mit massierter Infanterie in mittlerer Distanz zeigt.*

aufgrund ihres direkten Zugangs zum König die Planung für den bevorstehenden Einsatz ein Durcheinander wurde und keine definierte Kommandokette bestand. Entscheidungen wurden meist im Kriegsrat behandelt, wo jeder seine eigenen Ideen für die besten hielt. Natürlich hielten sich die preußischen Generäle für den französischen überlegen. Manche hatten schon unterm „Alten Fritz", Friedrich dem Großen, gedient und ein oder zwei waren sogar noch als junge Offiziere bei der Schlacht von Rossbach am 5. Nov. 1757 dabei gewesen. Nur Prinz Louis Ferdinand war mit 34 Jahren im gleichen Alter wie seine französischen Gegenspieler. Der Herzog von Braunschweig war 71, sein Generalstabschef General von Scharnhorst 61, Feldmarschall von Hohenlohe war 60 und General Blücher 61. Auf der anderen Seite war Napoleon 37 und einige seiner Marschälle im gleichen Alter.

Die Preußen und ihre weniger begeisterten sächsischen Bundesgenossen bildeten drei Armeegruppen. Die 50.000 Mann starke Hauptarmee, begleitet von König und Königin, befehligte der Herzog von Braunschweig. Die zweite Heeresgruppe war ähnlich stark und unterstand dem Prinzen von Hohenlohe. Die dritte bildete eine Reserve von 25.000 Mann unter General Rüchel, wozu auch die Kavallerie-Division unter General Blücher gehörte. Der Einsatzplan der Preußen war konfus, lief aber am Ende darauf hinaus, die Armeen im Raum Erfurt, Weimar und Jena in der Hoffnung zu formieren, die Franzosen vom Rhein abzuschneiden. Nach einem der zahlreichen Kriegsräte bemerkte von Scharnhorst, einer der wenigen preußischen Offiziere, der die französische Armee richtig einschätzte: „Ich weiß sehr genau, was wir tun sollten. Was wir tun werden, wissen nur die Götter!" Er hielt es für richtig, östlich der Elbe zu bleiben und dort auf russische Hilfe zu warten, zumal Russland sich immer noch mit Frankreich im Kriege befand.

Napoleon befahl sofort Marschall Berthier, einen Plan für eine Truppenkonzentration um Bamberg auszuarbeiten. Hunderte deutschsprachige Offiziere wurden jetzt losgeschickt, die Wege nach Berlin mit Brücken und Befestigungen besonders um Magdeburg, Wittenberg, Torgau und Dresden zu erkunden. Am 12. September schrieb Napoleon an den preußischen König: „Wenn ich gezwungen werde, die Waffen zu ergreifen, um mich selbst zu verteidigen, geschieht dies mit großem Bedauern. Die Interessen unser beider Staaten sind fast die gleichen." Am selben Tage marschierten die Preußen in Dresden ein.

Am 15. September befahl der Kaiser seine Garde nach Deutschland. Die Aktion war kompliziert und wurde vom Leiter des Nachschubes, General Lavalette, organisiert. In Frankreich gab es alle zwei Meilen Versorgungsdepots, in Deutschland alle 4 Meilen. 13.000 Pferde und 3259 Karren brauchte man, wobei jedes Pferd 5 Franc/Tag kostete. Schließlich kamen 4000 Gardeinfanteristen mit 40 Kanonen rechtzeitig zur Schlacht bei Jena an. Die Franzosen marschierten in drei Formationen in Richtung Leipzig. Die

DIE WICHTIGSTEN KONTRAHENTEN

FRANKREICH

Marschall Berthier

Marschall Bernadotte, I. Korps

Lavalette, Nachschubbeauftragter

Marschall Augereau (VII. Korps)

Hauptfeldwebel Guindet (Franz. 10. Husaren)

Auerstädt

Marschall Davout (III. Korps)

General Gudin

General Friant

General Morand

Jena

Kaiser Napoleon Bonaparte

Marschall Ney (VI. Korps)

Marschall Lannes (V. Korps)

Marschall Soult (IV. Korps)

Marschall Murat (Kavallerie)

General St.-Hilaire

PREUSSEN/SACHSEN

Feldmarschall von Mollendorf

General Blücher (Kavallerie)

Prinz Louis Ferdinand

General von Wartensleben

Auerstädt

König Friedrich Wilhelm, Oberbefehlshaber

Herzog von Braunschweig

General von Schmettau

General von Scharnhorst (Preußischer Stabschef)

Jena

Prinz von Hohenlohe

General von Tauentzien

General von Holtzendorf

General Grawert

General Rüchel

Marschall Davout

Herzog von Braunschweig

mittlere führte Murat mit seiner leichten Kavallerie an, gefolgt vom I. Korps (Marschall Bernadotte) und dem III. Korps (Marschall Davout). Die rechte bildete das IV. Korps (Marschall Soult) und das VI. Korps unter Marschall Ney. In der linken befanden

sich das V. und das VII. Korps unter Marschall Lannes bzw. Marschall Augereau. Insgesamt waren rund 170.000 Mann mit über 300 Geschützen auf den Beinen. Napoleons Befehl lautete, so vorzurücken, dass die gesamte Armee innerhalb von 48 Stunden bei einer seiner Unterabteilungen konzentriert werden konnte. Er verglich die Bewegung mit der eines Bataillons-Karrees, was zum Spitznamen dieser Formation führte, dem *Bataillon-Carré*.

Ein Geplänkel am 8. Oktober führte zum Rückzug der Preußen nach Jena; die erste größere Begegnung kam bei Saalfeld zustande, als am 10. Oktober die Vorhut der Hohenloheschen Armee unter Prinz Louis Ferdinand auf Marschall Lannes' V. Korps stieß und der Prinz selbst durch die Hand des Hauptfeldwebels Guindet von den 10. französischen Husaren fiel. Dies belastete die Moral der Preußen schwer und verringerte Hohenlohes Streitmacht für die bevorstehende Schlacht von Jena auf ca. 40.000 Mann.

Am 12. Oktober versuchten die Preußen, sich zwischen Jena und Weimar zu sammeln. Späherberichten entnahm Napoleon, dass sich die Gelegenheit bot, sie von Leipzig abzuschneiden, so dass er Bernadotte befahl, die Hauptstraße nach Leipzig zu besetzen, während Davout in Richtung Naumburg vorrücken sollte. Der Rest des „Bataillon Carré" drehte westwärts, um den Feind anzugreifen. Er wusste aber nicht, dass das preußische Oberkommando in einem Kriegsrat am Abend beschlossen hatte, Braunschweigs Hauptarmee, durch Blüchers Kavallerie verstärkt, unter der Deckung von Hohenlohe bei Jena und Rüchel (mit seinen verbliebenen 15.000 Mann) bei Weimar nach Norden zu verlegen.

DIE SCHLACHT VON JENA

Am 13. Oktober marschierte Marschall Lannes' V. Korps in Jena ein und seine Vorhut kletterte die steile Flanke des Landgrafenberges hinauf. Im Norden von Jena erstreckt sich ein ausgedehntes Plateau mit Dörfern und Gehöften und sehr steilen Kanten nach Süden zum Mühlbachtal und nach Osten zum Saaletal hin. Straßen oder Wege aufs Plateau gab's nur wenige recht beschwerliche; die einzige halbwegs zugängliche heißt heute „Am Steiger". Französische Pioniere machten sich daran, sie herzurichten. Am späteren Nachmittag kam Napoleon mit 4000 Garde-Infanteristen auf dem Landgrafenberg an, von wo er mit einbrechender Dunkelheit die Lagerfeuer der Hohenloheschen Armee sehen konnte. Irgendwas ließ ihn glauben, dass die gesamte preußische Armee von über 100.000 Mann vor ihm läge.

Auch wenn er vielleicht nicht unumstritten als der größte Heerführer der Neuzeit gilt, verfiel Napoleon wie etliche vor und nach ihm in den Fehler, anzunehmen, dass Meldungen seiner Kundschafter nur seine eigenen Vermutungen bestätigen. Als es dunkel wurde, war er trotz der relativ wenigen Lagerfeuer sicher, dass er der Hauptstreitmacht der Preußen gegenüberstünde. Er gab Order an die Korps von Augereau, Ney und Soult, sofort aufzuschließen. Davout sollte mit dem III. Korps von Naumburg nach Apolda vorrücken, um der vermeintlichen linken Flanke der Preußen mit einer Umgehung zu drohen. In einem Nachsatz des Befehls an Davout empfahl Berthier, dass das I. Korps dem III. Korps zu Hilfe kommen sollte, was Davout sofort als Kopie an Bernadotte weiterleitete.

In der Nacht zum 13. Oktober bemerkte Napoleon eine scheinbare Verspätung in der Ankunft der Artillerie des V. Korps und wollte dem selbst auf den Grund gehen. Die Kolonne hatte den Weg bergauf verfehlt und die erste Kanone saß hoffnungslos im Hohlweg fest. Der Kaiser übernahm sofort das Kommando, als wäre er wieder ein Batteriekommandeur und die Kolonne bewegte sich bald weiter.

Die Zusammenziehung des „Bataillon Carré" verlief nun flott. Augereaus VII. Korps sollte die Straße von Jena nach Weimar entlang des Mühltals mit einer Division sichern, während sich der Rest zur Linken des V. Korps formieren sollte. Im Hinblick auf den steilen bewaldeten Abhang ist es ver-

ständlich, dass der Zusammenschluss erst um 9:30 Uhr zustande kam. Das VI. Korps unter Marschall Ney sollte sich rechts vom V. Korps formieren und Soults IV. Korps sollte die äußerste rechte Flanke bilden. Im Morgengrauen des 14. Oktober war die französische Stellung trotz größter Anstrengungen aller immer noch recht schwach, denn nur das V. Korps und die Garde waren in Stellung, zusammen vielleicht 25.000 Mann. Die Preußen hatten die große Gelegenheit, sie vom Plateau in die Saale zu werfen, aber offenbar hatte Hohenlohe Order vom König erhalten, nichts Größeres zu unternehmen. Wie dem auch sei, Napoleon wollte den ersten Schlag führen. Um 6:30 Uhr griff Lannes im dichten Nebel mit zwei Divisionen das Dorf Closewitz an.

Das Gros der Hohenloheschen Armee, jetzt ca. 40.000 Mann stark, hatte die Nacht entlang der Linie Isserstadt, Lützeroda und Closewitz mit Außenposten in Cospeda campiert. Diese Hauptmacht stand unter dem Befehl von General von Tauentzien. Die linke Flanke wurde von einer Sondereinheit aus 5000 Mann unter General v. Holtzendorf gedeckt. Die Reserven einschließlich General Grawerts Division lagen auf dem Dornberg, von wo sie Vierzehnheiligen und Krippendorf übersahen, dessen Windmühle einen wichtigen Referenzpunkt für Freund und Feind abgab.

Im Nebel hatte sich Lannes' Heeresspitze etwas verlaufen, konnte aber die preußischen Linien zwischen Closewitz und Lützeroda durchbrechen. Dagegen warf St.-Hilaires Division, die zu Soults IV. Korps gehörte, mit dem Marschall an der Spitze den Feind aus Closewitz und rückte nach Rodigen vor. Als dann Ney mit seiner kleinen Vorhut auftauchte, war Lannes' rechter Flügel in Kontakt mit St.-Hilaires Division, aber der linke offen und Gegenangriffen ausgesetzt. Lannes hatte inzwischen zunächst Vierzehnheiligen eingenommen, musste sich dann aber auf die tieferen Hänge des Dornbergs zurückziehen. Der hitzige Ney startete mit seiner kleinen Vorhut sofort einen Gegenangriff auf das Dorf, übersah dabei aber im Kampfeseifer, dass er Hilfe brauchte, und war bald abgeschnitten. Zu seinem Glück hatte der Kaiser von seinem Beobachtungspunkt auf dem Hügel über dem Dorf gemerkt, was passiert war. Wütend auf Ney schickte er Kavallerie los, seinen draufgängerischen Marschall zu retten; dieser erhielt von ihm später eine schwere Rüge.

Hohenlohe hatte scheinbar die französischen Angriffe als Vorhutgefechte angesehen, aber realisierte schließlich, dass er einen massiven Gegenangriff auf Vierzehnheiligen starten musste. Was folgte, war eine der traurigsten und ungewöhnlichsten Geschehnisse der Militärgeschichte. Die preußische Infanterie von General Grawerts Division rückte, perfekt gedrillt wie bei einer Parade, vor und hielt nur ab und zu an, um Salven zu feuern. Die französische Infanterie dagegen schoss einzeln mit Artillerieunterstützung aus der Deckung des zerstörten Dorfes. Für die Franzosen war es fast ein Scheibenschießen, für die tapferen Preußen ein Desaster. Zwei Stunden lang wurden sie reihenweise durch gnadenloses Kartätschen- und Gewehrfeuer niedergemäht. Inzwischen waren die Reste der IV., VI. und VII. Korps

mit dem größten Teil von Murats Kavalleriereserve angekommen. Napoleons Streitmacht betrug jetzt fast 140.000 Mann.

Hohenlohe entschied sich nun, auf Verstärkungen zu warten, entweder von Rüchels Armee aus Weimar oder von Holtzendorfs Division, die inzwischen nach Apolda floh, von Soult hart verfolgt. Die heldenhafte preußische Infanterie konnte unter dem Vorbild seiner tapferen Offiziere bis 14:30 Uhr eine Front halten, aber die ständigen Kavallerieangriffe unter der persönlichen Führung von Marschall Murat – mit der Peitsche in der Hand anstatt des Säbels – rieb sie schließlich auf. Rüchel erschien endlich, nachdem er vier Stunden für sechs Meilen gebraucht hatte, und versuchte heroisch, eine Stellung zwischen Kapellendorf und Gross Romstadt aufzubauen. Aber wiederum fiel die preußische Paradetaktik der französischen Kavallerie und berittenen Artillerie zum Opfer. Rüchels Leute suchten schließlich wie die anderen ihr Heil in der Flucht, von Murat verfolgt.

ZEITTAFEL DER SCHLACHT VON JENA

10. August	Preußen mobilisiert;
13. September	Die Preußen marschieren in Dresden ein zum Zeichen der Verbundenheit mit Sachsen;
15. September	Die kaiserliche Garde bricht von Paris zur Amee in Deutschland auf;
8. Oktober	Erstes Gefecht bei Schleiz;
10. Oktober	Gefecht bei Saalfeld, Tod von Louis Ferdinand;
13. Oktober	Das V. franz. Korps marschiert in Jena ein und bezieht auf dem Landgrafenberg Stellung. Napoleon befiehlt den übrigen Armeen, aufzuschließen,
14. Oktober	Dichter Nebel im Morgengrauen
06:30	Eröffnungsangriff des V. Korps zwischen Closewitz und Lützeroda;
07:30	Die Garde bringt 25 Geschütze zur Unterstützung des V. Korps in Stellung;
08:00	Closewitz wird von St.-Hilaires Division (IV. Korps) genommen, das V. Korps rückt auf Vierzehnheiligen und den Dornberg vor;
09:30	Das VII. Korps erreicht endlich das Schlachtfeld bei Lützeroda. Neys Vorhut erobert Vierzehnheiligen zurück, muss dann selbst gerettet werden.
10:00	Die Preußen starten einen Gegenangriff auf Vierzehnheiligen, der jedoch misslingt; man wartet auf Verstärkung, die nie eintrifft;
12:00	Napoleon befiehlt auf ganzer Front anzugreifen;
14:30	Hohenlohes Armee zieht sich z. T. fluchtartig zurück; Rüchels kleine Streitmacht kommt an, versucht etwas Ordnung zu schaffen, aber vergebens.
18:00	Die französischen Verfolger erreichen Weimar;
27. Oktober	Die Fahne der „Dragoner der Königin", die ihre Säbel auf den Stufen der franz. Botschaft geschliffen hatten, wird von der franz. Kavallerie erobert;
27. November	Das III. Korps marschiert in Berlin ein. Napoleon schlägt seine Residenz im Schloss auf und bezieht die Suite von Friedrich dem Großen.

DIE SCHLACHT VON AUERSTÄDT

Am Abend des 13. Oktober kommt es zu einem kleinen Reitergefecht nahe dem Dorf Taugwitz. Meldungen darüber beunruhigen Marschall Davout, der bei Naumburg mit seinem III. Korps steht. Er macht sich sofort selbst auf, beordert aber noch ein Bataillon, den Engpass zwischen den Hügeln und der Saalebrücke von Kösen zu sichern. Seine Kavallerie macht einige Gefangene, von denen er erfährt, dass die Hauptmacht des Feindes (von Braunschweigs Armee, durch Blüchers Kavalleriedivision verstärkt) unter dem Befehl von König und Königin sich offenbar auf dem Wege nach Naumburg auf den Engpass zu bewegt. Warum von Braunschweig nicht versucht hatte, den Engpass vorher zu sichern, ist bis heute ein Rätsel. Davout reagiert sofort, indem er drei Divisionen im Eilmarsch vorausschickt. Er benachrichtigt auch Marschall Bernadotte in seinem Hauptquartier in Naumburg, der aber eine Order von Napoleon hatte und so interpretierte, dass er nach Dornburg zu marschieren habe. Dadurch konnte er Davout in der ganzen bevorstehenden Schlacht nicht helfen, so dass schließlich das I. Korps an beiden Schlachten des 14. Oktober unbeteiligt blieb.

Ungefähr zur gleichen Zeit, als das V. Korps Closewitz angriff, marschierten Davouts Truppen durch den Nebel von Naumburg nach Hassenhausen in der Absicht, gemäß Napoleons Order nach Apolda vorzurücken und den Feind anzugreifen, von dem sie jetzt wussten, dass er sich ihnen näherte. Von Braunschweigs Vorhut trifft nahe des Dorfes auf Davouts Vorhut. Die Division von General Gudin besetzt Hassenhausen und bereitet sich auf den preußischen Angriff durch von Schmettaus Division vor, die durch Blüchers Kavallerie verstärkt wurde. Gegen 8:30 Uhr erscheint die Division von Wartensleben und verstärkt von Schmettaus rechten Flügel. Nun war Gudin in Schwierigkeiten, doch Friants Division erschien im richtigen Moment, um sich auf dem rechten französischen Flügel zu formieren und das Dorf Spielberg zu besetzen. Zeitweilig sah es für Davout kritisch aus, aber von Schmettau wird ebenso wie von Braunschweig tödlich verwundet, sodass die preußische Kommandostruktur zusammenbricht und die Franzosen sich neu formieren können. Darüber hinaus trifft jetzt Davouts dritte Division unter General Morand ein und verstärkt die linke Flanke. König Friedrich Wilhelm III., nun nomineller Befehlshaber wider Willen, versucht zwar tapfer, aber unerfahren, die rechte Flanke zu aktivieren, im Glauben, Napoleon selbst leite die französischen Operationen. Sein Generalstabschef von Scharnhorst, bald darauf auf dem linken Flügel, schien längere Zeit von der Verwundung des Herzogs von Braunschweig nichts zu wissen. Als sie bekannt wird, bricht gegen 13:00 Uhr die preußische Kampfmoral völlig zusammen. Die französische Artillerie nimmt nun den Feind von beiden Seiten unter Feuer; um 14:30 Uhr sind die Preußen in voller Flucht. Am Nachmittag rückt Davout zur Verbindungslinie Eckartsberga–Auerstädt vor, wo seine erschöpfte Infanterie das Nachtlager aufschlägt.

Davouts Bericht erreichte Napoleon nach einer Nacht in Jena am 15. Oktober um 9:00 Uhr. Zunächst konnte er nicht glauben, was passiert war, und sagte dem Kurier: „Ihr Marschall muss doppelt sehen" in Anspielung auf Davouts extreme Kurzsichtigkeit. Bald wurde ihm klar, was vorgefallen war, und er lobte Davout und das III. Korps überschwänglich. Seinen Marschall, wohl der loyalste und effektivste, den Napoleon hatte, erhob er zum „Herzog von Auerstädt".

OBEN *Der verwundete Oberkommandierende der preußischen Armee, der Herzog von Braunschweig, wird zu Pferde aus dem Schlachtfeld geführt.*

ZEITTAFEL DER SCHLACHT VON AUERSTÄDT

13. Oktober Das III. Korps unter Marschall Davout erreicht Naumburg und sichert die Brücke von Kösen. Davout erhält Napoleons Order, auf Apolda vorzurücken, und überschreitet die Saale bei Kösen. Bernadotte (I. Korps) erhält eine Kopie der Order an Davout und beschließt, nach Dornburg zurückzumarschieren; nimmt an der Schlacht nicht teil.

14. Oktober Dichter Nebel im Morgengrauen;

06:30 Davouts Vorhut trifft auf die preußische bei Hassenhausen. Davout wirft seine Divisionen nach vorne.

08:00 von Schmettaus Division greift die Gudin'sche mit Unterstützung von Blüchers Kavallerie ohne Erfolg an.

08:30 Friants Division erscheint auf Gudins rechter Flanke; besetzt dabei Spielberg

09:00 Die Kavallerie des III. Korps erscheint in Hassenhausen

10:00 Die Preußen greifen Hassenhausen mit zwei Divisionen an; der Herzog von Braunschweig wird tödlich verwundet, das preußische Kommando führt nun König Friedrich Wilhelm III. selbst. Gudins Division schwankt, aber Morands Division erscheint im Eilschritt zur Deckung der linken Flanke; der preußische Angriff stockt; die Franzosen gehen zum Angriff über.

13:00 Die Preußen ziehen sich ungeordnet nach Auerstädt zurück.

NACHLESE

Am frühen 15. Oktober fingen die Franzosen an, ihren Sieg auszuwerten. Die Festungen entlang der Elbe ergaben sich nach und nach. Bis 1. November verloren die Preußen und Sachsen 25.000 Mann als Tote oder Verwundete, ca. 4.000 Kanonen und 20.000 Pferde. 100.000 Mann gerieten in französische Gefangenschaft. Die militärische Bedeutung beider Staaten war am Ende. In Anerkennung von Davouts Sieg bei Auerstädt wurde dem III. Korps die Ehre zuteil, die Armee nach Berlin zu führen.

Aus strategischer und taktischer Sicht waren wenige Siege von so weitreichender Entscheidung. Aber Napoleon wusste besser als die meisten seiner Zeit, dass er politisch noch viel vor sich hatte. Vor der Verwirklichung seines Traumes eines vereinten Europas unter französischer Führung stand die Untergrabung des britischen Einflusses. Dies hoffte er mit seiner Kontinentalsperre zu erreichen, zu der sich Preußen und Sachsen bekennen mussten.

DIE SCHLACHTFELDER HEUTE

Beide Schlachtfelder sind heute leicht zugänglich und gut erhalten. Als Karten sind die Messtischblätter 1:25.000 von Eckartsberga (4835), Apolda (4935), Jena (5035) und Weimar (5034), letztere für die Endphase der Jenaer Schlacht zu empfehlen. Ebenso dienlich ist der Stadtplan von Jena von Falk und besonders die Umgebungskarte 1:100.000 für die ganze Gegend von Weimar bis Jena mit Apolda, Eckartsberga und Naumburg.

In Jena beginnt der Weg des V. Korps hinauf zum Landgrafenberg an der Kehre der Humboldtstraße „Am Steiger". Anfangs gut ausgebaut, wird er schließlich zum Waldweg (für Privatautos gesperrt), der hinauf zur Windknölle, dem höchsten Punkt des Landgrafenberges führt. Hier wurde das Hauptquartier der Franzosen am Abend des 13. Oktober aufgeschlagen. Der Napoleonstein zeigt, wo angeblich Napoleons Zelt stand, wenn auch die Senke unterhalb einen besseren Lagerplatz abgegeben hätte. Außerdem konnte man vom Stein aus die preußische Front nicht einsehen; dazu musste man 200 Meter weiter an die Nordkante der Windknölle gehen.

In Cospeda gibt es ein kleines Museum (Gedenkstätte 1806) mit guten Modell-Nachstellungen der Schlacht. Das ganze Jenaer Schlachtfeld ist mit Steinen markiert, welche die Position der einzelnen Einheiten zu bestimmten Zeiten anzeigen. Viele Skizzen der Gegend helfen den Besuchern, die „Walstatt abzuschreiten".

Für den Besucher des Schlachtfeldes von Auerstädt (heute Auerstedt) empfiehlt es sich, Davouts Weg von Naumburg über die Brücke von Kösen und dann den steilen Anstieg aufs Plateau nach Hassenhausen zu folgen. Davouts Hauptquartier lag etwa 600 m nördlich des Ortes und ist durch einen Gedenkstein ähnlich wie in Jena markiert. Dieser Punkt bietet einen exzellenten Überblick.

In Eckartsberga befindet sich im Schloss ein feines Modellschaubild mit Erläuterungen. Im Schloss von Auerstedt, zu Beginn der Schlacht das preußische Hauptquartier, nach der Schlacht dasjenige Davouts, gibt es ein weiteres kleines Museum mit interessanten Schaustücken.

Die Gedenkstätte für den Herzog von Braunschweig liegt an der Stelle, wo er tödlich verwundet wurde, am Kartengitter-Referenzpunkt 751656, auf halbem Weg zwischen Hassenhausen und Taugwitz.

RECHTS *Die Gedenkstätte für den Herzog von Braunschweig. Nach seinem Tod trugen die Braunschweiger Einheiten nur noch schwarze Uniformen, was 1815 eine weitere Berechtigung erfuhr, als der neue Herzog in der Schlacht von Quatre Bras zwei Tage vor Waterloo tödlich getroffen wurde.*

BRAUNSCHWEIG

Lissdorf

Eckartsberga

AUERSTÄDT

Ranstedt

SIEHE KLEINES BILD LINKS

Ilm

ZÜGE AUF DEM SCHLACHTFELD VON AUERSTÄDT

Spielberg

Taugwitz

Hassenhausen

Lissdorf

Gernstedt

Sonnedorf

AUERSTÄDT

Sulza

Apolda

MURAT TRIFFT EIN

18:00

Weimar

14:30

PREUSSISCHER GEGENANGRIFF

14:30

Hermstadt

XXX 18
HOLTZENDORF

Rodig

XXX 17
TAUENTZIEN
10:00

Lehesten

Kappellendorf

XXXX 16
RÜCHEL

Klein-Romstadt

14:30

Groß-Romstadt

XXX
NEY

Altengonna

Krippendorf

6 SOU...

15
**HOHENLOHE
PREUSSISCHE ARMEE**
XXXX

Frankendorf

XXX 19
GRAWERT

Vierzehnheiligen

14:30

XXX 7
LANNES

4 MURAT

DORF
EROBER...

08:00

Closewitz

PREUSSISCHE FRONT

Isserstadt

Lützeroda

10:00

LANDGRAFENBERG

Cospeda

XX
ST.-HILAIRE

06:30

Ilm

JENA-WEIMAR-STRASSE

SCHLACHT BEI JENA

XXX
8 AUGEREAU

JENA

LEGENDE

→ (blue)	FRANZÖSISCHER ANGRIFF
→ (orange)	PREUSSISCHER ANGRIFF
⇢ (light orange)	PREUSSISCHER RÜCKZUG
⇢ (grey dashed)	PREUSSISCHE FRONT VOR DER SCHLACHT
—	STRASSE
▪	STADT ODER DORF

N

3   6 Kilometer

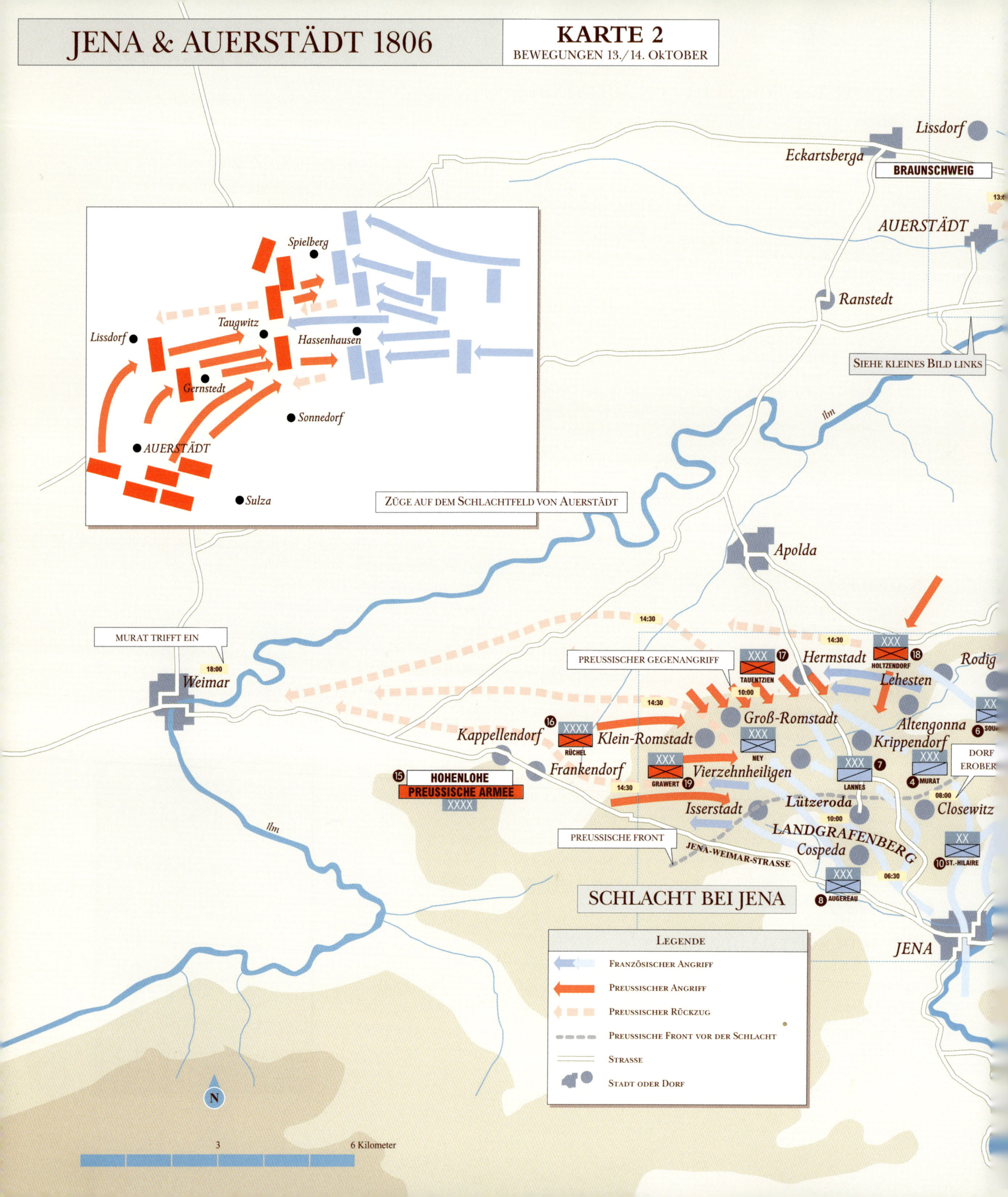

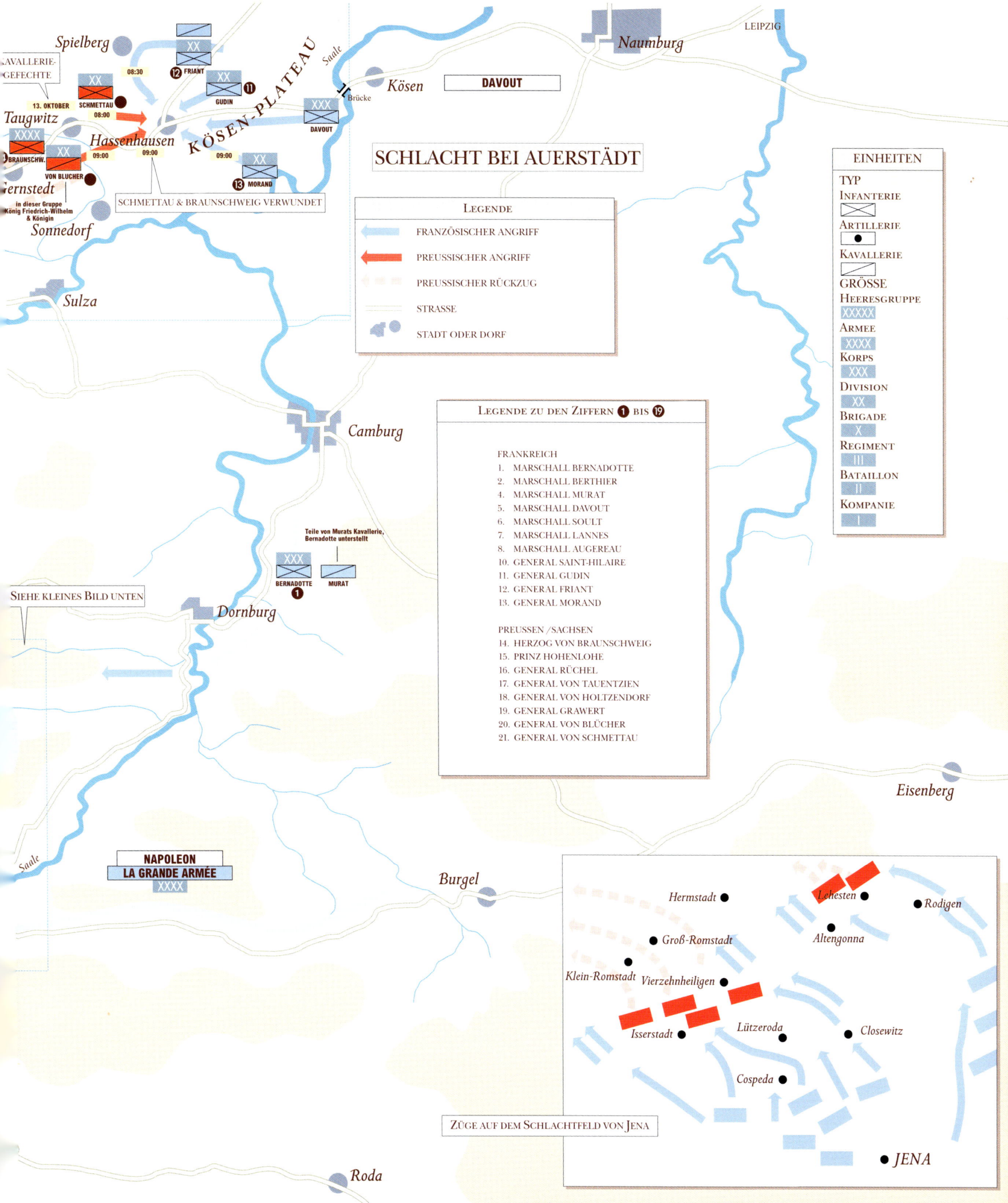

SCHLACHT BEI AUERSTÄDT

SALAMANCA 1812

Von Christopher L. Scott

General Lord Arthur Wellesley, Graf Wellington, plante 1812 unter dem Schutz der Grenzfestungen von Ciudad Rodrigo und Badajoz eine Reihe strategischer Unternehmungen, um mit seiner angloportugiesischen Armee Marschall Auguste Marmonts Armee von Portugal in Spanien entgegenzutreten. Marmont ging der Ruf eines erstklassigen, im Angriff geschickten, in der Schlacht entschiedenen Heerführers voraus. Bis Mitte des Sommers versuchten beide Seiten lediglich durch geschickte Manöver Vorteile für einen Angriff zu gewinnen, bis schließlich am 22. Juli Wellington seine Chance in der Nähe der Stadt Salamanca sah.

AUFSTELLUNG DER GEGNER AUF BEIDEN SEITEN DES TALES

Die alliierte Armee hatte auf den Hügeln westlich des Pelagarcia-Tales südlich des Tormes-Flusses Stellung bezogen. Wellington verbarg einen großen Teil seiner Armee, indem er nur drei seiner sieben Divisionen auf den Höhen und einen Vorposten auf der anderen Talseite bei der Kapelle von Nuestra Señora de la Peña aufstellte. Marmont schickte General Maximilien Sebastien Foys Division nach Norden, um diesen Vorposten anzugreifen, und General Jean Guillaume Thomières' Division auf seiner äußersten Linken nach Westen, um Wellingtons Flanke abzulenken. Anstatt seine Kräfte zu bündeln, zog er sie auseinander.

KAMPF UM DIE ARAPILES-BERGE

Beide Befehlshaber erkannten die Bedeutung der beiden steilen schroffen Berge im Süden. Marmont ließ General Bonnets Division den Arapil Grande besetzen, während Wellington seinen Generalmajor Lowry Cole mit Division zum Arapil Chico entsandte. Die Alliierten versuchten zwar auch den Grande zu besetzen, aber die Franzosen waren schneller, warfen die Angreifer zurück und brachten Geschütze auf diesem strategischen Punkt in Stellung.

WELLINGTON ORIENTIERT SEINE EINHEITEN NACH SÜDEN

Mit dem Grande als Angelpunkt schickten sich die Franzosen an, entlang einer flachen, in Ost-West-Richtung verlaufenden Hügelkette südlich des Dorfes von Los Arapiles vorzurücken, um die rechte Flanke der Alliierten abzulenken und ihre Nachschublinien

OBEN *In diesem Stich von J. T. Willmore greift alliierte Kavallerie die Blöcke französischer Infanterie an, die daraufhin einbrechen. Der Angriff von Le Marchants schwerer Brigade ließ Wellington Marmont besiegen.*

zu bedrohen. Wellington sah keinen Vorteil in einer Schlacht, zog sich zurück und schickte seinen Tross nach Ciudad Rodrigo. Seine versteckten Divisionen verlegte er westwärts zum Schutz seiner rechten Flanke und richtete sie nach Süden aus. Er schickte ferner Pakenhams Division und d'Urbans Kavallerie weiter nach Westen bis Aldeatejada zu einer Verteidigungslinie am Zurguen-Fluss, hinter die sich notfalls die ganze Armee zurückziehen konnte. Der Tag schien wieder nur taktische Manöver zu bringen, als Wellington seiner traditionellen Nachhut, Generalmajor Sir Charles von Altens leichter Division und General Eberhardt Bocks schwerer Kavallerie-Brigade befahl, die Hügelkette zu besetzen. Dahinter änderte er seine Schlachtordnung und formierte seine Armee zum Angriff.

Vom Arapil Grande sah Marmont zwar viel, aber nicht alles. Er wusste genau, dass sich irgendwo eine Falle auftat, wenn er nicht das Gros von Wellingtons Armee sehen konnte. Er verfolgte den Zug der Alliierten nach Westen anhand des Staubes auf der Ciudad-Rodrigo-Straße und glaubte, Wellington zöge sich zurück. Nun meinte er, er könne die Nachhut binden, ihre südliche Flanke ablenken, sie einkreisen und vernichten, bevor Verstärkungen zur Hilfe kommen konnten. Er sah seine Chance und ließ seine Armee aufbrechen.

MARMONT BEFIEHLT EINE LINKSWENDUNG, THOMIÈRES SOLL DIE CIUDAD-RODRIGO-STRASSE BEDROHEN

Die Divisionen der Generäle Sarrut und Ferey wurden nach Norden geschickt, um Foys Division zu helfen, die alliierte Nachhut auf ihrer Hügelkette zu binden. Bonnets Division war die Verbindung zum Grande, während General Maucunes Division entlang der Südkette nach Westen vorstieß, um die alliierte Flanke abzulenken. Dann schwenkte sie nach Norden, um festzustellen, dass sie Generalleutnants Leiths Division gegenüberstand. Unterdessen bewegten sich die Divisionen der Generäle Thomières, Brennier und Clausel westwärts, um südlich des Arapil Grande nach links zu schwenken und die Ciudad-Rodrigo-Straße zu bedrohen.

THOMIÈRES LÄSST BRENNIER ZURÜCK

Thomières Division folgte der von Maucune und eilte bald entlang der Südkette nach Westen. Brennier sollte sie unterstützen, kam aber nicht hinterher. Wellington war beim Mittagessen, als er hörte, dass die Franzosen ihren linken Flügel noch weiter spreizten. Nach Beobachtung ihrer Bewegungen schob er sein Fernrohr mit den Worten zusammen: „Das reicht, endlich!" und galoppierte die 5 km nach Aldeatejada zu Pakenham und d'Urban.

Der rasche Vormarsch nach Westen dünnte die französische Armee über 6 km aus und öffnete eine kilometerbreite Lücke zwischen Thomières und Maucune, die Brennier nicht mehr schließen konnte. Dies war der Vorteil, auf den Wellington gewartet hatte. Er

DIE WICHTIGSTEN KONTRAHENTEN

ALLIIERTE SPANISCHE ARMEE

General Lord Arthur Wellesley, Herzog von Wellington
Generalmajor Lowry Cole
Generalmajor Sir Edward Pakenham
Brigadegeneral Benjamin d'Urban
Generalmajor Sir Charles von Alten
Brigadegeneral Eberhardt Bock
Generalleutnant James Leith
Generalleutnant Sir Henry Clinton
Generalmajor Sir John Hope
Generalleutnant Sir Stapleton Cotton
Generalmajor John Gaspard Le Marchant
Brigadegeneral George Anson
Brigadegeneral Victor Alten
Brigadegeneral Sir Denis Pack
Generalmajor Sir Colin Campbell
General Don Carlos d'España

DIE FRANZÖSISCHE ARMEE VON PORTUGAL

Marschall Auguste Marmont, Herzog von Ragusa
General Maximillian Sebastien Foy
General Jean Guillaume Thomières
General Bonnet
General Sarrut
General Ferey
General Antoine François (Count) Brennier
General Bertrand (Count) Clausel

General Lord Arthur Wellesley, Herzog von Wellington

Marschall Auguste Frédéric de Marmont

wollte durch das Tal angreifen, die Franzosen spalten und von Alde-atejada aus einen Flankenangriff starten. Die Zeit für die Schlacht war gekommen. Nach seiner Rechtswendung befahl Wellington den Divisionen von Cole und Leith, im Zentrum anzugreifen mit Flankendeckung der portugiesischen Brigaden Clintons und Hopes Divisionen als zweite Angriffslinie. Cottons Kavallerie unterstützte beide Angriffe. Le Marchants schwere und Ansons leichte Brigade schwenkten nach rechts zur Deckung des Zentralangriffs, während sich von Altens leichte Kavallerie d'Urban rechts außen anschloss.

Marmont erkannte die Gefahr und ritt Befehle ausgebend die südliche Hügelkette entlang, als ihn eine explodierende Granate vom Pferd riss. Das Kommando ging nun an Bonnet über, der kurz danach schwer verwundet wurde. Clausel war der Rangnächste und Adjutanten ritten sofort los, ihn zu finden. Damit war die französische Armee führungslos, als die Alliierten zuschlugen.

PAKENHAM SCHLÄGT DIE SPITZE VON THOMIÈRES DIVISION

Pakenhams Division griff an, als Thomières Division bataillonsweise hintereinander im Eilmarsch unkoordiniert vorrückte und ihre Kavallerie-Deckung hinter sich ließ. Wie aus dem Nichts attackierte d'Urbans Kavallerie das vorderste französische Bataillon, dem keine Zeit mehr für eine gezielte Salve blieb und das völlig aufgerieben wurde. Hinter den jubelnden Reitern sah Thomières Pakenhams Männer auf sich zustürmen, worauf er rasch einige Bataillone und Geschütze in Stellung brachte und die vorderste britische Brigade vernichtete. Der alliierte Angriff stockte, wurde aber mit aufgepflanzten Bajonetten fortgeführt.

Französische Kavallerie wollte eingreifen, wurde aber von Altens leichter Brigade vertrieben, die Wellington speziell hierzu herbeordert hatte. Die Franzosen erlitten schwere Verluste, Thomières

OBEN *Die Schlacht von Salamanca am 22. Juli 1812 nach einem Stich von J. Clarke, von M. Dubourg (Aquatinta) und W. Heath. Wellington gibt den Befehl zum Zentralangriff. Hinter dem General ist der Arapil Chico mit Artillerie-Stellungen; rechts sieht man die schwere britische Kavallerie angreifen, was den Alliierten den Sieg bringen sollte.*

selbst war gefallen; seine Division vernichtet, verlor den Regiments-
adler und sechs Geschütze. Die Überlebenden schlossen sich Maucunes Einheiten an, als die Alliierten angriffen.

Leiths Division sollte Maucunes angreifen, Coles war auf Clausels
angesetzt.

WELLINGTONS ANGRIFF IM ZENTRUM KOMMT VORAN

Leiths Division marschierte durchs Tal und erklomm die angrenzenden Höhen; die leichten Kompanien vertrieben ihren Gegner
samt Artillerie. Angesichts der alliierten Kavallerie an seiner Flanke
und weiterer Kavallerie in Reserve zog sich Maucune von der Hügelkette zurück und stellte sich im Karree auf, während Leiths Leute
die Hügelkette besetzten. Die Franzosen schossen, aber ihr Feuer
aus dem Karree war zwangsläufig schwach, ihre Geschütze zu weit
hinten, zum Teil verdeckt. Leiths Männer schossen und luden.
„Keine Frage der Überlegenheit stellte sich; die französischen Karrees wurden durchbrochen und besiegt", berichtete Leith Hay in
A Narrative of the Peninsular War. Zu diesem Zeitpunkt befahl Wellington Le Marchant unbedingt anzugreifen. Die „Schweren" und
die „Leichten" gingen in die Schlacht und vernichteten Maucunes
Division vollständig.

Die alliierte Kavallerie griff ungeordnet wieder an, diesmal die ei-
ligst formierten vorderen Bataillone von Brenniers Division. Die
Soldaten standen im Karree, bereit zu feuern. Auf die kurze Ent-
fernung trafen sie natürlich viele Dragoner, aber der Wucht des
Angriffs hielten sie nicht stand, sondern brachen unter den schwe-
ren Pferden und den schweren Säbeln der Reiter zusammen. Le
Marchant war zwar mit einer Kugel im Rücken gefallen, aber in 40
Minuten wurden drei französische Divisionen vernichtet.

CLAUSELS GEGENANGRIFF

Doch nicht alles lief nach Wellingtons Plan. Coles Einheit wurde
beim Durchmarsch durch das Dorf Los Arapiles auseinandergeris-
sen und war seitdem ständig unter Artilleriefeuer. Sie war ohnehin
geschwächt, weil eine Brigade zum Schutz des Chico zurückbleiben

musste; dennoch griff sie in einfacher Bataillonslinie an. Ihr fehlte
aber die Flankendeckung, da Pack seine Portugiesen zum Sturm auf
den Grande losschickte, welcher jedoch misslang. Inzwischen hatte
Clausel den Befehl über die französische Armee übernommen. Er
rief Sarruts und Fereys Divisionen vom rechten Flügel zurück. Sarrut sollte den Vormarsch von Pakenham und Leith auffangen, die
das Westende der südlichen Hügelkette besetzt hatten, und Fereys
Division sollte als Reserve in den Wäldern südöstlich des Grande
verbleiben.

COLE WIRD ZURÜCKGESCHLAGEN

In einer von der anderen Seite des Tales nicht einsehbaren Seiten-
falte der Hügelkette westlich vom Grande stellte Clausel seine Division gegen Cole auf, wobei einige Bonnet'sche Bataillone Coles
offene linke Flanke vom Grande her angriffen. Als Coles Soldaten
am Rande der Falte auftauchten, feuerten Clausels Leute; vier Bataillone griffen frontal, weitere in der Flanke an. Mit Bonnets Leuten waren die Franzosen in der Überzahl. Cole wurde verwundet
und die Alliierten verloren an Boden. Clausel griff erneut an und
Coles Leute wichen zurück.

FEREY HÄLT DEM STURMANGRIFF STAND, WIRD ABER EINGEKREIST

Wellington kümmerte sich nun um den linken Flügel. Während sich
die leichte Division mit Foys Einheit befasste, befahl er Campbells
Division, von ihrer Hügelkette aus den Grande zu erobern. Die
Franzosen räumten den Berg und ließen ihre Kanonen zurück.
Zwei der sieben portugiesischen Divisionen waren noch intakt, aber
Foys Division stand unter starkem Druck und nur Fereys Division
auf den Höhen südöstlich des Grande konnte ihren Zerfall aufhal-
ten.

Wellington befahl Clintons Division, Ferey direkt anzugreifen.
Unter perfekter Ausnutzung des zerklüfteten Geländes, der Höhen
und Böschungen empfing Ferey Clintons vordere Regimenter mit
Musketen- und Kartätschenfeuer, worauf sich ein mörderisches
Gefecht entwickelte. Clintons vorderste Linie wurde vernichtet. Sol-

---

SCHWERE UND LEICHTE REITER

Die „Schweren" bildeten die Stoßkeile, die zum Nahkampf dicht
formiert wuchtig in die Schlacht ritten, ihre langen geraden Säbel auf den
Feind gerichtet.

Die „Leichten" ritten auf kleineren, leichteren Pferden (unter 14,2

Handbreiten. Theoretisch gehörten sie nicht in die Schlachtreihe, sondern dienten mehr der Aufklärung und der Sicherung oder der Verfolgung zur Zerstreuung und Vernichtung Flüchtender mit ihren Krummsä-
beln.

OBEN *Wellington reitet an der Spitze eines Husarenregiments in Salamanca ein.*

daten aus Coles und Leiths Einheiten bildeten eine neue Angriffslinie mit Unterstützung von Hopes Division. Langsam lockerten
sich die Fronten wegen der Ermüdung und die Divisionsgeneräle
improvisierten, so gut sie konnten. Fereys Leute verteidigten verbis-
sen ihre Position und ein weiteres blutiges Feuergefecht zwang Clintons zweite Reihe zum Rückzug. Die inzwischen stark dezimierten
tapferen Verteidiger bereitete sich auf die dritte Angriffswelle vor,
als bei Eröffnung des Gefechts Reste der Pakenham-Division ihre
Flanke angriffen. Ferey fiel, seine Stellung zerbrach. Jetzt konnten
nur noch Foys Leute Widerstand leisten, aber diese leichte Division
hielt es für das Beste, zu verschwinden, bevor sie überrannt würde.

Die Reste der Armee von Portugal flohen südostwärts in Richtung des breiten Tormes hinter den französischen Linien. Es gab
nur zwei Übergänge, die Furt von Huerta und die Brücke bei Alba
de Tormes. In der Annahme, dass die Brücke von 2000 Mann der
spanischen Garnison besetzt sei, schickte Wellington Hopes Divi-

KARREES, INFANTERIE UND KAVALLERIE

Die Infanterie bildete gern Karrees zum Schutz gegen die Kavallerie,
weil solch eine Formation keine Flanken und keinen Rücken hat und
die Pferde vor dichten Bajonetten scheuen. Die Karrees sind jedoch
wegen ihrer dichten Packung lohnende Ziele für die Artillerie.
Dichte Infanterieformationen können nahe an die Karrees heran-
marschieren, halten und feuern, denn drei Seiten des Karrees können
das Feuer nicht erwidern.

Napoleons Generäle setzten gern ihre Kavallerie ein, um die gegnerische Infanterie ins Karree zu zwingen und dann zu Opfern der
Kanonen und Infanteriebajonette zu machen.

sion nur zur Furt, wo man aber nur auf Foys Männer traf. General Don Carlos von Spanien hatte seine Leute aus Alba ohne Befehl abgezogen, sodass die Brücke für die Franzosen frei war. Trotzdem, es war eine geschlagene Armee; sie hatte 14.000 Mann, zwei Divisionsgeneräle, zwei Adler und sechs Fahnen verloren und Wellington hatte sich als Meister der Angriffsschlacht erwiesen.

DAS SCHLACHTFELD HEUTE

Das Schlachtfeld ist nicht mehr so stark bewaldet wie 1812 und an der Rückseite des Arapil Grande liegt ein Steinbruch. Die meisten Wege sind gedeckt; eine neue Landstraße und eine Bahnlinie führen durch das südliche Tal, wo eine stillgelegte Bahnstation am Fuße des Chico liegt. Wellington würde natürlich sein Schlachtfeld wiedererkennen.

Nimmt man von Salamanca aus die N630, so erreicht man nach 5 km Las Torres zur Linken; etwas weiter erreicht man eine Kreuzung, wo man links nach Los Arapiles abbiegt. Der Chico liegt geradeaus, der Grande rechts davon. Geht man ins Dorf, wo sich seit der Schlacht kaum etwas verändert hat, so findet man am Rathaus eine Tafel mit einer Skizze der Schlacht sowie etliche Kanonen- und Gewehrkugeln aus der Gegend. Zur Linken liegt die Anhöhe, von der aus Wellington das Entstehen der Lücke in der französischen Front beobachtete. Man kann hinauf, tunlichst mit Fernglas, um die gegenüberliegende Hügelkette zu betrachten und es dann mit dramatischer Geste zu schließen!

Bleibt man auf der Straße, so erreicht man die zerfallene Bahnstation, wo man parken kann. Beide Arapiles sind zu Fuß erreichbar. Steigen Sie über den Zaun; ein Weg führt den Chico hinauf zu einem herrlichen Panorama über die wellige Landschaft. Im Norden liegt die bis an den Tormes reichende Hügelkette der Nachhut und im Nordosten die Kuppe von Nuestra Señora de la Peña. Auf den Hügeln im Osten kämpfte sich Foys Division gegen die Leichte durch; genau südlich davon liegt der Grande. Um die Bahnstation wehrte Clintons Division Clausels Gegenangriff ab, dahinter griff Leiths Division Maucune an.

Wenn Sie fit genug sind, besteigen Sie

RECHTS Die alte Brücke in Salamanca, über die Wellingtons Truppen beim morgendlichen Vormarsch nach Westen zogen und über die er als siegreicher General später am Tag in Salamanca einzog. Heute ist sie noch zu sehen, verfällt allerdings allmählich.

den Grande. Das kann strapaziös werden, leichter ist es auf der Rückseite. Der Blick ist toll und erlaubt, das Ausmaß und die Größe der Schlacht zu ermessen. Man bemerkt auch, wie wenig Marmont von Wellingtons Aufmarsch sehen konnte. Nach langem Weg entlang der Bahngleise sieht man auf der anderen Seite des Tals links einen Höhenzug, der 1812 noch stärker bewaldet war. Auf seiner Ostseite leistete Fereys Division den heldenhaften Widerstand vor dem Rückzug nach Alba de Tormes.

INFORMATIONEN FÜR BESUCHER

Ein Besuch Salamancas lohnt sich, gleich, ob man selbst fährt und besichtigt oder sich einer Tour durchs Schlachtfeld anschließt.

• Der derzeit bedeutendste Veranstalter ist Holts Tours Ltd., High Tours House, Crossoak Lane, Salfords Redhill, Surrey, RH1 4EX.

• Kleinere, persönlichere Touren arrangiert Coopers: Waterloo Tours, Cooper's Court, Morton, Ongar, Essex, CM5 0NE. 01 277 890 214 und

• Chris Scott, 174, Ermin Street, Stratton St. Margaret, Swindon, Wiltshire, SN3 4NE. Auch als Führer zu heuern.

• Es gibt weitere, suchen Sie sich etwas Passendes aus.

Leihwagenfirmen gibt es reichlich in Spanien, wenn ein Wagen am Flugplatz gemietet werden soll. Man kann von zu Hause aus mieten, nach Madrid oder Bilbao fliegen und bei den meisten internationalen Autoverleihern nach 30 Minuten auf dem Weg sein. Reisende aus England können sich von Plymouth nach Santander übersetzen lassen. Entweder von Bilbao (E805-E05-E80) oder von Santander (623) führen die Wege durch Burgos und Valladolid (620-A62/E80) und von Madrid durch L'Escorial und Avila (505-501), alles sehens-

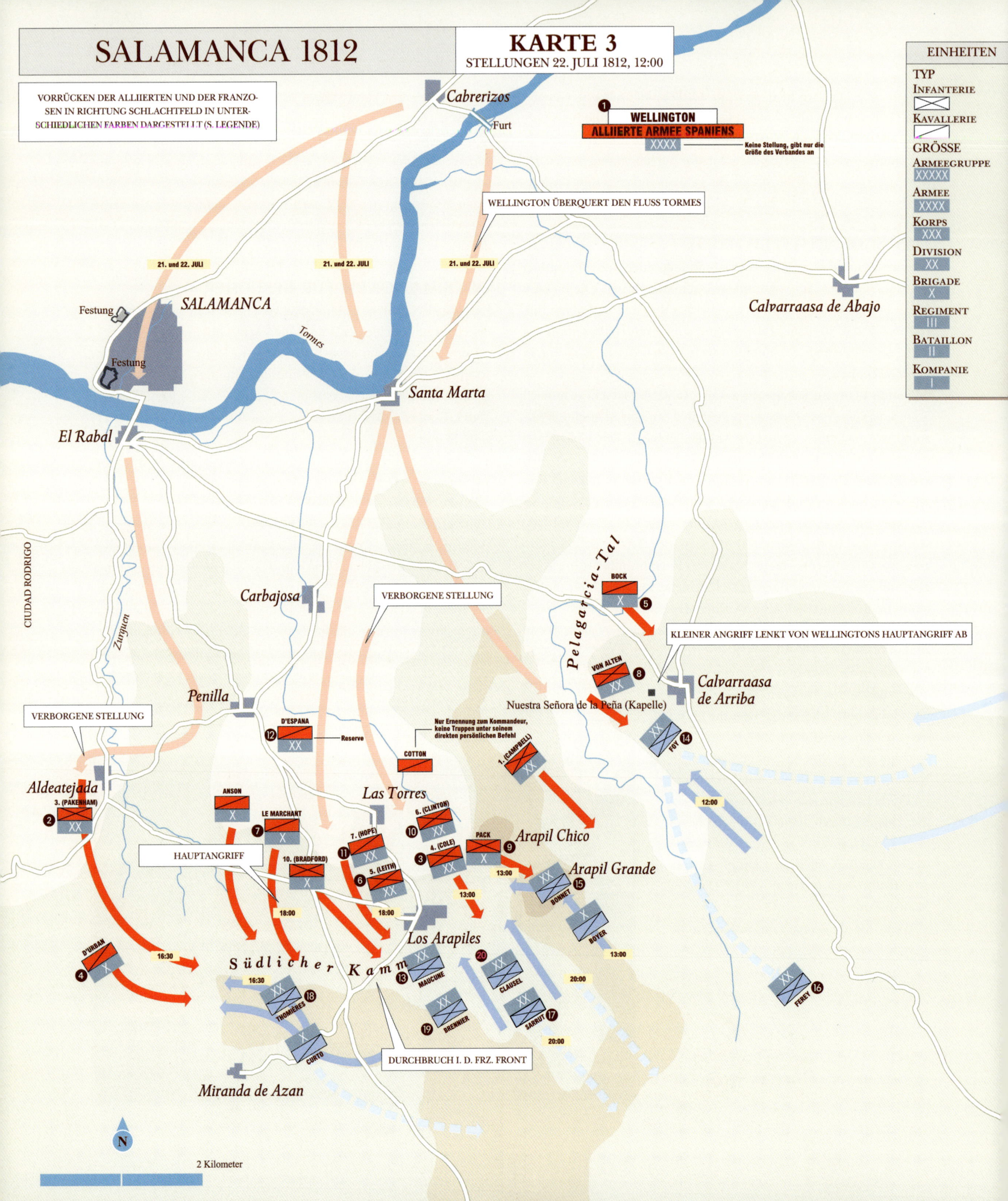

SALAMANCA 1812

KARTE 3
STELLUNGEN 22. JULI 1812, 12:00

VORRÜCKEN DER ALLIIERTEN UND DER FRANZO-
SEN IN RICHTUNG SCHLACHTFELD IN UNTER-
SCHIEDLICHEN FARBEN DARGESTELLT (S. LEGENDE)

EINHEITEN

TYP
INFANTERIE
KAVALLERIE

GRÖSSE
ARMEEGRUPPE — XXXXX
ARMEE — XXXX
KORPS — XXX
DIVISION — XX
BRIGADE — X
REGIMENT — III
BATAILLON — II
KOMPANIE — I

Cabrerizos
Furt

① WELLINGTON
ALLIIERTE ARMEE SPANIENS
XXXX — Keine Stellung, gibt nur die Größe des Verbandes an

WELLINGTON ÜBERQUERT DEN FLUSS TORMES

21. und 22. JULI

21. und 22. JULI

21. und 22. JULI

Festung

SALAMANCA

Tormes

Festung

Calvarraasa de Abajo

El Rabal

Santa Marta

CIUDAD RODRIGO

Zurguen

Carbajosa

VERBORGENE STELLUNG

Pelagarcia-Tal

BOCK
X ⑤

KLEINER ANGRIFF LENKT VON WELLINGTONS HAUPTANGRIFF AB

Penilla

VON ALTEN
XX ⑧

Nuestra Señora de la Peña (Kapelle)

Calvarraasa de Arriba

VERBORGENE STELLUNG

D'ESPANA
⑫ XX — Reserve

Nur Ernennung zum Kommandeur, keine Truppen unter seinem direkten persönlichen Befehl

FOY
XX ⑭

12:00

Aldeatejada

COTTON

1. (CAMPBELL)
XX

3. (PAKENHAM)
② XX

ANSON
X
⑦

LE MARCHANT
X ⑪

Las Torres

6. (CLINTON)
⑩ XX

7. (HOPE)
⑪ XX

PACK
X ⑨

Arapil Chico

HAUPTANGRIFF

10. (BRADFORD)
X

5. (LEITH)
⑥ XX

4. (COLE)
③ XX

13:00

Arapil Grande
XX ⑮
BONNET

D'URBAN
X

16:30

18:00

18:00

13:00

BOYER
X

13:00

④

16:30

Südlicher Kamm

Los Arapiles
XX
⑬ MAUCUNE

20

CLAUSEL
XX

20:00

FEREY
XX ⑯

18
THOMIERES
XX

16:30

19
BRENNIER
XX

SARRUT
XX ⑰

20:00

CURTO
X

DURCHBRUCH I. D. FRZ. FRONT

Miranda de Azan

N

2 Kilometer

LEGENDE ZU DEN ZIFFERN ❶ BIS ⓴

ALLIIERTE ARMEE SPANIENS
1. GENERAL LORD ARTHUR WELLESLEY, VISCOUNT WELLINGTON
2. GENERAL EDWARD PAKENHAM (3. DIVISION)
3. GENERAL LOWRY COLE (4. DIVISION)
4. BRIGADEGENERAL BENJAMIN D'URBAN
5. BRIGADEGENERAL BOCK
6. GENERALLEUTNANT LEITH (5. DIVISION)
7. GENERAL JOHN GASPARD LE MARCHANT (SCHWERE BRIGADE)
8. GENERALMAJOR VON ALTEN (LEICHTE DIVISION)
9. BRIGADEGENERAL PACK
10. GENERALLEUTNANT CLINTON (6. DIVISION)
11. HOPE (7. DIVISION)
12. GENERAL D'ESPANA (SPANISCH)

FRANZÖSISCHE ARMEE VON PORTUGAL
13. GENERAL MAUCUNE
14. GENERAL FOY
15. GENERAL BONNET
16. GENERAL FEREY
17. GENERAL SARRUT
18. GENERAL THOMIÈRES
19. GRAF BRENNIER
20. GRAF CLAUSEL

FRANZOSEN ÜBERQUEREN DEN TORMES

Brücke · Tormes

21. und 22. JULI

FRANZ. ARMEE VON PORTUGAL
XXXX

LEGENDE

→	ANNÄHERUNG D. ALLIIERTEN A. D. SCHLACHTFELD
→	ANGRIFFE DER ALLIIERTEN
	ANNÄHERUNG D. FRANZOSEN A. D. SCHLACHTFELD
→	ANGRIFFE DER FRANZOSEN
	RÜCKZUG DER FRANZOSEN
▪][ ][	GEBÄUDE, FURT UND BRÜCKE
	STRASSE ODER FELDWEG
◼	STADT ODER DORF

---

werte Orte. Die Universitätsstadt Salamanca liegt an der Hauptroute nach Portugal und ein Besuch lässt sich mit einer Besichtigung der Belagerungsstätten von Ciudad Rodrigo und Almeida verbinden, wo die Schlachtfelder von Coa und Fuentes d'Onoro und die Ruinen von Fort Conception liegen.

Slamanca glänzt mit einer Serie von Hotels – mit billigen selbst am Plaza Mayor, bis hin zum modernen, kürzlich erst renoviertem Salamanca Parador. Außerhalb der Stadt liegt in Santa Martha ein Campingplatz hinter dem Hotel Regio. Das Spanish Tourist Board, www.tourspain.co.uk, hilft bei fast allen Problemen. Die örtliche Touristeninformation ist in Valladolid www.jcyl.es/turismo und über sotur@sotur.cyct.jcyl.es erreichbar. Straßenkarten erhält man im Hotel oder Tankstellen und europäische Atlanten gibt's im Buchhandel. Detailkarten kann man bei Stanford's in Covent Garden, London, bestellen.

ZEITTAFEL

(Ungefähre Angaben, da genaue Daten fehlen)
22. Juli 1812

Tagesanbruch	Alliierte Einheiten besetzen Punkte im Gelände mit Blick über das Pelagarcia-Tal;
12:00	Marmont stellt Foy und Ferey gegenüber den Alliierten auf der anderen Talseite auf;
13:00	Die Scharmützel beginnen; beide Seiten versuchen die Arapiles-Berge zu besetzen; Wellington richtet seine Armee im Schutz der Berge nach Süden aus;
14:00	Marmont befiehlt nach links zu schwenken und Thomières soll die Ciudad-Rodrigo-Straße bedrohen. Thomières läuft Brennier und damit seiner Deckung davon;
15:00	Wellington wird über die Lücke in der französischen Aufmarschlinie unterrichtet;
16:30	Pakenham vernichtet die Spitze von Thomières Division;
17:30	Wellingtons Zentralangriff mit Leith, Cole und Cotton startet; Le Marchant vernichtet Maucunes und Brenniers Divisionen;
18:00	Clausel startet den Gegenangriff;
18:10	Sarrut wehrt den alliierten Angriff ab und Fereys bildet eine Reserve; Cole wird zurückgeworfen und Clinton ersetzt ihn;
19:00	Clausels und Sarruts Divisionen brechen zusammen und ein allgemeiner alliierter Angriff startet;
20:00	Fereys Division wehrt den Ansturm ab, wird aber in der Flanke angegriffen und gibt schließlich auf;
22:00	Die Verfolgung wird abgebrochen.

WATERLOO 1815

Von Michael Rayner

Die Schlacht von Waterloo war ein epochales Ereignis, mit dem die Revolutions- und Napoleonischen Kriege zu Ende gingen, die ab 1792 Europa 23 Jahre lang überzogen hatten. Nach Napoleons Rückkehr aus dem Exil auf Elba im Februar 1815 lebte die Koalition gegen ihn sofort wieder auf; die Herrscher Europas wollten ihn nun für immer entmachten. Napoleon sah ein, dass er seine Macht nur durch Krieg halten konnte und wollte ihn deshalb so rasch wie möglich beginnen. Zunächst wollte er die feindlichen Truppen, die sich im neu entstandenen Königreich der Niederlande formiert hatten, in der Nähe von Paris vernichten, was zum Feldzug der 100 Tage führte.

Zwei alliierte Armeen standen Napoleon gegenüber, die Preußen unter Feldmarschall Gebhardt von Blücher und die zweite unter dem britischen Feldmarschall Arthur Wellesley, Herzog von Wellington. Blücher befehligte eine recht homogene Streitmacht von 128.000 Mann und 312 Kanonen von der Grenzstadt Charleroi im Osten, Wellington 107.000 Mann aus verschiedenen Nationen mit 216 Kanonen. Seine Truppen waren weit über das heutige Belgien verstreut

und beschützten nicht nur die Hauptstadt Brüssel, sondern auch den Hof des abgesetzten französischen Monarchen Ludwig XVIII. in Gent sowie seinen eigenen Nachschub- und Fluchtweg zum Ärmelkanal. Diesen beiden Gegnern konnte Napoleon die „Armée du Nord" mit ca. 128.000 Mann mit 366 Kanonen entgegenstellen. Trotz seiner zahlenmäßigen Unterlegenheit riss Napoleon die Initiative an sich und hatte vor, die alliierten Armeen einzeln zu vernichten, bevor sie sich vereinigen konnten.

NAPOLEONS TÄUSCHUNGSMANÖVER

Hierzu schickte Napoleon seine Truppen zunächst an die Grenze, wobei er seine wahren Absichten vor Wellington und Blücher bis zu seinem Angriff am 15. Juni 1815 verbarg. Ersterer war bis in der Frühe des 16. Juni und vielleicht auch noch später davon überzeugt, dass Napoleon ihn mit einem massiven linken Haken von der Küste abschneiden wolle, wobei der Angriff von Charleroi nur ein Ablenkungsmanöver sein sollte. Diese gelungene Täuschung erlaubte Napoleon trotz einiger Verzögerungen in seiner Armee, die anfänglich verteidigenden Preußen abzudrängen und einen großen Teil seiner Armee am Abend des 15. Juni auf der Hauptstraße von Charleroi nach Brüssel unter dem Kommando von Marschall Michel Ney nach Norden zu schicken. Er hoffte, er könne eine wichtige Straßenkreuzung bei Quatre Bras noch bei Tages-

OBEN *Die Schlacht von Waterloo (Öl auf Leinwand) von Sir William Allan um ca. 19:30 Uhr, als Napoleons kaiserliche Garde vorrückt. Napoleon ist rechts im Vordergrund, Wellington links im Mittelfeld.*

licht erreichen, aber eine kleine niederländische (oder holländisch-belgische) Einheit unter Prinz Bernhard von Sachsen-Weimar verwickelte ihn bei Frasnes in ein kleines Scharmützel und die atypische Vorsicht von Marschall Ney ließ die Franzosen kurz vor der Kreuzung innehalten. Zu diesem Zeitpunkt sah es noch nach einem Gelingen von Napoleons Plan aus, da die beiden alliierten Armeen durch den französischen Vormarsch fast getrennt wurden. Am 16. Juni wurde die Situation für die Alliierten noch kritischer, als Napoleon Blüchers Armee in der Schlacht von Ligny besiegte und Ney sich den ganzen Tag gegen die ständig wachsenden Kräfte Wellingtons bei Quatre Bras behauptete. Doch zu den entscheidenden Ereignissen kam es erst am 17. Juni.

Einmal organisierte der preußische Stabschef General Augustus von Gneisenau den Rückzug nach der Schlacht von Ligny und schickte das Gros der Armee sofort auf den Weg nach Wavre. Napoleon verbrachte viel Zeit auf dem Schlachtfeld von Ligny und vernachlässigte die Verfolgung der Preußen. Ebenso entscheidend war, dass er die Chance verpasste, Wellington zu vernichten, der immer noch bei Quatre Bras lag. So konnte dieser einen geordneten Rückzug nach Norden antreten, wobei Gewitter Napoleon an der Verfolgung zusätzlich hinderten, da sie einen Querfeldein-Vormarsch ausschlossen.

Somit zogen sich die Armeen von Blücher und Wellington parallel zueinander in weniger als einem Tagesmarsch Abstand nach Norden zurück. Am Abend des 17. Juni ließ Wellington seine Armee auf dem Kamm des Mont St. Jean, etwas südlich des Dorfes Waterloo anhalten. Er wusste, dass für ihn ohne Hilfszusage von Blücher eine Schlacht gegen das Gros von Napoleons Streitmacht zu riskant würde, auch wenn dieser 33.000 Mann unter Marschall Grouchy zur Verfolgung der Preußen abgestellt hatte. Die Nacht vom 17. auf den 18. Juni verbrachte Wellington mit Sorgen, bis um 2:00 Uhr morgens Blüchers Hilfszusicherung eintraf. Wellington hoffte, dass die ersten Preußen gegen 11:00 Uhr um Waterloo auftauchen würden, aber wegen der schlechten Wegeverhältnisse nach dem ausgiebigen Regen konnten die ersten preußischen Einheiten erst um 16:30 Uhr in die Kämpfe eingreifen.

Dies war die Konstellation für die Schlacht am 18. Juni, die erst am späten Abend entschieden werden sollte, nachdem es Napoleon mehrfach fast gelungen war, Wellingtons Stellung auf dem Mont St. Jean zu durchbrechen. Wellington hatte ca. 68.000 Mann auf dem Schlachtfeld, davon über ein Drittel Briten, ein Drittel Deutsche und der Rest holländisch-belgische Verbände. Napoleon befehligte ca. 73.000 Mann. Von Blüchers Truppen fochten rd. 28.000 Mann bei Waterloo, die noch vor Ende der Kämpfe um weitere 20.000 Mann verstärkt wurden. Ein Großteil der Blücher'schen Soldaten war am 18. und 19. Juni in Hinhaltekämpfe mit Grouchys Truppen bei Wavre verwickelt, bis sich diese schließlich nach Frankreich zurückzogen.

DER VERLAUF DER SCHLACHT

Die Schlacht von Waterloo verlief relativ logisch. Die Franzosen versuchten durch Aufbrechen der Linien Wellingtons den Sieg zu erringen. Dies wurde immer dringlicher, da die Preußen im Anmarsch waren. Als sie schließlich ins Geschehen eingriffen, änderte sich die Situation, da die rechte Flanke der Franzosen nun auch im Rücken angegriffen wurde. Trotzdem versuchte Napoleon weiterhin, Wellingtons Linien zu durchbrechen. Dass dies nicht gelang, lag nicht zuletzt am Gelände, welches Wellington gewählt hatte und welches auf den Ausgang der Schlacht erheblichen Einfluss hatte.

Das Besondere am Gelände war eine flache, west-östlich verlaufende Hügelkette, vor dem etliche große Gehöfte lagen, die Welling-

DIE WICHTIGSTEN KONTRAHENTEN

FRANZÖSISCH
Kaiser Napoleon (Bonaparte)
Marschall Michel Ney
Marschall Emmanuel de Grouchy
General Jean Baptiste Drouet, Graf d'Erlon

NAPOLEONS GEGNER
Die englisch-holländische Armee
Feldmarschall Arthur Wellesley, Herzog von Wellington

Generalmajor Sir Colin Halkett
Generalmajor Sir Peregrine Maitland
General Prinz Bernard von Sachsen-Weimar
General Baron David Chassé
Colonel John Colborne

Die Preußen
Feldmarschall Gebhard Leberecht von Blücher
General Augustus von Gneisenau, Stabschef

Feldmarschall Gebhard Leberecht von Blücher

Marschall Michel Ney

OBEN *Ein Lapsus im Ölbild der Schlacht von Waterloo von Thomas Jones Baker. Britische Infanterie im Karree wird von französischer Kavallerie offenbar vor dem Gehöft von La Haie Sainte bedrängt. In Wirklichkeit lag die Infanterie hinter dem Hof auf den Anhöhen.*

tons Truppen besetzt hielten. Etwa 1200 m südlich davon verlief parallel dazu eine etwas höhere und breitere Kette, auf der sich die französische Armee formiert hatte. Die Flanken im Norden der Ketten waren sehr steil und durch Gehöfte geschützt, die zu Stützpunkten wurden. Die Beschaffenheit der Südkette unter ihrem ursprünglich hohen Getreidebestand sollte eine entscheidende Rolle spielen. Sie bot nicht nur Wellingtons Truppen auf der Nordseite Deckung, sondern wurde im Laufe des Tages nach mehrtägigem Regen unter den Stiefeln und Hufen der Napoleonischen Armee zum Morast. Die Schlacht begann um 11:30 Uhr, zwei Stunden später als in Napoleons ursprünglichem Plan, weil er der Boden etwas trocknen lassen wollte, um die Artillerie effektiver einsetzen zu können. Außerdem rechnete er jetzt noch nicht mit Blücher und sah daher keinen Grund zur Eile.

Die Schlacht begann mit einem Scheinangriff von einem der drei Infanteriekorps Napoleons auf das Gehöft von Hougoumont, welches Wellingtons rechten Flügel deckte. Dieses Gehöft wurde anfangs von leichten Einheiten britischer Foot Guards, Hannoveranern und Nassauern verteidigt und konnte sich den ganzen Tag über behaupten. Der Scheinangriff vermochte kaum nennenswerte Anteile von Wellingtons Reserve zu binden und Napoleon startete einen Angriff, von

dem er hoffte, dass er die Entscheidung bringen würde. Dieser Angriff von d'Erlons Infanteriekorps mit Kavallerie- und massiver Artillerieunterstützung richtete sich gegen Wellingtons halblinkes Zentrum; er wäre beinahe erfolgreich verlaufen, aber im kritischen Moment warfen zwei Brigaden schwerer britischer Kavallerie die massierten Angreifer wieder die Böschung hinunter. Etliche Reiter verfolgten ihre Gegner zu weit, sodass sie abgeschnitten und vernichtet wurden, aber Wellington blieb Herr auf seinen Hügeln.

Der nächste Angriff erfolgte um 16:00 Uhr, als Ney seine Kavallerie gegen Wellingtons halbrechtes Zentrum schickte. Vielleicht hatte Ney gesehen, wie sich Wellingtons Infanterie in diesem Sektor zurückzog, und wollte dies nun zur Flucht werden lassen. Die Briten hatten sich stellenweise wohlgeordnet zurückgezogen, um gegen das ständige Artilleriefeuer eine bessere Deckung zu finden. So konnte Wellingtons Infanterie rasch genug Karrees bilden, um Angriff für Angriff abzuwehren. Nun tauchten die ersten Einheiten der Preußen auf, die sich zum Angriff auf das Dorf Plancenoit formierten, welches eiligst vom letzten Infanterie-Korps Napoleons unter Mithilfe der Jungen Garde besetzt worden war. Nun wurde klar, man musste Wellington vernichten, bevor noch mehr Preußen eintrafen. Ney warf alle Kräfte, die er mobilisieren konnte, gegen das zentrale Gehöft La Haie Sainte und konnte es auch einnehmen – im Wesentlichen, weil den Verteidigern der königlich-deutschen Legion die Munition ausging. Dies erlaubte den Franzosen, Artillerie auf der Farm aufzustellen und damit das Zentrum der Linien Wellingtons unter Feuer zu nehmen. Napoleon hätte jetzt durchbrechen können, wurde aber abgelenkt, weil die Lage bei Plancenoit kritisch wurde und das Eingreifen zweier Bataillone der Alten Garde und des größten Teils der verbliebenen Reste der kaiserlichen Garde gegen die Preußen erforderte.

NAPOLEONS GARDE GREIFT EIN

Gegen 19:30 Uhr war Napoleon bereit, einen letzten Angriff gegen Wellingtons Linien auf der Hügelkette vorzutragen, in welchem die Schlacht kulminieren sollte. Die Atempause, die Napoleon Wellington wegen Plancenoit gönnen musste, nutzte dieser, indem er sein Zentrum mit relativ frischen Truppen aus Generalleutnant Chassés belgisch-holländischer Division und zwei leichten Kavallerie-Brigaden verstärkte, die das Dorf von Braine-l'Alleud auf dem rechten Flügel gehalten hatten. Napoleon rückte mit neun Bataillonen der Garde bis südlich von La Haie Sainte vor, wo er dann das Kommando an Marschall Ney übergab. Wenn es sich dabei auch nur um 9 Bataillone handelte, gehörten diese doch zur letzten Reserve, die selten in die Schlacht geworfen wurde. Aber statt der Hauptstraße zum Zentrum von Wellingtons Linien zu folgen, schwenkte die Garde nach links vom Weg ab, sodass der Angriff über die gleichen Anhöhen erfolgen musste, die schon von den früheren massiven Kavallerie-Angriffen aufgeweicht waren. Der Angriff wurde von fünf Bataillonen der Mittle-

ren Garde wahrscheinlich in der bewährten Karree-Formation vorgetragen, wobei sie auf der rechten Seite von Resten anderer Einheiten sowie von einer Batterie der Garde-Artillerie und anderen Kanonen gedeckt wurden. Die anderen vier Bataillone (drei von der Alten und eins von der Mittel-Garde) blieben in Bereitschaft.

Die kaiserliche Garde griff gestaffelt von rechts an, d. h. das erste Bataillon mit Feindberührung stand auf dem rechten französischen Flügel und jedes weitere traf zeitversetzt auf Wellingtons Linien. Kurz nachdem Marschall Ney die Straße verlassen hatte, wurde sein fünftes Pferd unter ihm erschossen, worauf er seine Soldaten zu Fuß mit dem Degen in der Hand weiter kommandierte. Die alliierten Truppen spürten ein Abflauen des Feuers und etliche ahnten, dass ihnen ihre letzte Prüfung bevorstand. Wellington selbst war von einem desertierenden französischen Kavallerieoffizier gewarnt worden, dass die Garde im Anmarsch sei, sodass er in letzter Minute Umstellungen vornehmen konnte. Den ersten Kontakt hatten das 1. Bataillon der 3. Grenadiere und kurz danach die 4. Grenadiere. Gegen einen Teil der Braunschweig-Division verzeichneten sie Anfangserfolge, bis ein unkontrolliertes Gefecht mit den vier britischen Bataillonen von Colin Halketts Brigade einsetzte. Wahrscheinlich wurden zwei britische Bataillone zurückgedrängt, aber gleichzeitig brachte Chassé eine Batterie in Stellung, die mit Oberst Detmers Infanterie-Brigade und zwei weiteren Bataillonen von Halkett die beiden französischen Gardebataillone die Böschung hinunterwarfen.

Die beiden Bataillone der französischen 3. Jäger aus der Mittleren Garde erschienen direkt vor der britischen Fußgarde der Maitland-Brigade, hinter der Wellington stand. Ein britischer Gardist erinnert sich daran, dass „die Bärenfell-Mützen immer höher stiegen, als sie die Böschung hinaufmarschierten und unseren Linien immer näher kamen": Die Schlacht hatte definitiv ihren Höhepunkt erreicht. Die beruhigende autoritäre Stimme Wellingtons erklang: „Jetzt Maitland! Jetzt ist Eure Stunde gekommen!" und kurz danach: „Auf, Garde, fertig, Feuer!" Maitlands zwei Bataillone der 1. Garde zu Fuß deckten die Spitze der französischen Truppen mit vernichtendem Feuer ein, sodass sie sich nicht formieren konnten, sondern zurückziehen mussten.

Das letzte französische Bataillon, das der 4. Jäger, schaffte es die Böschung hinauf und hätte sich sogar Siegeshoffnungen machen können, da in Maitlands Brigade einige Verwirrung herrschte. Als man nämlich die 3. Jäger zurückgeschlagen hatte, verstand man offenbar einen Befehl falsch und versuchte sich zu sammeln, als der neue französische Angriff einsetzte. Da zog Oberst Colborne, der das 52. leichte Infanterie-Bataillon befehligte, seine Leute mit einem verwegenen Zug aus der Linie. Er ließ sie nach rechts schwenken, so dass sie parallel zur linken Flanke der französischen Einheit standen. Das Feuer dieses großen, noch relativ frischen Bataillons war so vernichtend, dass sich auch die letzte Einheit Napoleons zurückziehen

musste. Als sich herumsprach, dass sich die Garde zurückzog, floh die ganze französische Armee bis auf die letzte Reserve der Alten Garde.

Wellington sah nun seine Chance, von der Hügelkette hinab die Schlacht zu beenden. Er spornte Colborne an und befahl den Vormarsch. Mit preußischen Verstärkungen wurde das Schlachtfeld von französischen Einheiten gesäubert. Die Preußen verfolgten Napoleons Armee, wobei sie beinahe den Kaiser gefangen nahmen. Der erreichte jedoch Paris, wo er zum zweiten Mal abdanken musste.

DAS SCHLACHTFELD HEUTE

Ein Besuch des in offener, bäuerlicher Gegend liegenden Schlachtfeldes von Waterloo ist überaus lohnend. Am besten reist man von Süden her nach einem Besuch von Ligny und Quatre Bras auf dem Aufmarschweg Napoleons durch Genappe (nicht auf der heutigen Umgehung sondern durch den Ort) an. Das Schlachtfeld liegt etwas südlich der kleinen Stadt Waterloo, wo Wellington in einem Gasthaus sein Hauptquartier hatte, heute ein Wellington-Museum. Man komm aber zuerst nach LeCaillou, Napoleons Hauptquartier in der Nacht vor der Schlacht, inzwischen ein kleines Museum. Weiter nördlich liegt La Belle Alliance, wo sich Blücher und Wellington am Ende der Schlacht trafen. Nahe den Gebäuden stehen mehrere Denkmäler. In La Belle Alliance kann man den Blick von den französisch besetzten Hügeln genießen. Ebenso lohnt sich der Blick von einem kleineren Höhenzug weiter im Norden, auf dem Napoleons schwere Artillerie stand. Wenn man einen Abstecher nach Plancenoit nicht ans Ende der Tour legen möchte, kann man rechts abbiegen, um den Ort mit seiner wieder aufgebauten Kirche und einigen Denkmälern besuchen. Weiter nördlich von La Belle Alliance liegt das Gehöft von La Haie Sainte, welches noch weitgehend in-

OBEN *Der Löwenhügel liegt an der Stelle, wo der Prinz von Oranien von einer letzten Kugel in die linke Schulter getroffen wurde.*

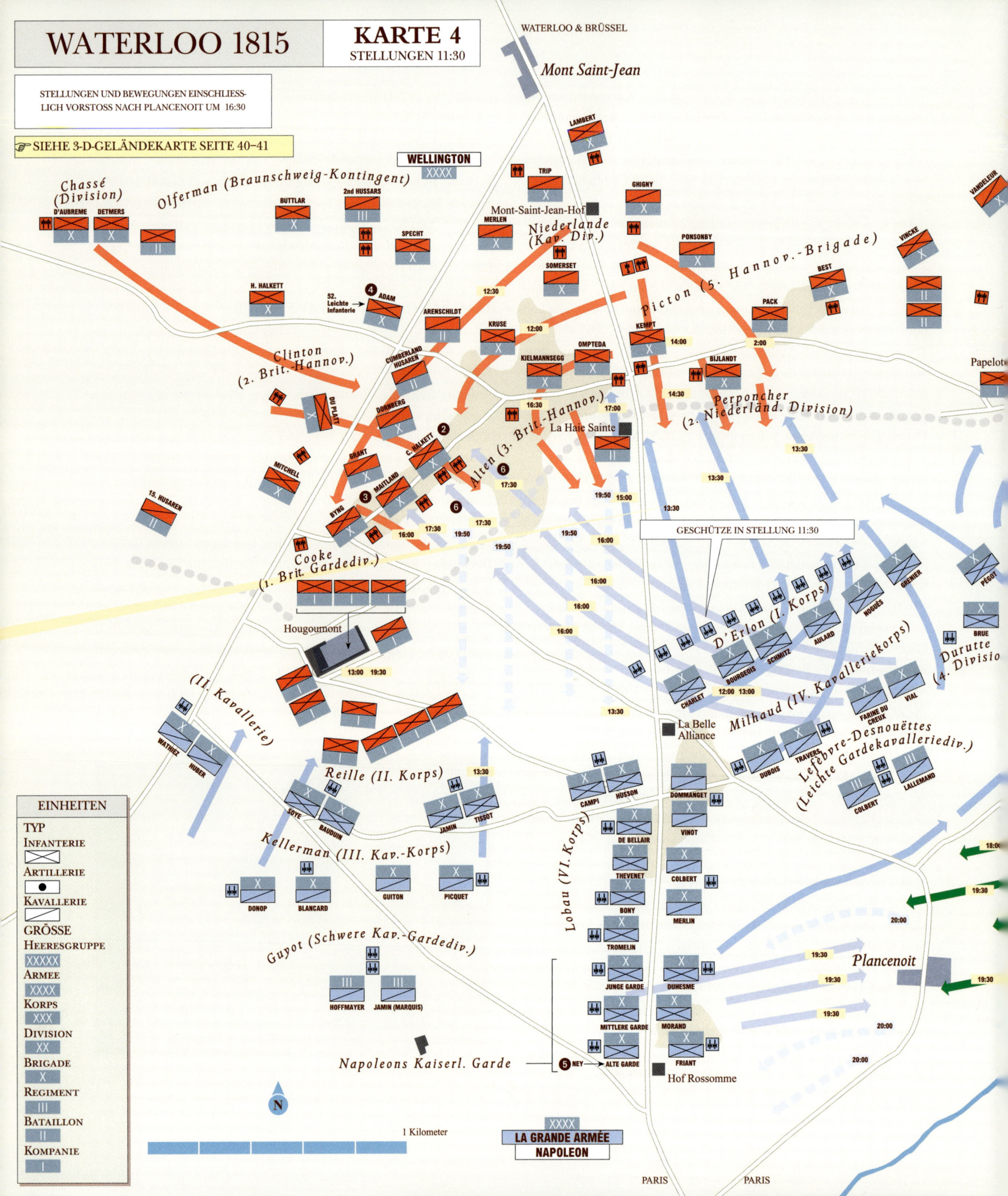

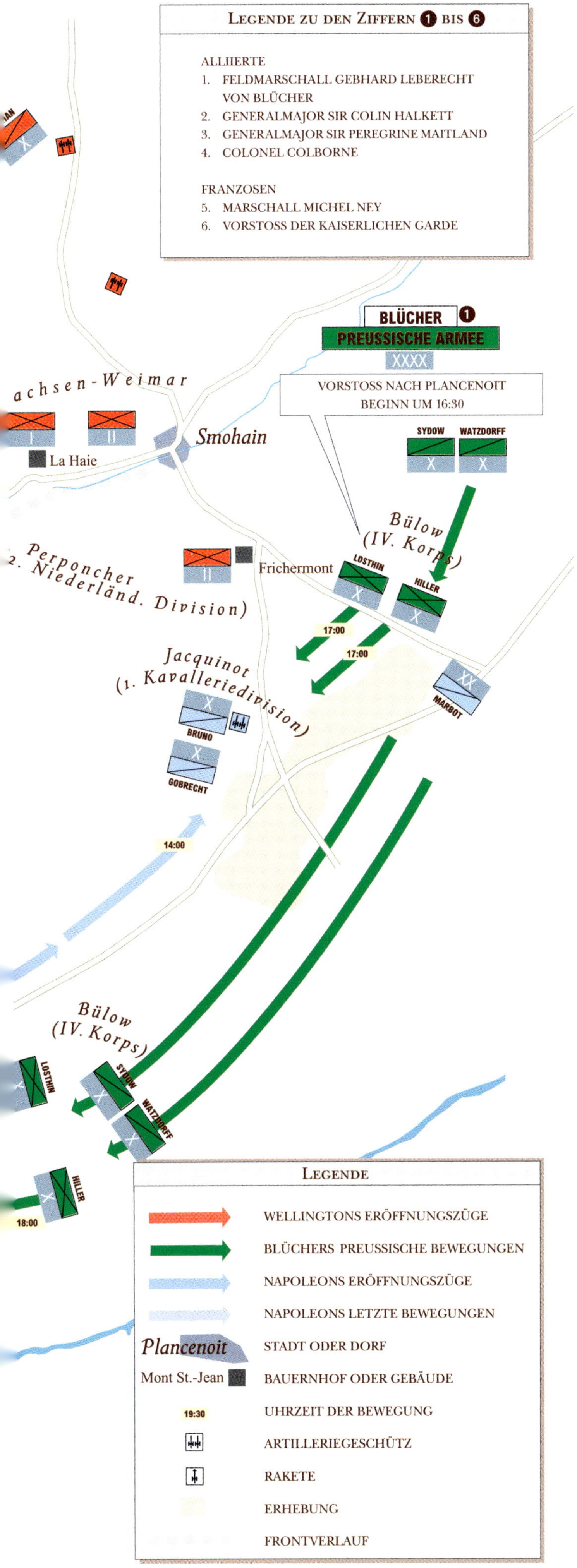
LEGENDE ZU DEN ZIFFERN 1 BIS 6
ALLIIERTE
1. FELDMARSCHALL GEBHARD LEBERECHT VON BLÜCHER
2. GENERALMAJOR SIR COLIN HALKETT
3. GENERALMAJOR SIR PEREGRINE MAITLAND
4. COLONEL COLBORNE
FRANZOSEN
5. MARSCHALL MICHEL NEY
6. VORSTOSS DER KAISERLICHEN GARDE
BLÜCHER 1
PREUSSISCHE ARMEE
XXXX
VORSTOSS NACH PLANCENOIT
BEGINN UM 16:30
achsen-Weimar
Smohain
La Haie
SYDOW
WATZDORFF
Bülow
(IV. Korps)
Perponcher
2. Niederländ. Division)
Frichermont
LOSTHIN
HILLER
17:00
17:00
Jacquinot
(1. Kavalleriedivision)
BRUNO
GOBRECHT
MARBOT
14:00
Bülow
(IV. Korps)
LOSTHIN
SYDOW
WATZDORFF
HILLER
18:00
LEGENDE
WELLINGTONS ERÖFFNUNGSZÜGE
BLÜCHERS PREUSSISCHE BEWEGUNGEN
NAPOLEONS ERÖFFNUNGSZÜGE
NAPOLEONS LETZTE BEWEGUNGEN
Plancenoit
STADT ODER DORF
Mont St.-Jean
BAUERNHOF ODER GEBÄUDE
19:30
UHRZEIT DER BEWEGUNG
ARTILLERIEGESCHÜTZ
RAKETE
ERHEBUNG
FRONTVERLAUF

takt, jedoch nicht zu besichtigen ist. Nach La Haie Sainte erreicht man bald Wellingtons Höhen. Rechts, d. h. östlich, die Böschung, an der d'Erlons Infanterie angriff, links, d. h. westlich, die Stelle, wo die französische Kavallerie und die kaiserliche Garde anstürmten. Zu den Touristenattraktionen zählt der massive Lion Mound, der zum Andenken an den Prinzen von Oranien errichte wurde, der hier verwundet wurde. Der Panoramablick von diesem Hügel aus ist überwältigend, auch wenn man berücksichtigen sollte, dass man zu seiner Errichtung die umliegenden Höhen stark abtragen musste und damit die Gestalt dieser historischen Stätte für immer veränderte. Im Dorf Hougoumont stehen noch viele der alten Häuser.

Informationen für Besucher

- Bartletts Battlefield Journeys: www.battlefields.co.uk
- The War Research Society: www.battlefielstours.co.uk
- Tours with Experts Ltd: www.tours-with-experts.com
- Midas Tours: www.midastours.co.uk
- Middlebrook-Hodgson Battlefield Tours. Lancaster Farm, Tumby Woodside, Boston, PE22 7SP. Tel: +44 (0) 1526 342249
- Holt's Tours: www.battletours.co.uk

Zeittafel

15. Juni

03:30 Die französischen Truppen marschieren in den Niederlanden ein.

16. Juni Schlacht von Quatre Bras zwischen den Franzosen und britisch-holländischen Truppen, Schlacht von Ligny zwischen Franzosen und Preußen

17. Juni

10:00 Rückzug der britisch-holländischen Einheiten von Quatre Bras

18. Juni

11:30 Die französischen Angriffe auf das Dorf Hougoumont beginnen und dauern den Tag über an.

13:00 Massiver französischer Artilleriebeschuss

13:15 Die ersten preußischen Einheiten tauchen auf.

13:30 D'Erlons Infanterie greift Wellingtons halb-linkes Zentrum an.

16:00 Massierte französische Kavallerie-Angriffe auf Wellingtons halb-rechtes Zentrum

ca. 16:30 Erste preußische Angriffe bei Plancenoit

18:00 Die Franzosen erobern La Hai Sainte.

19:30 Napoleons Mittlere Garde greift Wellingtons halb-rechtes Zentrum an.

ca. 21:15 Blücher und Wellington treffen sich in La Belle Alliance.

VORMARSCH DER KAISERLICHEN GARDE

Als der Tag dämmerte, stand Napoleon vor einer schweren Entscheidung. Der Anmarsch der Preußen erforderte einen schlachtentscheidenden Durchbruch durch die britischen Linien. Die Briten hatten mit ihren Alliierten den Mont St. Jean den ganzen Tag gegen wiederholte französische Angriffe und trotz des mörderischen Artilleriefeuers gehalten. Napoleon griff zu seinem letzten Mittel: Er warf die kaiserliche Garde in die Schlacht. Diese Garde waren persönliche Einheiten des Kaisers, absolut loyal und treu und gegenüber dem Rest der „Grande Armée" privilegiert. Aus Tradition blieb die Garde immer in Reserve und wurde nur in dringenden Notfällen in die Schlacht geschickt. Aber mit Eintritt der Dämmerung und ohne Aussicht auf den Sieg musste Napoleon alles auf eine Karte setzen. Die Grafiken geben die Situation gegen 19:30 Uhr wieder, als die ersten Bataillone der Garde den Kamm der Anhöhe erreichten.

① Hougoumont: Um 19:30 Uhr war das Schloss von Hougoumont nach ständigem Hin und Her des Tages immer noch in alliierter Hand. Die Verteidiger bestehend aus der Coldstream – und schottischen Garde und nassauischen Truppen wurden von der königlichen deutschen Legion, Hannoveranern und Braunschweigern verstärkt.

② La Haie Sainte: Dieses kleine Gehöft war eine Schlüsselstellung an Wellingtons Zentrum, wurde aber gegen 18:00 Uhr von den Franzosen überrannt; die königlich-deutsche Garde konnte sich der großen Übermacht nicht erwehren.

③ Mont Saint Jean: Obwohl nur 30 m hoch bot dieser Höhenzug eine starke Verteidigungsposition.

④ Abgesunkene Straße: Diese Straße lief entlang des Mont- St.-Jean-Höhenzuges und bot den britischen und alliierten Truppen Deckung.

⑤ Rückwärtige Senke: Von den Franzosen nicht einsehbar, aber innerhalb der Reichweite ihrer Artillerie bot diese Senke Wellington und seinen Kommandeuren die Möglichkeit, Truppen und ihre Bewegungen zu verbergen.

⑥ Angriffslinie: 500 m südlich von La Haie Sainte. Napoleon selbst führte die Garde bis zum Obstgarten der Farm, wo er das Kommando an Marschall Ney übergab.

⑦ Die Front-Bataillone: Fünf Bataillone der Mittel-Garde, eine Mischung aus Jägern und Grenadieren bildeten die Angriffsspitze. Die Garde rückte in Karrees vor und griff auch in dieser Formation an. Jedes Bataillon unterstand einem General.

⑧ Die Alte Garde: Drei Bataillone der Alten Garde marschierten in der zweiten Welle. Auch wenn ein Vorstoß misslang, zogen sich diese Einheiten wohlgeordnet zurück.

⑨ Artillerie: Berittene Artillerie rückte zwischen den Karrees der Garde vor. Die Gardeartillerie fügte den Briten und ihren Verbündeten schwere Verluste zu.

⑩ Reserve: Ein neuntes Garde-Bataillon der Grenadiere wurde zwischen Hougoumont und La Haie Sainte aufgestellt. Zwei weitere Bataillone der Alten Garde sowie die Junge Garde wurden ostwärts nach Plancenoit verlagert, um die Bedrohung durch die anrückenden Preußen aufzufangen.

⑪ Die Garde-Brigade: Die britische Garde-Brigade unter dem Befehl von Maitland lag versteckt hinter dem Kamm der Hügelkette. Auf ein Zeichen von Wellington stand die Brigade auf und feuerte auf kurze Entfernung in die dicht formierten französischen Karrees und brachte ihnen schwere Verluste bei.

⑫ Colin Halketts Brigade: Sie bestand aus dem 30., 73., 33. und 69. Regiment zu Fuß und formierte sich in einer Vierer-Reihe und wurde durch das präzise Feuer der Garde-Artillerie erheblich dezimiert. Dennoch konnte sie mithilfe einer belgischen Batterie zwei Bataillone der Mittleren Garde zurückschlagen.

⑬ Detmers Brigade aus holländisch-belgischen Truppen von Chassés Niederländischer Division wurde in den Kampf geführt, um Colin Halketts Brigade zu helfen, zwei Bataillone der französischen Mittleren Garde zurückzuschlagen.

⑭ Das 52. Regiment zu Fuß: Das massierte Feuer

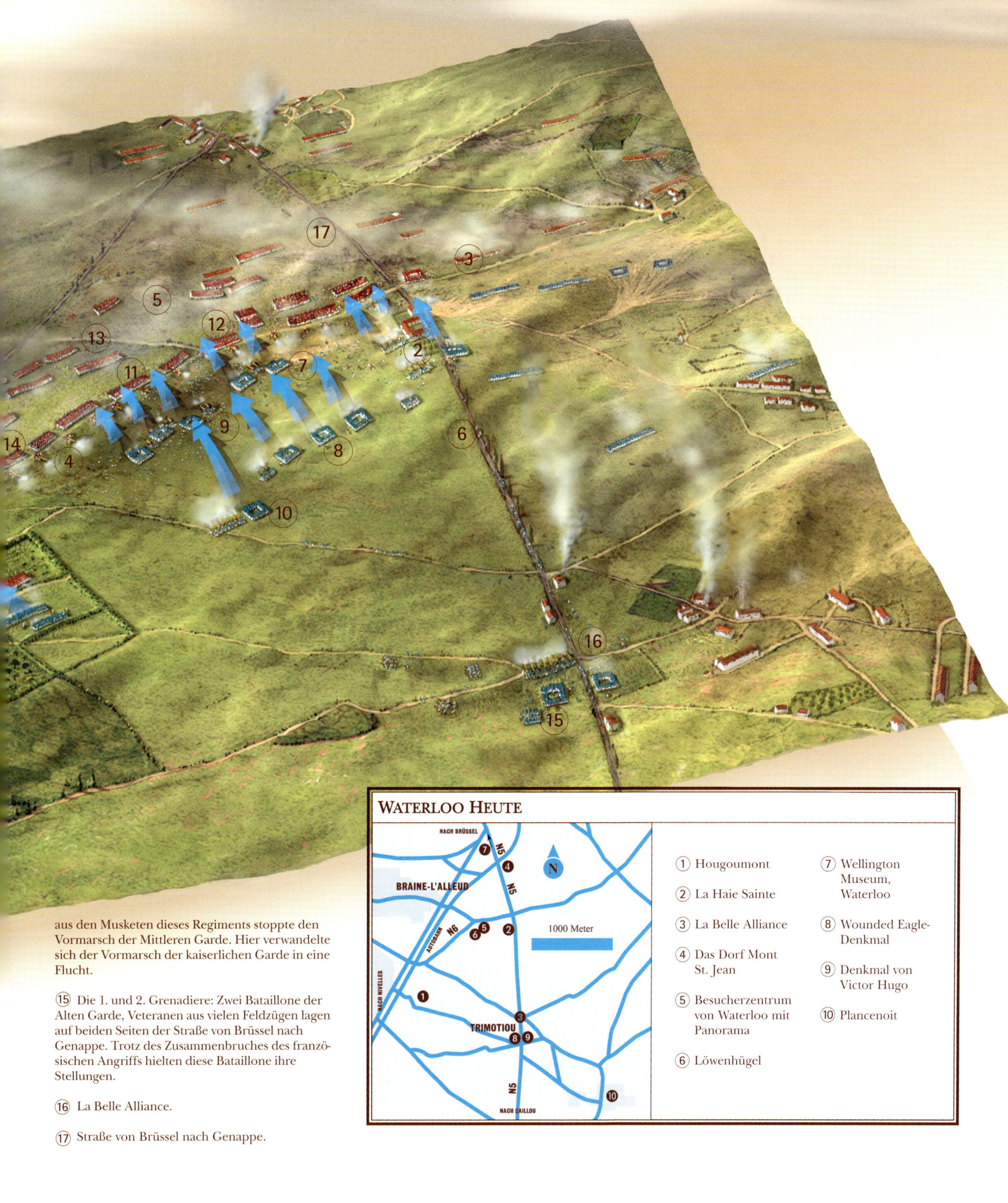

aus den Musketen dieses Regiments stoppte den Vormarsch der Mittleren Garde. Hier verwandelte sich der Vormarsch der kaiserlichen Garde in eine Flucht.

⑮ Die 1. und 2. Grenadiere: Zwei Bataillone der Alten Garde, Veteranen aus vielen Feldzügen lagen auf beiden Seiten der Straße von Brüssel nach Genappe. Trotz des Zusammenbruches des französischen Angriffs hielten diese Bataillone ihre Stellungen.

⑯ La Belle Alliance.

⑰ Straße von Brüssel nach Genappe.

WATERLOO HEUTE

NACH BRÜSSEL

BRAINE-L'ALLEUD

N5

N6

NACH NIVELLES

AUTOBAHN

N

1000 Meter

TRIMOTIOU

N5

NACH CAILLOU

① Hougoumont

② La Haie Sainte

③ La Belle Alliance

④ Das Dorf Mont St. Jean

⑤ Besucherzentrum von Waterloo mit Panorama

⑥ Löwenhügel

⑦ Wellington Museum, Waterloo

⑧ Wounded Eagle-Denkmal

⑨ Denkmal von Victor Hugo

⑩ Plancenoit

Der amerikanische Bürgerkrieg

1861 – 1865

Von Joshua Moon

Der amerikanische Bürgerkrieg war die Bluttaufe der jungen Republik. Über eine Million Amerikaner fielen in diesem Kampf, Hunderttausende verloren ihr Heim oder ihre Existenzgrundlage. Die Schlachten von Bull Run, Shiloh, Gettysburg und Antietam forderten mehr tote und verwundete Amerikaner als der Korea- und der Vietnam-Krieg zusammen. Die in diesem Buch getroffene Auswahl der Schlachten kann den Schrecken und die Grausamkeit dieses Krieges wohl am überzeugendsten veranschaulichen.

Weder der Norden noch der Süden rechnete 1861 mit einem langen Kampf. Beide Seiten erwarteten, dass alles durch eine einzige Schlacht entschieden würde. Die erste bei Bull Run oder der Manassas-Mündung im Juli 1861 deutete vielmehr an, wie langwierig und teuer der Krieg werden sollte. Der Sieg des Südens nährte kurzzeitig den Mythos, dass jeder Südstaatler mit seinem Talent im Reiten und Schießen „zehn Yankees auslöschen" könne. Dies sollte sich leider als falsch erweisen und in den folgenden vier Jahren zu großen Verwüstungen im Süden führen.

Die Wahrheit war viel komplizierter. Wegen der ständig zunehmenden Einwohnerzahl und der steigenden Wirtschaftskraft der Union hatte die Konföderation im Süden nur in einem kurzen Krieg eine Chance. Die Konföderierten hofften auch, durch ökonomischen Druck auf den europäischen Baumwoll- und Tabakmarkt ihre diplomatische Anerkennung zu erlangen. Aber diese Hoffnung schwand mit den Siegen der Union bei Antietam und Gettysburg sowie mit der Öffnung anderer Baumwollmärkte für die Europäer. Darüber hinaus spielte auch die unerschütterliche Führernatur von Abraham Lincoln eine wichtige Rolle.

Der Krieg wurde jedoch auf dem Schlachtfeld entschieden. An der östlichen Front dominierte die Armee von North Virginia unter Robert E. Lee, der die großen Städte erobern und so die europäische Anerkennung erlangen wollte. Beim Krieg im Westen, den schließlich Ulysses S. Grant und William Tecumseh Sherman gewannen, ging es um die Kontrolle über den Mississippi und die strategisch wichtigen Transportwege, über welche Verpflegung, Munition und Verstärkungen nach Virginia und Carolina gelangten. Letzten Endes bedeutete der Sieg der Union im Westen das Grabgeläute für die Konföderation.

Die Hügel und Felder, deren Namen vor dem Krieg nur die Farmer kannten, die sie pflügten, sind heute nationale Heiligtümer. Ein Felshaufen in einem Weizenfeld in Süd-Pennsylvania wurde zur Teufelshöhle bei Gettysburg, eine Baumgruppe in einer Senke an einer Pfirsichplantage am Ufer des Tennessee wurde das berühmte Hornissennest von Shiloh. Diese Plätze gehören nun zum Bestandteil des amerikanischen militärischen Erbes und sind in der ganzen Welt als Merkmale des taktischen Vorteils bekannt.

Die Bezeichnungen der Schlachtorte zeugen vom Konflikt zwischen den Staaten. Während die Heerführer der Union Schlachtfelder nach Flüssen oder Bächen benannten, verwendeten die Generäle der Konföderierten oft die Namen der am nächsten liegenden Stadt. So wurde die Schlacht von Antietam von den Generälen der Union nach einem Flüsschen benannt, das sich durch die Gegend windet, während Südstaatler sie als die Schlacht von Sharpsburg kennen. Wie sie auch heißen mögen, die Schlachtfelder des Bürgerkrieges hinterließen eine unauslöschliche Narbe. Der Krieg wurde ein bestimmender Moment für die Nation, dessen Folge man heute noch spürt.

DIESE SEITE: Die Schlacht von Gettysburg von Sebastian Mayer. Gettysburg am 1. bis 3.Juli 1863 deutete zusammen mit der Kapitulation von Vicksburg am folgenden Tage an, dass der Süden zu keiner organisierten Offensive mehr fähig sei, und war damit das Grabgeläute der Konföderation.

ERSTE SCHLACHT AM BULL RUN (MANASSAS) 1861

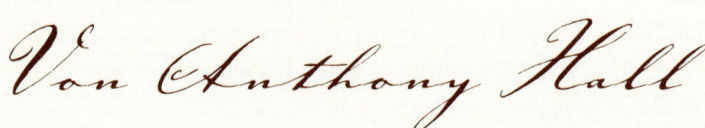

Von Anthony Hall

Nach dem Fall der Unions-Garnison bei Fort Sumter, Charleston, South Carolina am 14. April 1861 verlagerte sich der Schwerpunkt des Kampfes zwischen den Nord- und den Südstaaten in die alte Kolonie Virginia. Am 7. Mai wurde Virginia der Konföderation angegliedert und am 20. Mai lud seine Legislative die konföderierte Regierung ein, ihren Sitz von Montgomery, Alabama, nach Richmond, Virginia, 180 km südlich von Washington DC, zu verlegen. Damit erhielt die Verteidigung von Richmond hohe Priorität für die Konföderierten und somit musste auch die erste Schlacht irgendwo auf den Äckern von Nord-Virginia ausgetragen werden, da der Norden versuchte, durch einen Vorstoß von Wa-

shington aus die neue Hauptstadt der Konföderierten einzunehmen. Im Juni stellten die Konföderierten in Virginia zwei Armeen zum Schutz der Zufahrtswege nach Richmond auf. Im Westen befehligte General Joseph E. Johnston im Shenandoah-Tal vier Infanteriebrigaden (11.000 Mann) sowie ein Kavallerieregiment unter Oberst James Ewell Brown (Jeb) Stuart. Östlich von Johnston stand ca. 160 km entfernt auf der anderen Seite der Blauen Berge die Hauptstreitmacht der Konföderierten aus 18.000 Mann unter dem Befehl des Generals Pierre G.T. Beauregard. Dieser hatte seine Armee 40 km südwestlich von Washington, ca. 6 km nordwestlich des Eisenbahnknotens von Manassas

OBEN LINKS *Föderierte Infanterie bewachen die Orange & Alexandria-Eisenbahn in der Nähe von Manassas im Sommer 1862. Als einzige Eisenbahn von Washington nach Virginia war sie für beide Seiten strategisch wichtig.*

OBEN MITTE *Die Uferböschungen des Bull Run erwiesen sich als ein Hemmnis für den Vormarsch des Nordens im Juli 1861, aber als man bei Manassas im August 1862 wieder kämpfte, waren die Pioniere der Nordstaatler vorbereitet und errichteten neue Übergänge.*

OBEN RECHTS *General Beauregards Hauptquartier in der Nähe von Manassas. Der General verlegte seinen Stab während der Schlacht aus der Nähe von Blackburns Ford ins Portici-Haus östlich von Henry Hill.*

aufgestellt. Diese aus sieben Brigaden bestehende Armee lag hinter den Mäandern des zwischen steilen Ufern von Nordwesten nach Südosten fließenden Bull Run.

Der Bull Run war größtenteils unpassierbar und Beauregard stellte seine Brigaden in einer 13 km langen Front hinter den gefährdeten Übergängen auf. Im Nordwesten zu seiner äußersten Linken lag die Steinbrücke, über welche die Warrington-Landstraße (jetzt Nationalstraße 29, Lee Highway) führt. Flussabwärts folgten über die nächsten 6 Kilometer die Lewis-Furt, die Balls-Furt und die Island-Furt. Danach machte der Fluss einen großen konvexen Bogen, an dem die Mitchell-Furt, die Blackburn-Furt

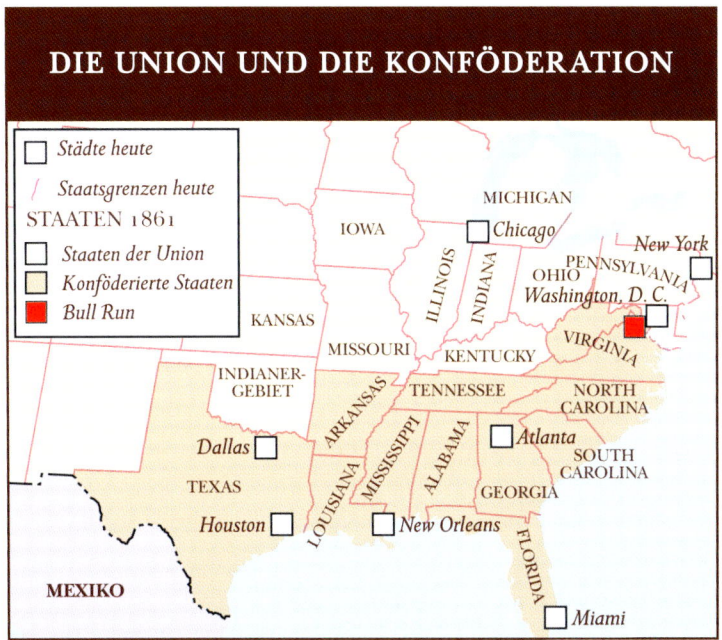

DIE UNION UND DIE KONFÖDERATION

Legende:
- Städte heute
- Staatsgrenzen heute
- STAATEN 1861
- Staaten der Union
- Konföderierte Staaten
- Bull Run

OBEN: *Unionsarmeen marschierten in folgende Gebiete der Konföderierten ein:* **das Grenzgebiet („The Border",** *der am stärksten gefährdete Bereich der Konföderation und der angrenzenden Sklavenhalter-Staaten): Missouri und Kentucky (beide von der Konföderation beansprucht), die Reservate (Oklahoma), West-Virginia, Maryland und den Distrikt von Columbia mit angrenzenden Teilen von Nord-Virginia;* **der Mittlere Süden („The Lower South",** *die vier Konföderationsstaaten, die 1861 abfielen): Virginia, North Carolina, Tenessee und Arkansas und* **der Tiefe Süden („The Deep South",** *die ursprünglichen sieben konföderierten Staaten): South Carolina, Georgia, Florida, Alabama, Mississippi, Louisiana und Texas.*

Die Unterwerfung der Rebellion der Konföderierten begann im Grenzgebiet 1861–1862, setzte sich im Mittleren Süden 1862–1863 fort und erreichte schließlich 1863–1864 den Tiefen Süden.

Eine Ausnahme bildete Virginia, welches bis Ende des Krieges in der Hand der Konföderierten blieb. Frühe Offensiven der Union eroberten wichtige Positionen im Tiefen Süden, speziell entlang der Küste. Gegenoffensiven der Konföderierten bis 1864 wurden meist in den Mittleren Süden oder ins Grenzgebiet zurückgeschlagen.

und die McLean-Furt über eine Strecke von 5 km verteilt lagen. Diese drei Furten genau nördlich von Manassas boten den besten Vormarschweg für die Unionstruppen. Die Furt bei Union Mills lag im Gebiet der Konföderierten weit im Südosten.

DIE REAKTION DER UNION AUF DEN AUFMARSCH DER KONFÖDERIERTEN SÜDWESTLICH VON WASHINGTON

Ende Juni schickte die Union eine kleine Streitmacht unter General George Patterson ins Shenandoah, um Johnston anzugreifen, während die Hauptarmee der Union aus 33.000 Mann in fünf Divisionen unter General Irvin McDowell auf Richmond zu marschierte. Am 16. Juli brach McDowell in Washington von Spionen aus dem Süden verfolgt in Richtung Manassas-Bahnknoten auf. Am 18. Juli hatte Beauregard in aller Frühe Johnston telegraphiert, er solle mit seiner Armee zum Bull Run kommen. Mittags am gleichen Tage brach Johnston unter dem Schutz von Stuarts Kavallerie von Patterson aus nach Osten auf. Am Morgen des 19. hatte seine vorderste Brigade unter General Thomas J. Jackson die Manassas-Bahn bei Piedmont erreicht und bestieg einen Zug zum 55 km entfernten Manassas-Bahnknoten.

Inzwischen griffen die Unionstruppen entlang des Bull Run an. McDowell hatte die Stadt Centreville 6 km östlich der Warrenton-Landstraße erreicht und beorderte sofort General Daniel Tylers Division nach Süden, um die Blackburns-Furt zu erkunden. Was als Finte gedacht war, entwickelte sich zum heißen Kampf, der Tyler 83 Mann kostete. Angesichts der Stärke der Konföderierten in dieser Stellung gedachte McDowell, Beauregards rechte Flanke über die Unions-Mills-Furt anzugreifen, aber das Fehlen guter Straßen ließ dies nicht zu. Da entschloss er sich, die Konföderierten auf der linken Flanke anzugreifen. Zwei Divisionen sollten über die Sudley-Spring-Furt vorgehen, die ca. 3 km flussaufwärts von der Steinbrücke lag. Wenn die Unions-Truppen erst einmal über die nach Süden führende Sudley-Landstraße (jetzt die Nationalstraße 234) gekommen wären, stünden sie im Rücken der Konföderierten direkt am Manassas-Bahnknoten. Der Plan basierte auf einem Überraschungsangriff, der nur daran krankte, dass McDowells Truppen frühestens in zwei Tagen aufbrechen konnten.

In der Zwischenzeit kam Johnstons Armee per Zug am Bahnknoten Manassas an. Die Brigaden von Jackson, von Oberst Francis Bartow und von General Bernard E. Bee trafen am 20. Juli ein und abends folgte General Edmund Kirby Smiths Brigade. Am Samstag, dem 20. Juli, standen somit 35.000 Konföderierte 37.000 Unionssoldaten am Bull Run gegenüber. Beauregard übernahm das Kommando über die vereinigten Konföderierten und plante jetzt einen Angriff von der Blackburn-Furt aus. Hier zog er neun Brigaden und seine gesamte Kavallerie zusammen und überließ den Schutz seiner linken Flanke den anderthalb Brigaden bei der Steinbrücke.

General Thomas J. (Stonewall) Jackson

General Irvin McDowell

McDOWELL GREIFT AN

Am Sonntagmorgen, dem 21. Juli, um 2:00 Uhr griff McDowells Armee an. Tylers Division marschierte auf der Landstraße bis zur Steinbrücke, um einen Scheinangriff zu starten, während die Divisionen von Hunter und Heintzelman mit McDowell selbst auf den Wegen nördlich und westlich zur Sudley-Spring-Furt marschierten. Um 6:00 Uhr erreichte Tyler die Steinbrücke; kurz darauf überquerten Hunter und Heintzelman den Bull Run ohne Gegenwehr.

Die Konföderierten standen hier nur mit einer halben Brigade unter Oberst Nathan G. Evans. Zum Glück für den Süden war Evans nicht nur einer der entschlossensten Kommandeure, er hatte auch die beste Verteidigungsposition des Feldes. Auf beiden Seiten der

Landstraße westlich des Bull Run lagen Hügel, im Norden der Matthews Hill und im Süden der Henry Hill (der 1861 Spring Hill hieß). Beide waren 16 m hoch und trugen oben jeweils ein großes Hochplateau mit genügend Platz für etliche Brigaden. Die Hügel beherrschten die Landstraße, den Sudley-Weg und die Steinbrücke.

EVANS BESETZT DEN MATTHEWS HILL

Vor der Südflanke des Matthews Hill hielt Evans Tylers Brigaden an der Steinbrücke auf. Als man ihn gegen 9:00 Uhr über die Bewegungen links von ihm unterrichtete, erkannte er, dass es sich um einen Scheinangriff handelte, und verlagerte das Gros seiner Truppen aufs Plateau. Dort erschien er gerade rechtzeitig, um die Vorhut von Hunters Division anzugreifen, als sie aus dem Wald im Norden herauskam. Kurz nach 10:00 Uhr schickte Beauregard die Brigaden von Bee und Bartow von der McLeans-Furt Evans zur Hilfe. Diese gingen rechts von Evans mit ihrer Artillerie in Stellung und griffen ihrerseits an.

Dieser Gegenangriff war zunächst erfolgreich, stockte aber angesichts frischer Truppen aus Heintzelmans Division, die am Fuße des Matthews Hill gegen 11:00 Uhr auftauchten. Zunächst musste sich Evans, dann Bartow und schließlich Bee aufs Plateau zurückziehen, aber trotz hoher Verluste formierte man sich neu und wehrte zwei Angriffe von Heintzelman ab. Matthews Hill blieb zunächst in der Hand der Konföderierten, als aber die Unionsbrigade von Oberst Sherman zu ihrer Rechten auftauchte, mussten sich die Konföderierten in Stellungen nördlich der Landstraße zurückziehen. Hier lagen sie hinter einem kleinen Nebenfluss, dem Youngs Branch, der sich um die Ostseite des Henry Hill wand. Angesichts seines Sieges zog McDowell sechs Brigaden nördlich des Young Branch für einen letzten Angriff zusammen.

Unter zunehmendem Druck mussten sich Evans, Bee und Bartow über die Landstraße auf die Nordhänge von Henry Hill zurückziehen, die über 730 m langsam anstiegen. Ein Pfad führte zum Robinson-Haus, der Hütte des befreiten Sklaven James Robinson. Rechts von der Hütte über die Äcker nach Südwesten stand das Henry-Haus, welches der Witwe Mrs. Judith Carter Henry gehörte. Hinter dem Henry-Haus fiel der Hügel langsam in Richtung der umgebenden Wälder ab. Der Sudley-Weg verlief westlich.

Der Rückzug der Konföderierten am Henry-Hill verlangsamte sich ab 11:00 Uhr, als frische Verstärkungen eintrafen. Oberst Wade Hamptons Legion aus Süd-Carolina lieferte ein kurzes Gefecht am Robinson-Haus; als er sich zurückziehen musste, gingen General Jacksons vier Virginia-Regimenter mit neun Geschützen am Südhang hinter dem Henry-Haus in Stellung. „Stonewall" Jacksons standhafte Abwehr zu diesem entscheidenden Zeitpunkt wurde zur Südstaatler-Legende, die ihm auch seinen Beinamen eintrug. Rechts von Jackson zogen sich die Reste von Bees Brigade zurück. Angesichts von Jacksons Widerstand sammelte Bee ein Alabama-Regiment mit den überlieferten Worten: „Seht, da steht Jackson wie eine Mauer. Sammelt euch

hinter den Virginiern!" Der exakte Wortlaut ist nicht bekannt, aber sein Aufruf war wirksam. Die Alabamer folgten ihrem General zurück in die Schlacht, obwohl er in diesem Moment tödlich getroffen wurde. Der Kampf konzentrierte sich nun auf Henry-Hill. Beauregard und Johnston waren mittags selbst vor Ort und ordneten die Armee neu. Drei Brigaden blieben an der Blackburn-Furt, der Rest ging auf den Seiten von Jackson in Stellung. Als Bartow seine Brigade links von Jackson aufstellte, wurde auch er tödlich getroffen.

MCDOWELL GREIFT DIE KONFÖDERIERTEN AUF DEM LINKEN FLÜGEL AN

Gegen 13:00 Uhr führte McDowell seine Truppen gegen den linken Flügel der Konföderierten, was jedoch ein Desaster werden sollte. Die Infanterie der 11. New Yorker wurde von Jeb Stuarts Kavallerie von westlich des Sudley-Weges kommend in der offenen rechten Flanke angegriffen und vertrieben. Kurz danach marschierten die 33. Virginier auf der äußersten Linken der Konföderierten so nah an die Artillerie der Union heran, dass man die Kanoniere und die Pferde abschießen konnte. Dies gelang den 33ern, weil ihr Regiment an diesem Tage in Blau gekleidet war, d. h. in der Uniform-Farbe der Union. Zum Zeitpunkt der Schlacht bei Bull Run, d. h. als

der Krieg noch in der Anfangsphase stand, gab es noch keine einheitliche Uniformfarbe, was während der Kämpfe mehrfach zu Missverständnissen mit fatalen Folgen für beide Seiten führte.

McDowells erster Angriff wurde abgewiesen und die Konföderierten rückten vor, um den Hügel zu sichern. In den nächsten drei Stunden versuchte McDowell mehrfach Boden zu gewinnen, aber alle seine Angriffe scheiterten. Die Unionstruppen verloren langsam die Initiative, und frische Verstärkungen der Konföderierten entschieden die Schlacht: Gegen 16:00 Uhr trafen auf ihrem linken Flügel die zwei frischen Brigaden von Oberst J. Early und von General Kirby Smith ein. Die zweite war die letzte Johnston-Brigade; sie marschierte direkt vom Bahnhof Manassas in die Schlacht. Smith selbst wurde verwundet, sodass Oberst Arnold Elzey die Brigade zum Angriff führte. Dieser letzte Angriff durchbrach den rechten Flügel der Union. So verlor McDowell die Kontrolle über seine Armee. Der Rückzug wurde zur Flucht, denn die Unionstruppen rannten in Panik den Sudley-Weg entlang und auf der Warrenton-Landstraße nach Centreville. Viele hielten erst in Washington an.

Die Schlacht war heftig, aber chaotisch, mit hohen Verlusten auf beiden Seiten. McDowell verlor ca. 2900 Mann, die Konföderierten ungefähr 2000. Im Juli 1861 errichtete die US-Armee einen Obelisken zum Gedenken an ihre Gefallenen. Dieser steht östlich des Henry-Hauses und ist das erste von etlichen Denkmälern, das auf dem Henry-Hill zum Andenken an die Schlacht errichtet wurde.

DAS SCHLACHTFELD HEUTE

Das Schlachtfeld ist heute Teil des Manassas Nationalparks, der vom US-Nationalparkdienst betreut wird. Dieser Park umfasst auch das Gebiet der zweiten Bull-Run-Schlacht, die im August 1862 ausgetragen wurde. Er ist täglich außer am Erntedanktag und am 1. Weihnachtstag geöffnet.

Zwei Wanderwege führen den Besucher an den Markierungen der ersten Bull-Run-Schlacht entlang. Beide gehen vom Besucherzentrum am Südende des Henry Hill östlich der Straße 234 und südlich der Verbindung zur Straße 29 aus. Der erste ist ein 1,6 km langer gewundener Weg, der um den Henry Hill führt. Zunächst geht's nach Norden zum wieder aufgebauten Henry Haus – es wurde in der Schlacht zerstört – und zum Grab von Mrs. Carter Henry, der einzigen gefallenen Zivilperson. Er führt dann hinter die konföderierten Artillerie-Stellungen, die auf Matthews Hill gerichtet waren und danach zu den Resten von Robinsons Haus. Hier stehen nur Markierungen, da eine Rekonstruktion der Hütte 1994 gebrandschatzt wurde. Der Pfad führt dann weiter südlich zu den Stellungen der Konföderierten und von Jacksons Brigade. Ein bronzenes Reiterstandbild von Jackson im Osten des Besucherzentrums dominiert die Landschaft; Gedenksteine in der Nähe erinnern an Oberst Bartow und General Bee.

Der zweite Weg ist 8 km lang. Er führt vom Besucherzentrum nach Osten zur Steinbrücke und auf den Matthews Hill, wo man die

OBEN *Das wiederaufgebaute Henry-Haus der Witwe Mrs. Judith Carter Henry. Hinter dem Haus lag der Hang, der zum angrenzenden Wald führte. An diesem Hang erwarb sich Stonewall Jackson seinen Beinamen.*

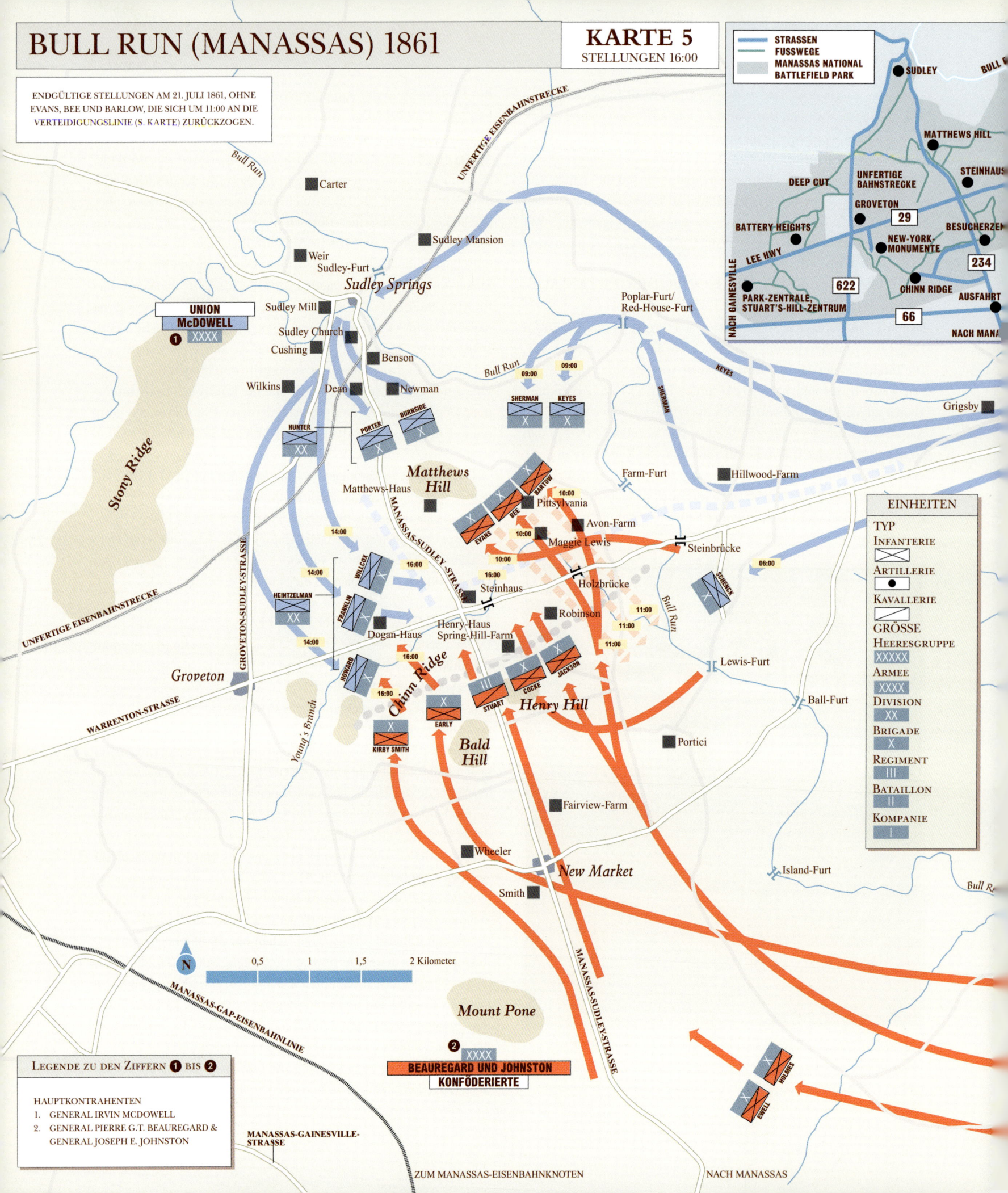

BULL RUN (MANASSAS) 1861

KARTE 5
STELLUNGEN 16:00

ENDGÜLTIGE STELLUNGEN AM 21. JULI 1861, OHNE EVANS, BEE UND BARLOW, DIE SICH UM 11:00 AN DIE VERTEIDIGUNGSLINIE (S. KARTE) ZURÜCKZOGEN.

Legende (oben rechts):
- STRASSEN
- FUSSWEGE
- MANASSAS NATIONAL BATTLEFIELD PARK

Übersichtskarte (oben rechts):
SUDLEY · BULL R · MATTHEWS HILL · STEINHAUS · DEEP CUT · UNFERTIGE BAHNSTRECKE · GROVETON · 29 · BATTERY HEIGHTS · LEE HWY · NEW-YORK-MONUMENTE · BESUCHERZEN · 234 · 622 · PARK-ZENTRALE, STUART'S-HILL-ZENTRUM · CHINN RIDGE · AUSFAHRT · 66 · NACH GAINESVILLE · NACH MANA

EINHEITEN
TYP
- INFANTERIE
- ARTILLERIE
- KAVALLERIE

GRÖSSE
- HEERESGRUPPE — XXXXX
- ARMEE — XXXX
- DIVISION — XX
- BRIGADE — X
- REGIMENT — III
- BATAILLON — II
- KOMPANIE — I

Ortsnamen und Einheiten auf der Karte:
Bull Run · Carter · Weir · Sudley-Furt · Sudley Mansion · Sudley Springs · Poplar-Furt/Red-House-Furt · Stony Ridge

UNION McDOWELL ① XXXX

Sudley Mill · Sudley Church · Cushing · Benson · Wilkins · Dean · Newman · Bull Run 09:00 09:00 · SHERMAN · KEYES · KEYES · SHERMAN · Grigsby

HUNTER · PORTER · BURNSIDE · Matthews Hill · Matthews-Haus · BARTOW · BEE · EVANS · Pittsylvania · Avon-Farm · Maggie Lewis · 10:00 · Farm-Furt · Hillwood-Farm · Steinbrücke

14:00 · WILLCOX · 16:00 · Steinhaus · Holzbrücke · 16:00 · SCHENCK · 06:00

HEINTZELMAN · FRANKLIN · 14:00 · Dogan-Haus · Henry-Haus · Spring-Hill-Farm · Robinson · 11:00 · 11:00 · Lewis-Furt

14:00 · HOWARD · 16:00 · Chinn Ridge · STUART · COCKE · JACKSON · Henry Hill · Ball-Furt · Portici

16:00 · KIRBY SMITH · EARLY · Bald Hill · Young's Branch

Groveton · GROVETON-SUDLEY-STRASSE · MANASSAS-SUDLEY-STRASSE · UNFERTIGE EISENBAHNSTRECKE

WARRENTON-STRASSE · Fairview-Farm · Wheeler · New Market · Smith · Island-Furt · Bull R

N · 0,5 · 1 · 1,5 · 2 Kilometer

MANASSAS-GAP-EISENBAHNLINIE · Mount Pone

② XXXX
BEAUREGARD UND JOHNSTON KONFÖDERIERTE

EWELL · HOLMES

LEGENDE ZU DEN ZIFFERN ① BIS ②

HAUPTKONTRAHENTEN
1. GENERAL IRVIN McDOWELL
2. GENERAL PIERRE G.T. BEAUREGARD & GENERAL JOSEPH E. JOHNSTON

MANASSAS-GAINESVILLE-STRASSE · ZUM MANASSAS-EISENBAHNKNOTEN · NACH MANASSAS

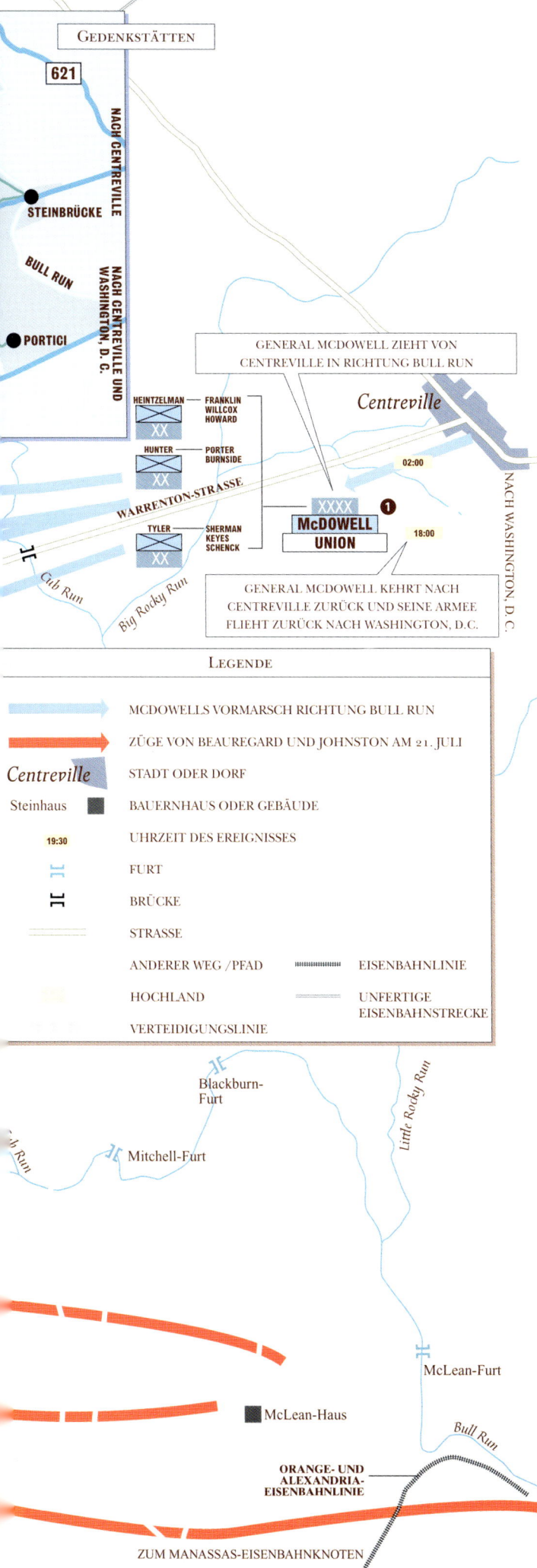

Stellungen der Unions-Artillerie sehen kann. Der Parkdienst hat kürzlich einen Park- und einen Picknickplatz auf dem Matthews-Hill geschlossen und versucht, das Schlachtfeld von 1860 möglichst gut wieder herzurichten. Dazu gehört auch die Entfernung von fremden und exotischen Pflanzen aus einem Gebiet von 600 ha.

Alle Bemühungen, das Schlachtfeld zu erhalten, werden jedoch durch zwei wichtige Pendlerstraßen nach Washington D.C. beeinträchtigt. Die Entwicklung der Vororte stellt eine ständige Bedrohung dar.

ZEITTAFEL

Sonntag, 21. Juli 1861

02:00 McDowell bricht von Centreville aus nach Bull Run auf. Hunter und Heintzelman ziehen nordwärts zur Sudley-Spring-Furt. Tayler führt seine Leute auf der Warrenton-Landstraße zur Steinbrücke

06:00 Tyler erreicht die Steinbrücke auf der Ostseite

08:00 Aus Tylers Angriff wird ein Scharmützel, weil Evans sie als Ablenkungsmanöver durchschaut.

09:00 Evans merkt, dass er von Norden aus angegriffen wird, und zieht sich auf neue Stellungen am Nordhang des Matthews Hill zurück. Er greift Hunters Division an.

10:00 Verstärkungen der Konföderierten kommen bei Evans an. General Bee und Oberst Bartow marschieren zum Matthews Hill. General Jackson beginnt seinen Marsch von der Mitchells-Furt zum Henry Hill.

11:00 Evans, Bee und Bartow werden vom Matthews Hill geworfen und ziehen sich über die Landstraße zum Henry Hill zurück, wo sie sich in Jacksons Abwehrfront am Südhang des Hügels eingliedern.

12:00 Beauregard und Johnston ziehen Brigaden vom Westufer des Bull Run zur Verstärkung von Jackson ab.

14:00 Die Konföderierten weisen Angriffe der Union ab. McDowell dehnt seine rechte Flanke für ein Umgehungs-manöver. Er versucht die Konföderierten mit Artillerie in der Flanke anzugreifen, versäumt es aber, die Operation mit genügend Infanterie zu sichern. Der Vorstoß wird durch einen Kavallerieangriff von Oberst Stuart vereitelt.

15:00 McDowell versucht weiterhin, die linke Flanke der Konföderierten zu umgehen und schickt seine letzte Reserve-Brigade unter General Oliver O. Howard in einen Angriff von westlich des Sudley-Weges aus.

16:00 Howards Brigade wird von zwei frischen Brigaden der Konföderierten unter Oberst Early und General Kirby Smith angegriffen, welche den linken Flügel durchbrechen. Die Linie der Union bricht zusammen.

17:00 Der Rückzug der Unionstruppen steigert sich zur Flucht.

18:00 McDowell ist wieder in Centreville. Die Armee flieht nach Washington, die Konföderierten sind für eine Verfolgung zu erschöpft.

SHILOH 1862

Von Jason R. Musteen

In der ersten echten Schlacht des amerikanischen Sezessionskrieges besiegten die Südstaatler die Unionsarmee im Juli 1861 und lösten damit einen 4 Jahre dauernden Kleinkrieg im Gebiet zwischen den Hauptstädten Richmond und Washington aus. Hier errang General Robert E. Lee bis 1863 mit Ausnahme von Antietam eine Reihe beachtlicher Siege für die Konföderierten, auf die sein Präsident Jefferson Davis so fixiert war, dass er nicht merkte, dass er im Westen ständig verlor. Bei der Union sah sich Abraham Lincoln deshalb nach einem General um, der Lee Paroli bieten konnte – vergeblich. Aber wenigstens konnte er zufrieden nach Westen blicken, wo einer seiner Generäle mit Siegen aufwartete.

Ulysses Grant hatte nach dem Mexikanischen Krieg den Dienst quittiert und nach dem Scheitern als Geschäftsmann bei Ausbruch des Krieges 1861 die Uniform wieder angezogen. An der Spitze von 23.000 Mann gewann Grant den ersten großen Sieg für die Union bei den Forts Henry und Donelson in Tennesse im Februar 1862. Mit der Kapitulation verloren die Konföderierten 12.000 Mann an der ohne-

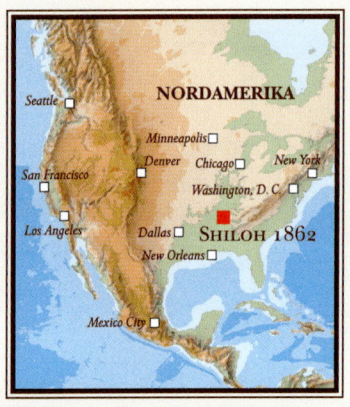

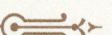

hin schon gedehnten Westfront. Tennessee fiel zurück an den Norden, was Grant ermöglichte, sich mit der Armee von Generalmajor Don Carlos Buell aus Ohio zu vereinigen, der Nashville eingenommen hatte. Am 1. März erhielt Grant den Befehl des kommandierenden Generalmajors der Unionstruppen im Westen, Henry Halleck, nach Pittsburgh Landing im Süden zum Tennessee-Fluss zu marschieren, um einen Angriff auf den Bahnknoten von Corinth, Mississippi, vorzubereiten. Erst wenn Corinth erobert und die Konföderierten im Westen geschlagen wären, sei Tennessee gesichert und Grant könne am Mississippi entlang weiter südwärts über Vicksburg hinaus vorrücken.

Die Westarmee der Konföderierten stand unter dem Kommando von General Albert Sidney Johnston, den viele im Norden und Süden für den besten General beider Seiten hielten. Als ehemaliger kommandierender General der Armee der Republik Texas, texanischer Kriegsminister und Kommandeur der Bundestruppen im Mormonenkrieg hatte er mehr Erfahrung als Heerführer als jeder andere in Uniform. „Ich hoffte und erwartete, ich hätte noch andere befähigte Generäle, wusste aber, dass ich wenigstens einen hatte: Sidney Johnston", sagte einmal Präsident Davis. Davis hob Johnston auf den zweiten Platz der Rangliste hinter Generaladjutant Samuel Cooper und übertrug ihm die schwierige Aufgabe, die Konföderation von den Appalachen bis zum Mississippi mit einer kleinen, in Kentucky und Ten-

nessee stationierten Armee zu verteidigen. Mit seiner zerstreuten Armee gelang es Johnston nicht früh genug, Fort Donelson zu erreichen, um dessen Fall zu verhindern. Als aber Grant nach Süden marschierte, wollte Johnston ihn eilends zur Schlacht zwingen, bevor er sich mit Buell vereinigen konnte oder Corinth erreichte.

Am 10. März war Grants Armee den Tennessee heruntergekommen, hatte Pittsburg Landing eingenommen und bereitete sich auf den Eimarsch in Mississippi vor. Das Zusammenziehen seiner Truppen dauerte zwangsläufig etwas länger, aber Grant verbot seinen Soldaten, Schützengräben auszuheben, damit sie ihre offensive Einstellung nicht verlören. Während sich die Unionstruppen sammelten, kam Johnston in Corinth an, wo er bis Ende März 44.000 Mann der Mississippi-Armee musterte. Am 3. April marschierten die Südstaatler in Tennessee ein.

DIE SCHLACHT

Als Johnston sich Pittsburg Landing näherte und nur einige Meilen von der fünften sein Lager aufschlug, saßen Grants 39.000 Mann immer noch an ihrem strategisch ungünstigen Ort zwischen dem Tennessee und dem Eulenfluss und warteten auf Buells 50.000 Mann. Die Felder und Wälder um den Anlegeplatz hatten sich in eine Art Garnison verwandelt, wo es von Soldaten wimmelte und Ausrüstung mehr oder minder geordnet herumlag. Überzeugt, dass die Konföderierten noch verstreut und meilenweit entfernt seien, erkundete Grant die Wege in den Süden nicht weiter. Generalmajor William Tecumseh Sherman, einer von Grants wichtigsten Offizieren, hielt sogar Berichte über größere feindliche Einheiten in der Nähe für falsch. Prompt startete Johnston kurz vor Morgengrauen des 6. April einen der erfolgreichsten Überraschungsangriffe des Krieges, als er aus dem Wald heraus das Lager der Unionstruppen stürmen ließ. Einige waren beim Frühstück, andere schliefen noch, als die Kugeln schon pfiffen.

Richtig begegneten sich beide Armeen erst bei einer kleinen Kirche namens Shiloh, deren Namen soviel wie „Platz des Friedens" bedeutet. Johnston hatte vor, zunächst den linken Flügel der Union anzugreifen, um Grant nach Norden und weg von Pittsburg Landing zu drängen. Durch Einnahme des Ankerplatzes konnte Johnston verhindern, dass Buells Armee am anderen Ufer in die Schlacht eingreifen konnte, während er Grant angriff. Als aber die ersten drei Korps der Konföderierten aufmarschierten, stießen sie auf Shermans Division auf dem rechten Flügel. Sherman war völlig überrascht, wurde gleich verwundet, konnte aber seine Männer sammeln und die Konföderierten über mehrere Stunden hinhalten, bis er sich geordnet in eine zweite Abwehrstellung bei Generalmajor John McClernands Division zurückziehen konnte. Im Zentrum zu Shermans Linken trafen die Alabamer von Generalmajor Braxton Braggs auf die gerade frühstückende Division von Brigadegeneral Benjamin Prentiss, die sich ungeordnet über eine Meile zurückziehen musste. Generalmajor Leonidas Polks Korps verstärkte Braggs Angriff auf das Zentrum,

welches auch fast gefallen wäre, aber von Verstärkungen der Union gehalten werden konnte. Wenn diese Eröffnungsgefechte auch nicht ganz nach Plan liefen, so behielt Johnston doch die Initiative und drängte Grant zurück. Sein früher Erfolg hatte aber auch etwas Unordnung gebracht, da sich seine Einheiten in den Wäldern verteilten. Außerdem öffnete sein rascher Vormarsch auf dem rechten Flügel und im Zentrum der Union die eigene rechte Flanke, so dass er seinen verbliebenen Einheiten einen Angriff auf Oberst David Stuarts Brigade auf dem linken Flügel der Union befahl. Zwischen 11:00 und 13:00 Uhr griffen die Konföderierten ständig an, konnten aber Grant vom Fluss nicht abschneiden. Auch stockte gegen Mittag ihr Angriff im Zentrum, als die Divisionen der Brigadegeneräle Stephen A. Hurlbut und William H. L. Wallace in einem Hohlweg vor den Konföderierten Stellung bezogen. Ihr Feuer wurde im Wald so dicht, dass kleinere Bäume abrasiert wurden und ganze Einheiten der Angreifer in dieser später als Hornissennest benannten Stellung in Minuten vernichtet wurden.

Nachmittags verstärkte Johnston nach Sammeln seiner Leute die Angriffe gegen Shermans rechten Flügel, diesmal mit mehr Erfolg. Die Stellung im Hohlweg hielt jedoch stand und Bragg ließ Welle auf Welle gegen diese Bastion der Union anrennen.

Als der Brigadier Daniel Ruggles merkte, dass sein Korps-Kommandeur mit diesen zwecklosen Angriffen seine Leute verheizte, suchte er 62 Kanonen zusammen – das größte Geschützaufgebot des ganzen bisherigen Krieges. Deren Feuer zwang fast sofort die Unionstruppen

DIE GRÖSSE DER EINHEITEN

NAME	GEWÖHNLICHE GRÖSSE	
	Unionsarmee	Konföderierte
Korps	3 Divisionen	3 Divisionen
Division	3 Brigaden	4–5 Brigaden
Brigade	4–5 Regimenter	4–6 Regimenter
Regiment	10 Kompanien	10 Kompanien
	1100 Mann u. Offiziere	1100 Mann u. Offiziere
Kompanie	100 Mann	100 Mann

Beide Seiten nahmen abnehmende Stärken von Regimentern infolge von Verlusten in Kauf und verwendeten frische Rekruten zum Aufstellen neuer Regimenter, anstatt die bestehenden aufzufüllen. Gegen Ende des Krieges bestanden deswegen manche Regimenter nur noch aus 200 Mann.

aus dem Hohlweg, wo schließlich 2000 von ihnen inklusive Prentiss in Gefangenschaft gerieten. Wallace war gefallen.

Ruggles Aktion gab den Konföderierten die Initiative für den letzten Angriff auf Grants Linien zurück, denn die Unionstruppen strömten nach Pittsburg Landing zurück und die Konföderierten rückten geschlossen vor. Aber in diesem kritischen Augenblick verlor die Südarmee ihre Führung. Gegen 14:30 Uhr startete Johnston selbst einen Angriff auf einen Pfirsichgarten im halblinken Zentrum der Union. Ein Durchbruch hier hätte einmal die Stellung im Hohlweg unhaltbar gemacht, zum anderen die Verbindung der Union zum Hafen unterbrochen. Johnstons entschlossener Angriff und seine persönliche Tapferkeit motivierte seine Leute zum richtigen Zeitpunkt und gab so ein Signal zum allgemeinen Angriff. Nachdem der Angriff über ihn hinweggegangen war, merkte Johnston, dass seine Uniform an vier Stellen durchschossen und die Sohle seines Stiefels abgeschossen worden war. Der General gab weiterhin seine Kommandos, aber obwohl er unverletzt schien, hatte ihn eine Kugel in den rechten Unterschenkel getroffen. Die Kugel hatte eine Arterie durchtrennt und Johnston blutete eine halbe Stunde lang in seinen Stiefel, bevor jemand die Schwere seiner Verletzung erkannte. Die Blutung hätte man leicht stillen können, aber Johnston hatte seinen Arzt früher am Tage zu verwundeten Nordstaatlern geschickt. So verblutete der Befehlshaber der Konföderierten langsam trotz einer Ader-Kompresse in seiner Tasche und starb kurz vor Ruggles Erfolg am Hornissennest. Als General und Heerführer bleibt Sidney Johnston der ranghöchste Amerikaner, der je in einer Schlacht fiel.

Als Johnston starb, hätte ein konzertierter Angriff auf den linken Flügel wahrscheinlich zum Zusammenbruch der ganzen Unionsfront

geführt und Grant keinen Rückweg gelassen. P.G.T. Beauregard, der Held von Fort Sumter und Manassas, übernahm als ranghöchster Offizier das Kommando. Er hatte den Kampf nur aus der Etappe verfolgt und überschaute die Situation nicht richtig. Er beobachtete Grants Stellungen um Pittsburg Landing, nutzte die Nacht nur für Erkundungen und wollte am nächsten Morgen neu anfangen. Leider war Zeit das Einzige, was er nicht hatte. Während der Nacht waren 7500 Mann von Buells Ohio-Armee über den Fluss gekommen und hatten Grants linken Flügel verstärkt. Danach kam eine weitere Division von 5800 Mann unter Generalmajor Lew Wallace, dem späteren Autor von Ben Hur und Gegenspieler von Billy the Kid als Gouverneur von Neu Mexiko, herüber. Wallace hatte bisher von der Schlacht nichts mitbekommen und bescherte somit dem rechten Flügel der Union frische Kräfte. Darüber hinaus kamen zwei Kanonenboote der Union auf dem Fluss östlich von Grant an und eröffneten das Feuer aus dem Süden von Pittsburg Landing.

Trotz der gewaltigen gegnerischen Streitmacht griff Beauregard am Morgen des 7. wieder an, um bald festzustellen, dass ein totaler Sieg nicht mehr möglich war. In dem Maße, wie seine Truppen ermüdeten und zusammenschmolzen, schickte Buell weitere Einheiten über den Fluss, sodass zum Ende der Schlacht 18.000 Mann seiner Armee im Kampf lagen. Als Grant nicht mehr in den Fluss geworfen werden konnte, ging er zur Offensive über. Die Konföderierten bauten zwar eine bewundernswerte Verteidigung auf, mussten aber langsam das am Vortag eroberte Gebiet räumen und konnten sich gegen 16:00 Uhr wohlgeordnet absetzen. Grants Soldaten waren für eine Verfolgung zu erschöpft, sodass sich Beauregard nach Corinth zurückziehen konnte.

Als sich der Pulverdampf verzog, hatte Shiloh alles an Verbissenheit und Kosten des Krieges in den Schatten gestellt. Mit 23.000 Mann Verlusten in zwei Tagen war es die bei Weitem blutigste Schlacht auf amerikanischem Boden. Der Weg nach Vicksburg war nun offen, aber die Hoffnung auf einen kurzen Krieg zerstört. Das Blutbad vom „Platz des Friedens" machte beiden Seiten klar, dass der Krieg keine Angelegenheit von Wochen oder Monaten sein könne, sondern dass noch viele sterben müssten, bevor ein Frieden geschlossen werden könne.

DAS SCHLACHTFELD HEUTE

Shiloh kann man heute zu Fuß oder mit dem Auto bequem an einem Tage bewältigen. Der nationale Parkdienst pflegt den Ort, zu dem ein Buchladen, ein Museum und ein Theater gehören. Farbige Gedenktafeln und Hinweise markieren den Aufenthalt der Einheiten während der ganzen Schlacht, überall stehen Monumente, sodass man leicht seine eigene Tour organisieren kann. Zusätzlich bietet der Park 10 verschiedene Führungen von 3 bis 32 km an, von denen letztere den Anmarsch von Johnston von Corinth einschließt. Sehr gut kann man sich auf eine echte Tour vorbereiten, indem man sich eine virtuelle von www.cwbattlefields.com/virtualtours/shiloh ansieht. Hier wird die Schlacht beschrieben, werden die Denkmäler erläutert und eine virtuelle Führung geboten. Das Kriegs-College der US-Armee hat auch einen Führer durch die Schlacht von Shiloh im Universitätsverlag von Kansas für Eigentouren mit detaillierten Beschreibungen und Fahrthinweisen veröffentlicht. Dieser Führer enthält Karten und Fotos und erläutert jeden Punkt anhand von Originalberichten und Zitaten, sodass die Wichtigkeit jeder Phase der Schlacht vermittelt wird. Wenn man eine Tour plant, sollte man berücksichtigen, dass Shiloh ein kleiner Flecken ist, in dem Hotelzimmer knapp sind und man deshalb besser im nahen Savannah oder Corinth übernachtet.

INFORMATIONEN FÜR BESUCHER

Museen, Touren und Unterbringungsmöglichkeiten:

- Hardin County Tourism Board, 507 Main St., Savannah, Tennessee 38372. (800) 552-3866.
- Shiloh National Military Park, 105 Pittburg Landing Road, Shiloh Tennessee 38376. (731) 689-5450. www.nps.gov/shil.
- McNairy County Historical Museum, 114 Noth Third Street, Selmer, Tennessee 38375. (731)646-0018
- Tenessee River Museum, Main Street, Savannah, Tennessee, 38372. (731) 925-2364. www.tourhardincounty.org
- Northeast Mississippi Museum, Fourth and Washington Streets, Corinth, Mississippi 38834. (601) 287-3120. www2.tsixroads.com/~nemma/.
- Geführte Shiloh-Touren kann man unter www.ShilohGuides.com buchen.

DIE WICHTIGSTEN KONTRAHENTEN

SÜDEN (KONFÖDERIERTE)

General Albert Sidney Johnston

Generalmajor Braxton Bragg

Generalmajor Leonidas Polk

Brigadegeneral Daniel Ruggles

General Pierre G.T. Beauregard

NORDEN (UNION)

Generalmajor Ulysses Grant

Generalmajor Don Carlos Buell (Ohio-Armee)

Generalmajor Henry Halleck

Generalmajor William Tecumseh Sherman

Generalmajor John McClernand

Brigadegeneral Benjamin Prentiss

Brigadegeneral Stephen A. Hurlbut

Brigadegeneral William H.L. Wallace

Generalmajor Lew Wallace

Oberst David Stuart

General Albert Sidney Johnston

Generalmajor Ulysses Grant

OBEN *Das Hauptquartier des Shiloh-National-Militärparks.*

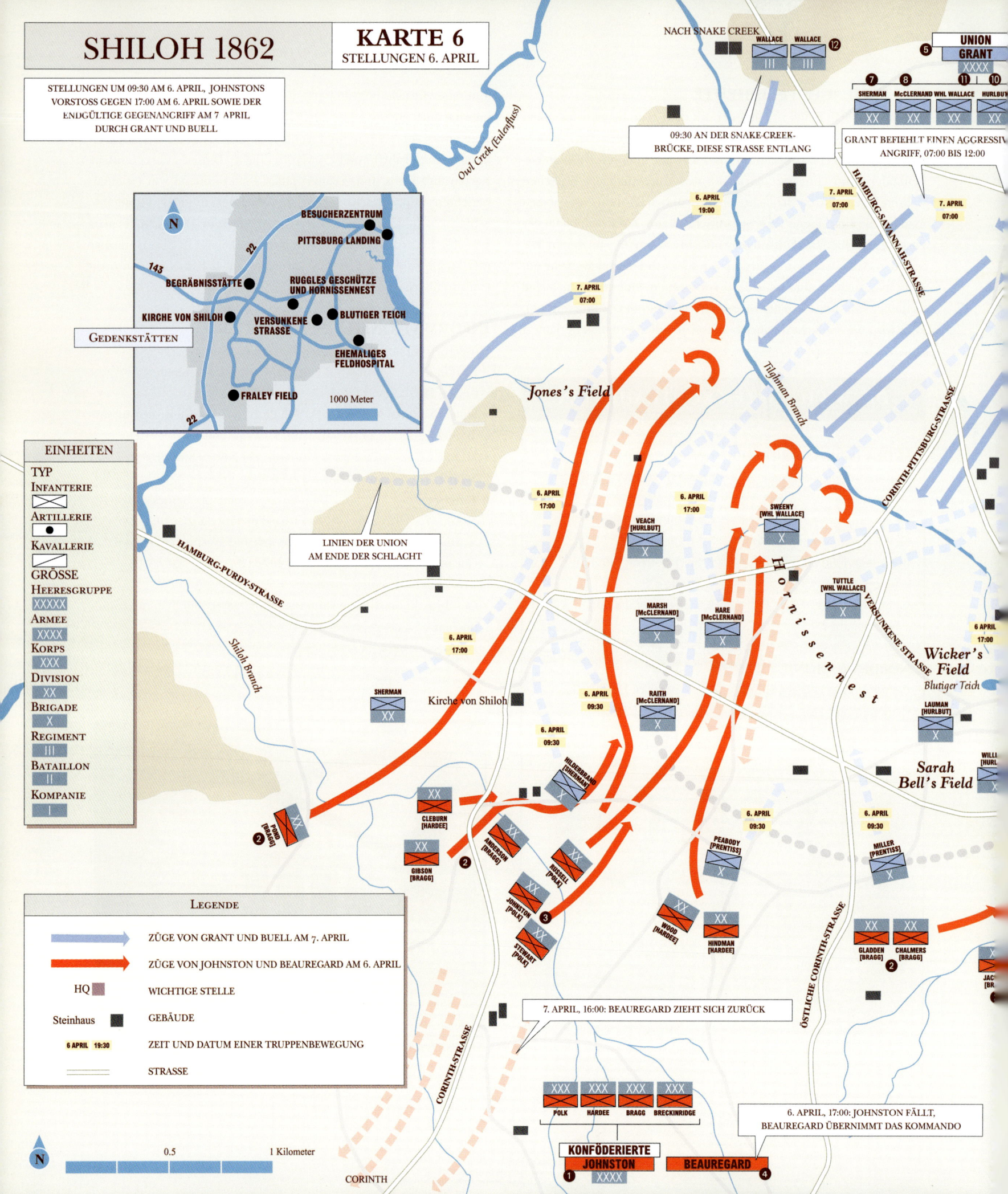

SHILOH 1862

KARTE 6
STELLUNGEN 6. APRIL

STELLUNGEN UM 09:30 AM 6. APRIL, JOHNSTONS
VORSTOSS GEGEN 17:00 AM 6. APRIL SOWIE DER
ENDGÜLTIGE GEGENANGRIFF AM 7. APRIL
DURCH GRANT UND BUELL

Kartenbeschriftungen (Inset – Gedenkstätten):
- N
- BESUCHERZENTRUM
- PITTSBURG LANDING
- BEGRÄBNISSTÄTTE
- RUGGLES GESCHÜTZE UND HORNISSENNEST
- KIRCHE VON SHILOH
- VERSUNKENE STRASSE
- BLUTIGER TEICH
- EHEMALIGES FELDHOSPITAL
- FRALEY FIELD
- GEDENKSTÄTTEN
- 1000 Meter
- 22, 143, 22

EINHEITEN

TYP
- INFANTERIE
- ARTILLERIE
- KAVALLERIE

GRÖSSE
- HEERESGRUPPE — XXXXX
- ARMEE — XXXX
- KORPS — XXX
- DIVISION — XX
- BRIGADE — X
- REGIMENT — III
- BATAILLON — II
- KOMPANIE — I

LEGENDE

- ZÜGE VON GRANT UND BUELL AM 7. APRIL
- ZÜGE VON JOHNSTON UND BEAUREGARD AM 6. APRIL
- HQ — WICHTIGE STELLE
- Steinhaus — GEBÄUDE
- 6 APRIL 19:30 — ZEIT UND DATUM EINER TRUPPENBEWEGUNG
- STRASSE

Kartenbeschriftungen:
- Owl Creek (Eulenfluss)
- NACH SNAKE CREEK
- WALLACE — 12
- UNION GRANT — 5
- SHERMAN — 7
- McCLERNAND — 8
- WHL WALLACE — 9
- HURLBUT — 10
- 09:30 AN DER SNAKE-CREEK-BRÜCKE, DIESE STRASSE ENTLANG
- GRANT BEFIEHLT EINEN AGGRESSIV... ANGRIFF, 07:00 BIS 12:00
- 6. APRIL 19:00
- 7. APRIL 07:00
- 7. APRIL 07:00
- 7. APRIL 07:00
- Jones's Field
- 7. APRIL 07:00
- 6. APRIL 17:00
- 6. APRIL 17:00
- SWEENY [WHL WALLACE]
- Tilghman Branch
- Hornissennest
- VEACH [HURLBUT]
- LINIEN DER UNION AM ENDE DER SCHLACHT
- HAMBURG-PURDY-STRASSE
- MARSH [McCLERNAND]
- HARE [McCLERNAND]
- TUTTLE [WHL WALLACE]
- Wicker's Field
- Blutiger Teich
- 6. APRIL 17:00
- Shiloh Branch
- SHERMAN
- Kirche von Shiloh
- RAITH [McCLERNAND]
- LAUMAN [HURLBUT]
- Sarah Bell's Field
- 6. APRIL 17:00
- 6. APRIL 09:30
- 6. APRIL 09:30
- HILDERBRAND [SHERMAN]
- CLEBURN [HARDEE]
- POND [BRAGG] — 2
- GIBSON [BRAGG]
- ANDERSSON [BRAGG] — 2
- RUSSELL [POLK]
- PEABODY [PRENTISS]
- 6. APRIL 09:30
- 6. APRIL 09:30
- MILLER [PRENTISS]
- WILLI... [HURL...]
- JOHNSTON [POLK] — 3
- WOOD [HARDEE]
- HINDMAN [HARDEE]
- GLADDEN [BRAGG]
- CHALMERS [BRAGG] — 2
- STEWART [POLK]
- JAC... [BR...]
- 7. APRIL, 16:00: BEAUREGARD ZIEHT SICH ZURÜCK
- 6. APRIL, 17:00: JOHNSTON FÄLLT, BEAUREGARD ÜBERNIMMT DAS KOMMANDO
- CORINTH-STRASSE
- ÖSTLICHE CORINTH-STRASSE
- CORINTH-PITTSBURG-STRASSE
- HAMBURG-SAVANNAH-STRASSE
- VERSUNKENE STRASSE

Konföderierte Befehlshaber (unten):
- POLK — HARDEE — BRAGG — BRECKINRIDGE
- KONFÖDERIERTE — JOHNSTON — 1 — BEAUREGARD — 4

- N
- 0,5 — 1 Kilometer
- CORINTH

ZEITPLAN

5. April	Grant lagert bei Pittsburg Landing
5. April	Johnstons Armee kampiert in 8 km Abstand von Grant.
6. April	
5:15	Johnston unternimmt einen Überraschungsangriff.
4:55–6:30	Eine Unionspatrouille entdeckt Johnstons Vorhut, eröffnet das Feuer und zieht sich zurück.
6:30–9:00	Braggs und Polks Einheiten greifen das Zentrum der Union an und zwingen Prentiss zur Flucht.
8:00–9:30	Hurlbutt und W.H.L.Wallace besetzen einen Hohlweg im Zentrum der Unions Front.
7:00–10:00	Sherman stoppt den Vormarsch der Konföderierten, bevor er sich in die Stellung von McClernand zurückzieht.
9:00–10:30	Zur Sicherung seiner Front befiehlt Johnston einen Angriff auf den linken Flügel der Union.
10:00–11:30	Die Armee der Konföderierten greift weiter den rechten Flügel der Union an und wirft Sherman und McClernand weiter zurück.
11:00–13:00	Stuarts Division schlägt den Angriff der Konföderierten auf dem linken Flügel zurück.
12:00–14:30	Sherman und McClernand starten einen Gegenangriff, müssen sich aber nach Anfangserfolgen zurückziehen.
12:00–15:30	Während die Union auf dem rechten Flügel Gegenangriffe vortragen, schaffen es die Konföderierten wiederholt nicht, Hurlbut und Wallace aus dem Hornissennest im Hohlweg hinauszuwerfen.
13:00–16:00	Johnston leitet persönlich einen Angriff am Pfirsichgarten gegen das halblinke Zentrum der Union. Der Angriff gelingt, aber Johnston stirbt um 14:30 Uhr.
14: 30–17:30	Ruggles zieht 62 Kanonen zusammen und bricht den Widerstand der Union im Hohlweg. Wallace fällt, Hurlbut gerät in Gefangenschaft.
15:00–17:30	Sherman und McClernand ziehen sich zurück und bauen auf dem rechten Flügel der Union eine bessere Verteidigungsstellung auf.
15:00–18:00	Beauregard übernimmt das Kommando über die Konföderierten und stoppt zur Nacht einen Vormarsch vor Pittsburg-Landing
19:00	Lew Wallaces Division trifft langsam auf dem Schlachtfeld ein, nachdem man den ganzen Tag versucht hat, die richtige Straße zur Schlacht zu finden.
18:30	Buells Armee aus Ohio kommt in Pittsburg Landing an. Die Kanonenboote Lexington und Tyler beschießen die Stellungen der Konföderierten.
7. April	
7:00–14:00	Ein Generalangriff der Union wirft Beauregard zurück; das am Vortag eroberte Gelände geht verloren.
14:00–16:00	Der Vormarsch der Union kommt zum Stehen und ermöglicht so Beauregard den Rückzug nach Corinth.

ANTIETAM 1862

Von Joshua Moon

Dem Süden gelang es nicht, auf dem Boden der Union einen strategischen Sieg zu erringen, was ihm die diplomatische Anerkennung in Europa versagte. Nach der Niederlage bei Shiloh im April 1862 wollte der Südstaaten-Präsident Jefferson Davis sein Image aufpolieren und entwickelte den Plan, die Grenzstaaten Kentucky und Maryland der Union wegzunehmen. Zur politischen Schwächung der Union und Stärkung des eigenen Ansehens in Europa entwickelte man eine bivalente Militärstrategie, nach welcher General Robert E. Lee in Maryland und möglichst auch in Pennsylvania einmarschieren sollte, während General Braxton Bragg im Westen Kentucky angreifen sollte.

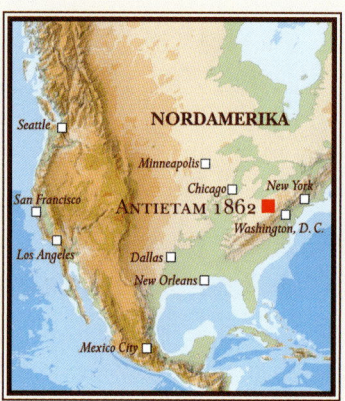

OBEN LINKS *Die „Burnside"-Brücke über den Antietam. Die Aktion auf dem linken Flügel der Union hing vom reibungslosen Überqueren dieses Hindernisses ab. Da General Burnside dies nicht gelang, erhielt der konföderierte General A. P. Hill Zeit, um aus Harpers Ferry mit Verstärkung anzurücken.*
OBEN MITTE *Ein Hohlweg ist mit Toten und Ausrüstungsteilen übersät. Während er als natürlicher Schützengraben für verteidigende Infanterie Schutz bot, wurde er bei Flankenfeuer zur Falle.*
OBEN RECHTS *Eine konföderierte Geschützbedienung liegt tot neben ihrem Munitionswagen östlich des Hagertown Pikes in Richtung Dunker Church. Sie fiel fast genau dort, wo heute das Besucherzentrum steht.*

LEE ZIEHT NACH NORDEN

Lee wollte das vom Kriege arg gebeutelte Nord-Virginia schonen, welches über ein Jahr lang die Armeen der Union und der Konföderierten versorgen musste. Als Lee am 8. September nordwärts marschierte, begrüßte er Maryland mit folgender Proklamation: „Die Menschen des Südens wollen euch seit Langem helfen, das fremde Joch abzuwerfen, damit ihr das unveräußerliche Recht des freien Mannes genießen könnt... mit diesem Ziel ist die Armee zu euch gekommen!" Zu seiner Bestürzung fand Lee aber nur wenig Sympathie in Maryland; das Land nahm seine Parolen nicht an – schlimmer noch, es unterstützte die Armee nicht freiwillig. Da er die Leute, zu deren Befreiung er gekommen war, nicht bestrafen wollte, entschloss er sich, gleich nach Pennsylvania weiterzuziehen.

Zur Verwirrung der Unions-Armee, die geschickt von General George McClellan zur Verfolgung und Vernichtung des Angreifers aufgestellt war, teilte Lee seine Armee etwas kühn in vier Abteilungen auf. Am 9. September gab er die Spezialorder Nr. 191, die seine Armee nach Pennsylvania beorderte. Lees kompetente und erfahrene Unterführer waren die Generäle Thomas „Stonewall" Jackson, James Longstreet und Daniel H. Hill. Dazu hatte er General Jeb Stuarts Kavallerie. Diese Kavallerieeinheit war den Reitern der Union weit überlegen und überwachte ständig die Armee der Union vom Potomac bei ihrer Verfolgung von Lee. Angesichts seiner talentierten Unterführer

„McClellan ist ein fähiger General, aber sehr vorsichtig. Seine Armee ist demoralisiert und so sehr im Chaos, dass sie zu Offensivoperationen vor 3–4 Wochen nicht fähig ist, auch wenn er anders darüber denkt. Aber bis dahin hoffe ich am Susquehanna-Fluß zu stehen."

Robert E. Lee, 8. September 1862

„An den Präsidenten: Die ganze Streitmacht der Rebellen steht mir gegenüber … ich habe eine schwierige Aufgabe vor mir, aber mit Gottes Hilfe wird es gelingen. Ich glaube, Lee hat einen großen Fehler gemacht und wird dafür bestraft werden. Die Armee bewegt sich so schnell wie möglich."

George B. McClellan, 13. September 1862

befahl Lee Jackson, das Unions-Arsenal und den Umschlagpunkt von Harpers Ferry zu nehmen; General Longstreet schickte er nach Norden, nach Hagerstown. Bei einem aggressiveren Gegner hätte Lee vielleicht nicht gewagt, seine Armee aufzuteilen. Da er aber dem „vorsichtigen" McClellan gegenüberstand, meinte er, seine beiden Einheiten könnten sich wieder zusammenschließen, bevor die Unionsarmee zuschlagen würde.

Während Lees Armee nordwärts zog, war das Glück mehr auf der Seite der Yankees. McClellans Leute fanden in einem verlassenen Lager der Konföderierten eine Kopie der Order 191. In der Hand eines entschlossenen Heerführers hätte dies das Ende von Lees

geteilter Streitmacht bedeutet, aber der war McClellan nicht, er wartete lieber 24 Stunden, bis er seine Befehle gab. Seine Truppen verloren wertvolle Zeit; anstatt sich sofort zwischen Longstreet und Jackson zu schieben, gaben sie den Konföderierten Zeit, methodisch vorzurücken. Diese 24 Stunden nutzte Lee dafür aus, seine Truppen wieder zu vereinen.

Lee wählte die Stadt Sharpsburg als Stützpunkt. Sie lag auf dem Ostufer des Potomac und war ein kleiner stiller Ort. Maisfelder bedeckten die gewellte Umgebung. Ein kleiner Fluss namens Antietam floss in Mäandern durch die Felder östlich der Stadt bis zum Potomac. Lees Artillerie stand auf einem Hügel über dem Antietam. Für Lees Armee gab es aber nur einen Fluchtweg, eine enge Holzbrücke über den Potomac. Mit dem Fluss im Rücken bedeutete Sharpsburg eine riskante Verteidigungsposition, aber Lee meinte, das Terrain und die rasche Verfolgung der Unionstruppen hätten den Ort bestimmt.

Jackson hatte inzwischen den wichtigen Umschlagpunkt von Harpers Ferry erobert und dessen gesamte Garnison von 12.000 Mann am 15. September gefangen genommen. (Dies war die umfangreichste Kapitulation von US-Truppen bis zum Fall von Corrigedor 1942). Nach dem Fall der Stadt ließ Jackson eine Division unter General Ambrose P. Hill für die Gefangenen zurück und marschierte dann schleunigst die 27 km nach Sharpsburg, wo er nicht vor dem 16. ankam. Inzwischen hatten McClellans Leute Longstreets Einheiten nach Sharpsburg zurückgedrängt und waren bereit anzugreifen. Wieder einmal zögerte McClellan und schenkte Lee den Nachmittag des 16. zum Aufbau seiner Verteidigung. Lee schickte Jackson auf den linken Flügel, Longstreet auf den rechten.

RECHTS *Präsident Lincoln und McClellans Stab. Lincoln benutzte den Sieg, um die Emanzipations-Erklärung zu verkünden. Er löste jedoch McClellan (der sechste von links auf dem Bild) ab, weil er Lees geschlagene Armee nicht aggressiv verfolgt hatte. Die Aufnahme stammt von Alexander Gardner, der 70 Aufnahmen vom Schlachtfeld vom 2. Tage nach dem Ende der Schlacht an gemacht hatte. Gardner kam Anfang Oktober zurück, als Präsident Lincoln General George McClellan und die Potomac-Armee besuchte. Er machte eine weitere Serie von Aufnahmen für eine Fotogalerie in Washington.*

DIE SCHLACHTFÜHRUNG

Im Morgengrauen des 17. September wollte McClellan beide Flanken der Konföderierten angreifen, um dann mit seiner Reserve Lees Zentrum zu zerschlagen. Dies bedeutete eine beidseitige Umklammerung eines Gegners in seiner Verteidigungsstellung, von der man durch einen Antietam-Bogen getrennt war. Auch konnte Lee in seiner Stellung seine Truppen leicht umgruppieren, weil die Entfernungen innerhalb eines Verteidigungsringes kürzer sind, als außerhalb – auch wenn dies Custer nichts nützte. Natürlich schlug der Plan fehl.

Aus dem Hauptangriff gegen Lees linke Flanke wurde eine Folge von Angriffsaktionen einzelner Divisionen, sobald diese das Schlachtfeld erreichten. General Ambrose Burnsides Angriff gegen den rechten Flügel kam zu spät. Es gab keine Koordination, keine Befehlsdefinition, kein definiertes Ziel und McClellan wollte auf dem Höhepunkt des Kampfes nicht einmal seine Reserven im Zentrum einsetzen. Antietam war eine Schlacht der Einzelkämpfer mit wenig Führung.

Am frühen Morgen griff die Union den linken Flügel der Konföderierten durch ein Maisfeld an und traf auf Jacksons Männer. Das Bild danach schilderte General Joseph (Fighting Joe) Hooker, wie folgt: „Jeder Maisstängel war so sauber wie mit dem Messer abgeschnitten die Gefallenen liegen in Reihen genau so, wie sie kurz zuvor in ihren Formationen gestanden hatten." Hooker fügte hinzu: „Das Schicksal bewahrte mich davor, je ein blutigeres, bedrückenderes Schlachtfeld

zu sehen". Als Hookers Leute im Maisfeld angriffen, gerieten sie in einen wilden Gegenangriff der texanischen Einheiten von General John Bell Hoods. „Hoods Leute kämpfen immer gut" hatte ein Südstaaten-General erklärt und über Antietam hinzugefügt: „Hier kämpften sie wie die Teufel!" Hood schlug die Unionstruppen zurück, aber um 9:00 Uhr griffen sie wieder an; nun stützten aus Harper Ferry eingetroffene Verstärkungen der Konföderierten deren Stellungen, sodass die Unionstruppen wiederum scheiterten. Auf der Linken der Konföderierten wogte der Kampf den ganzen Morgen über hin und her. Jedes Mal, wenn ein Angriff der Union abgewiesen worden war, erfolgte ein Gegenangriff der Konföderierten, der auf zähen Widerstand und gestaffelte Artillerie der Union traf. Gegen Mittag bauten die beiden ausgebluteten und erschöpften Armeen ihre Verteidigungen fast an den gleichen Positionen auf, die man morgens innegehabt hatte; der Kampf um die Linke der Konföderierten war vorbei.

Die Schlacht verlagerte sich nun ins Zentrum der gegnerischen Linien. Ebenso entschlossen wie unkoordiniert stießen die Unionstruppen auf einen Hohlweg vor, den die Konföderierten verteidigten. Er wirkte wie ein natürlicher Schützengraben und als die Unionsoldaten einen kleinen Kamm vor dem Graben erreichten, wurden sie mit vernichtendem Feuer empfangen. Ein Kommandeur der Konföderierten erinnert sich: „Fünf Minuten lang standen die Unionstruppen tapfer im furchtbaren Feuer meiner Brigade auf 70 m, dann zogen sie sich

OBEN *Tote Konföderierte am Rande der Hagerstown-Straße, die im Flankenfeuer der Unionstruppen nach Umgehung ihrer Stellungen starben.*

zurück." In einer der wenigen gelungenen Aktionen der Schlacht konnte General Israel Richardsons Division des II. Korps den Graben der Konföderierten umgehen. Das konzentrierte Seitenfeuer machte aus dem Hohlweg bald die „Bloody Lane" für die Verteidiger. Aber Richardsons Angriff stockte, als er fiel, und der Kampf flaute im Zentrum ebenso ab wie auf dem linken Flügel der Konföderierten.

DER HÖHEPUNKT DER SCHLACHT

Als der Tag anbrach, flammte auch der Kampf am rechten Flügel der Konföderierten auf, wo McClellan General Burnside über zwei Stunden gedrängt hatte, die Brücke vor ihm zu stürmen und die Hänge dahinter zu besetzen. Georgier unter General Robert Toombs verteidigten die Brücke. Zwei Angriffe der Union wurden abgewiesen, indem Toombs Leute mit Flanken-Artilleriefeuer aus Felsenstellungen

über der Brücke aufwarteten. Schließlich gelang es aber zwei Regimentern aus New York und Pennsylvania, die Brücke zu stürmen und auf der Seite der Konföderierten Fuß zu fassen. Eine andere Einheit der Union umging die Verteidiger, indem sie den Fluss weiter südlich durchwatete. Trotzdem dauerte es zwei Stunden, bis Burnside die Hänge vom Brückenkopf besetzen konnte. Um 15:00 Uhr war der Angriff der Union in Schwung gekommen und richtete sich gegen Sharpsburg. An der Spitze marschierten die New Yorker Zouaven mit ihren roten Hosen und ein Beobachter schrieb darüber: „Mit ihren in der Sonne glitzernden Waffen und Fahnen folgten sie einer Doppellinie von Plänklern, die im Trott vorwärts stürmte und dabei feuerte und lud; es war eine der tollsten Vorstellungen des Tages."

Um die Flut der Unionstruppen zu stoppen, setzte Lee seine ganze Artillerie zur Unterstützung der Verteidiger am Südflügel ein. Gegen 16 Uhr näherten sich die Unionstruppen Sharpsburg und kamen bis auf eine halbe Meile an Lees Rückzugslinie heran. Die Niederlage von Lees erschöpften Truppen schien zum Greifen nahe.

Lee hatte Glück. Die Ankunft von General A. P. Hills Leuten rettete seine Armee. In weniger als 7 Stunden hatten sie die 27 km von Harpers Ferry hinter sich gebracht, den Potomac überquert und waren direkt in den Feuersturm geraten. Als Hills ermüdete Truppen Burnsides linke Flanke angriffen, verbreiteten sie Konfusion und Angst bei der Union; als die Leute flohen, setzten Hills Leute nach. Die von Hills Angriff und dem nervenden Artilleriefeuer mitgenommenen Unionstruppen zogen sich an die Ufer des Antietam zurück.

Obwohl McClellan immer noch in der Überzahl war, griff er nicht wieder an. Anderthalb Stunden, nachdem Hill Burnsides Angriff stoppen konnte, ging die Schlacht von Antietam bei Sonnenuntergang zu Ende. Ausgeblutet und geschlagen fehlte beiden Befehlshabern die Lust, die Schlacht am nächsten Tag fortzusetzen. Es hatte ein Blutbad gegeben.

Taktisch war die Schlacht unentschieden. Operativ und strategisch hatte die Union gesiegt, denn Lees Invasion war gestoppt. Da aber Lees Armee mit dem Potomac im Rücken abziehen konnte, enthob Präsident Lincoln McClellan seines Postens. Darüber hinaus durfte die Konföderation nun alle Hoffnungen auf diplomatische Anerkennung seitens der Europäer begraben. Lincoln dagegen ließ seine Emanzipations-Proklamation am 22. September veröffentlichen. Mit der formalen Aufhebung der Sklaverei in den Vereinigten Staaten oder „in irgendeinem Staat oder Distrikt im Aufstand" erhielt der Krieg ein neues Motiv. Im Norden wurde die Sache der Amerikanischen Union zum Synonym der Freiheit des Menschen; im Süden zwang er die Menschen in einen verzweifelten Überlebenskampf.

Antietam hätte den Krieg beenden können, stattdessen wurde er verlängert. Offizielle Berichte, Aussagen der Überlebenden sowie 12.410 Unionssoldaten und 10.700 Konföderierte in Feldlazaretten und flachen Gräbern geben alle davon Zeugnis, das Antietam der blutigste Tag des Krieges und vielleicht der amerikanischen Geschichte war.

DIE WICHTIGSTEN KONTRAHENTEN

SÜDEN (KONFÖDERIERTE)
General Robert E. Lee
General Braxton Bragg
General Thomas 'Stonewall' Jackson
General James Longstreet
General Daniel Harvey Hill.
General JEB Stuart (Kavallerie)
General Ambrose Powell Hill
General John Bell Hood
General Robert Toombs

NORDEN (UNION/BUND)
General George McClellan (Potomac-Armee)
General Ambrose Burnside
General Joseph (Fighting Joe) Hooker
General Israel Richardson

General Robert E. Lee

General George McClellan und seine Frau Ellen Mary Marcy

ANTIETAM 1862

KARTE 7
BEI SONNENAUFGANG

TRUPPENBEWEGUNGEN
VON SONNENAUFGANG BIS 16:00

FLUSS POTOMAC

NICODEMUS HILL

HAGERSTOWN-STRASSE

11 HOOKER

DOUBLEDAY

MEADE

RICKETTS

WILLIAMS

GREENE

MANSFIELD

Poffenberger-Bauernhof

09:00

09:00

09:00

09:00

09:00 bis 12:00

Obere Brücke

Pry-Furt

09:00 bis 12:00

SEDWICK

STUART **5**

Miller-Bauernhof

7 HOOD

Westlicher Wald

Maisfeld

Östlicher Wald

09:00 bis 12:00

SUMNER

HAUSER RIDGE

McLAWS

JACKSON **2**

Dunker-Kirche

WALKER

LAWTON

COLQUITT

Mumma-Bauernhof

Roulette-Bauernhof

10:00

09:00 bis 12:00

BLUTIGE STRASSE

09:00 bis 12:00

Furt

McClellans HQ
Pry-Haus

UNIONSTRUPPEN EROBERN DIE „BLUTIGE STRASSE"

13:00

LEGENDE ZU DEN ZIFFERN **1** BIS **10**

SÜDEN (KONFÖDERIERTE)
1. GENERAL ROBERT E. LEE
2. GENERAL THOMAS „STONEWALL" JACKSON
3. GENERAL JAMES LONGSTREET
4. GENERAL DANIEL HARVEY HILL
5. GENERAL JEB STUART (CAVALRY)
6. GENERAL AMBROSE POWELL HILL

NORDEN (UNION/FÖDERATION)
7. GENERAL GEORGE MCCLELLAN
8. GENERAL AMBROSE BURNSIDE
9. GENERAL JOSEPH („FIGHTING JOE") HOOKER
10. GENERAL ISRAEL RICHARDSON

McCRAE

4 D.H. HILL

RHODES

Piper-Bauernhof

RICHARDSON **12**

Porterstown

PLEASONTON

Mittlere Brücke

10:00 bis 16:30

PORTER

KONFÖDERIERTE
Armee von Nord-Virginia

LEE **1**
XXXX

Lees HQ

SHARPSBURG

STURGIS

BRÜCKE VON UNIONS-
TRUPPEN EROBERT

Furt

LONGSTREET

15:00

13:00 bis 16:30

Sherrick-Bauernhof

SIKES

10:00

UNIONSTRUPPEN BEGINNEN
ANGRIFF AUF SHARPSBURG

Otto-Bauernhof

LONGSTREET

15:00

16:00

16:00

13:00 bis 16:30

15:00

BURNSIDE **10**

13:00

WILCOX

10:00

Burnside-Brücke

13:00 bis 16:30

BROCKENBROUGH

LONGSTREET

VERSTÄRKUNGEN TREFFEN EIN

TOOMBS **8**

A.P. HILL **6**

ARCHER

LONGSTREET

16:00

16:00

RODMAN

16:00

BRANCH

GREGG

Furt

LONGSTREET

10:00 bis 16:30

Snavelys-Furt

EINHEITEN

TYP

INFANTERIE

ARTILLERIE

KAVALLERIE

GRÖSSE

HEERESGRUPPE XXXXX

ARMEE XXXX

KORPS XXX

DIVISION XX

BRIGADE X

REGIMENT III

BATAILLON II

KOMPANIE I

N

0,5   1 Kilometer

SHEPHERDSTOWN

FLUSS POTOMAC / BOTELER-FURT

ANTIETAM

DAS SCHLACHTFELD HEUTE

Das Erste, was den Besucher überrascht, ist die Größe des Szenarios. Im Vergleich zu anderen Orten berühmter Schlachten des Bürgerkrieges ist Antietam sehr klein, und deshalb angenehm zu besuchen. Anders als Gettysburg mit einer Ausdehnung von 10 km misst das von Antietam von Flanke zu Flanke eben mal 5 km. Am besten beginnt man mit der linken Flanke der Konföderierten, wo morgens der erste Angriff begann, und endet mit ihrer rechten Flanke. Über das ganze Schlachtfeld sind interessante Haltepunkte verteilt, aber zu den Besonderheiten gehört der große Aussichtsturm, der die „Bloody Lane" in der Mitte des Feldes überschaut, ferner das Gebetshaus, in dem sich McClellans Stab befand, und der Nationalfriedhof dort, wo Lee sein Hauptquartier aufgeschlagen hatte. Auch per Auto kann man sich das Schlachtfeld ansehen, da Fahrwege zu allen wichtigen Punkten führen.

Beim ersten Besuch sollte man die Tour am Antietam-Besucherzentrum starten, welches das Schlachtfeld vom Zentrum der Konföderierten-Stellungen aus überschaut. Der Besuch ist wie bei allen Schlachtfeldern des Bürgerkrieges kostenlos. Man findet dort ein kleines Museum, einen Buchladen, aber keine erläuternden Karten oder Filme. Auch gibt es keine empfehlenswerten Gruppen, die durch das Gebiet führen. Anders als Gettysburg mit seinen tausenden Besuchern pro Jahr ist Sharpsburg eine Kleinstadt geblieben ohne viel Auswahl bei Übernachtungen und Essen. Deshalb empfehlen wir für Übernachtung und Essen Shephertstown in Maryland. Von hier kann der Besucher auch nach Harpers Ferry, Maryland, fahren, dem Schauplatz von John Browns berühmtem Überfall von 1859 und der Belagerung durch Jackson 1862

ZEITTAFEL

1862

3.–13. September	Lee marschiert in Maryland ein.
12.–15. September	Belagerung von Harpers Ferry, MD.
14. September	Schlacht von Turner's Gap/ Schlacht von Crampton' Gap.
15. September	McClellan findet Lees „Verlorene Order".
17. September	Schlacht von Antietam
06:00–07:30	Angriff des ersten Korps der Union (im Maisfeld)
07:30–09:00	Angriff des 12. Korps der Union.
09:00–13:00	Angriff des 2. Korps der Union auf das Zentrum der Konföderierten – Bloody Lane.
10:00–16:30	Angriff des 9. Korps der Union (Burnside Brücke)
16:30–18:30	Konföderierter Gegenangriff (General A.P. Hill)
19.–20. September	Lees Rückzug über den Potomac; Ende der Invasion von Maryland.
26. Oktober	McClellan überquert den Potomac.
7. November	McClellan wird seines Postens enthoben.

1863

1. Januar	Offizieller Zeitpunkt der Verkündung der Emanzipation.

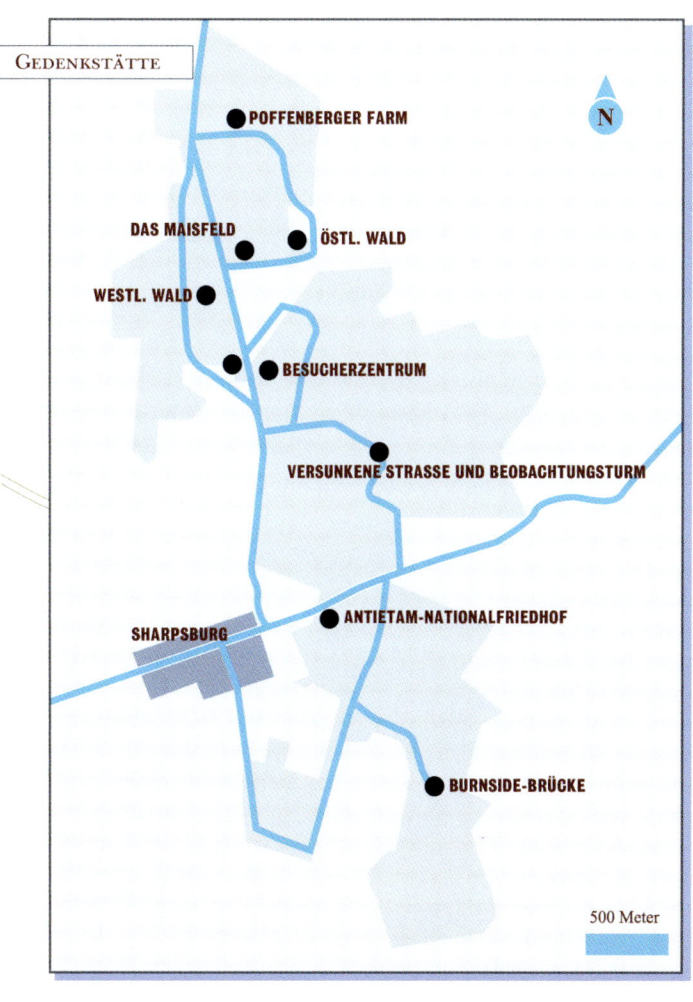

GETTYSBURG 1863

Von Joshua Moon

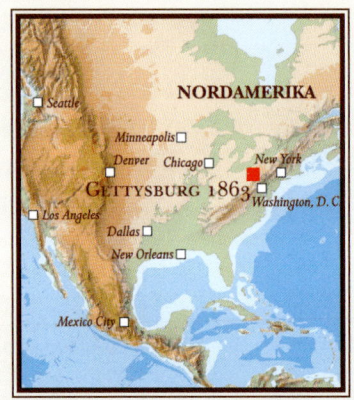

NORDAMERIKA

Seattle

Minneapolis
Denver Chicago New York
GETTYSBURG 1863
Los Angeles Washington, D. C.
Dallas
New Orleans

Mexico City

Obwohl General Robert E. Lee die Unionsarmee in der Schlacht von Chancellorsville im Mai 1863 vernichtend geschlagen hatte, befand er sich in einem operativen Dilemma. Zur Entlastung des vom Kriege verwüsteten Nord-Virginia und zum Erringen der Anerkennung der Konföderation durch Europa musste er erneut in die Nordstaaten einfallen, in das Stammland der Union, und dies mit unerfahrenen Kommandeuren. Der Sieg von Chancellorsville war ihn teuer zu stehen gekommen: Sein verlässlichster General, Thomas (Stonewall) Jackson, war aus Versehen von eigenen Soldaten getötet worden. Lee musste seine Armee von zwei in drei Korps aufteilen und die Generäle Richard Ewell und Ambrose P. Hill als Kommandeure für die beiden Korps einsetzen. Während Lee der Dienst seines „Old Warehouse" General James Longstreet erhalten blieb, zwangen ihn die Beförderungen von Ewell und Hill, sich auf Leute zu verlassen, die nie ein Korps in die Schlacht geführt hatten. Ihr Mangel an Angriffsgeist und ihr Unvermögen, Lees Absichten in ihren Angriff einzuplanen, spielte eine wichtige Rolle bei der Niederlage des Südens bei Gettysburg.

OBEN General George Meade und sein Stab. Meade hatte das Glück, sich auf einen erfahrenen Stab verlassen zu können, obwohl er General Hooker nur wenige Tage vor der Schlacht ausgetauscht hatte.

Chancellorsville zog auch einen Wechsel in der Potomac-Armee der Union nach sich. Präsident Abraham Lincoln entließ General Joseph (Fighting Joe) Hooker, an dessen Stelle General George Meade rückte. Als vorsichtig bekannt, empfand er seine Aufgabe sofort als Last. Da Lee im Gebiet des Nordens operierte, erwartete man von Meade rasches Aufspüren und Vernichten der Rebellen mit einem Nachdruck, welche die Befehlshaber der Union bisher nicht kannten. Meades wesentlicher Vorteil war die Unterstützung durch etliche abgehärtete Korps-Kommandeure und einen erfahrenen Reitergeneral namens John Buford, der Lees Armee aufspürte und Meade mit einer genauen Einschätzung ihrer Stärke und ihres Aufenthalt versorgte. Im Gegensatz zu Lees Korps-Kommandeuren kannten die Generäle John Reynolds, Daniel Sickles und Winfield Hancock ihr Geschäft und spielten deshalb eine entscheidende Rolle beim Sieg der Union bei Gettysburg.

LEE MARSCHIERT NACH NORDEN

Ende Mai marschierte Lee mit seiner Armee über die Mason-Dixie-Linie in Pennsylvania ein. Geschützt durch das Shenandoah-Tal, den Blauen Kamm und die Berge im Süden konnte Lee tief ins Land der Union vorstoßen. Unter dem Druck von Lincoln, den Angreifer zurückzuwerfen, zog Meade mit seiner Armee in den Norden von Washington D. C., um bei der Stadt Gettysburg auf Lee zu treffen.

DIE WICHTIGSTEN KONTRAHENTEN

SÜDEN	NORDEN
General Robert E. Lee	General George Meade
General Richard Ewell	General John Buford (Kavallerie)
General Ambrose Powell Hill	General John Reynolds
General James Longstreet	General Daniel Sickles
General George Pickett	General Winfield Hancock
Oberst William C. Oates	General-Gouverneur K.
	Warren (Chef der Pioniere)
	Oberst Strong Vincent
	Oberst Joshua Chamberlain

General George Pickett

Oberst Joshua Chamberlain

Am nächsten Tag nahmen die beiden Armeen den Kampf wieder auf. Lee wollte die Yankee-Armee so besiegen, indem er zunächst die Flanken angriff. Seine Kommandeure schafften es jedoch nicht, die Angriffe zu organisieren; der Hauptstoß erfolgte etliche Stunden zu spät. Trotzdem griff Welle um Welle der Konföderierten die Flanken der Union im Norden und Süden an. Im Süden sollte Longstreet die Yankee-Stellungen aufrollen; zur Aufstellung seiner Truppen befahl er einen Fußmarsch, der seinen Angriff um Stunden verzögerte.

Bezeichnungen wie Teufelsloch oder Pfirsichgarten für Stellen in den sanften Hügeln und friedlichen Weiden wurden synonym für „Tod" im amerikanischen Militärlexikon. Als sich die Dunkelheit senkte und die Linien der Union gehalten hatten, versank die Siegeshoffnung der Konföderierten im Sonnenuntergang.

Mit Tagesanbruch des 3. Juli wollten Lees Unterführer entweder die Flankenangriffe fortsetzen oder in eine günstigere Stellung zurückweichen. Lee war dagegen und befahl seinen letzten frischen Divisionen einen von ihm vermuteten Schwachpunkt im Zentrum der Union anzugreifen. Dies war der Kamm des Friedhofshügels, eine unangreifbare Linie von eingegrabenen Schützen und Artilleriestellungen hinter Steinwällen, vor denen sich ein fast 1,5 km langes, abfallendes Schussfeld erstreckte. Trotzdem befahl Lee General George Pickett mit seinen Virginiern, in einem letzten Angriff die Stellung der Union zu durchbrechen. Der Angriff wurde unter dem Namen „Pickett's Charge" bekannt und wurde zum Desaster für den Süden, als die Union mit Artillerie und Gewehrfeuer aus ihren Stellungen die Rebellenarmee überschüttete, die heldenhaft in den Tod marschierte.

Gettysburg war die blutigste Schlacht der amerikanischen Geschichte. In diesem dreitägigen Kampf verlor Lees Armee mit 21.000 Mann fast 30 % seiner Stärke, die Union mit 23.000 Mann über 24%. Der Sieg der Union begrub zusammen mit dem Fall von Vicksburg am

Es war die einzige Schlacht des Krieges, in der die Armee der Konföderierten aus nördlicher Richtung auf die Unionsarmee von Süden antrat. Der Morgen des 1. Juli 1863 war feucht und heiß. Nach eintägigem Kampf nahmen die Konföderierten zwar die Stadt ein, konnten aber nicht verhindern, dass die Union eine Anhöhe südlich der Stadt besetzten. Von hier aus konnte die Unionsarmee die Aufstellung der Konföderierten übersehen. In der ersten Nacht verschanzte sich die Unionsarmee in einem Bogen in Gestalt eines Angelhakens ausgehend von Culps Hill im Norden dem Friedhof entlang nach Süden bis zu zwei Hügeln im Süden, dem Little und dem Big Round Top.

RECHTS *Meades Hauptquartier am Friedhof. Das am rückwärtigen Hang des Zentrums der Unionslinie gelegene Haus wurde von der Artillerievorbereitung der Konföderierten zu Picketts Angriff fast zerstört.*

Mississippi am folgenden Tage die Hoffnung der Konföderation auf die Anerkennung durch die Europäer. Er erschütterte ebenfalls das Vertrauen in Lees Armee. Lee ging nie wieder in die Offensive.

DER HÖHEPUNKT DER SCHLACHT

Picketts Angriff ist der bekannteste Abschnitt der Schlacht, in dem der Süden ein Menschenopfer brachte, das er sich nicht leisten konnte. Die Entschlossenheit der Union, die Südflanke der Front am zweiten Tage der Schlacht zu halten, war die Ursache. Der Film *Gettysburg* und das Buch *Killer Angels* von M. Shaara machte die Verteidigung von Little Round Top durch die Union gegen die den ganzen Tag über vorgetragenen Flankenangriffe berühmt, eine Abwehrschlacht, die Meade den Sieg einbrachte.

Am Ende des ersten Tages verlief die Linie der Union vom Kamm des Friedhofshügels nach Süden zu den beiden Anhöhen Little Round Top und Big Round Top. Als die Konföderierten am Nachmittag ihre unkoordinierten Angriffe starteten, durchschaute Meades Pionier-Offizier Generalgouverneur K. Warren ihren Plan, die Südflanke aufzurollen, und forderte sofort eine Brigade für das gefährdete Gebiet an.

Gegen 16:00 Uhr des nächsten Tages bezog Oberst Strong Vincents Brigade mit Regimentern aus Pennsylvania, Michigan und Maine Stellung. Das 20. Maine unter Oberst Joshua Chamberlain schickte er ans Südende, wo es eine dreimal so lange Front wie damals üblich abdeckte. Außerdem war man seit dem frühen Morgen marschiert und entsprechend müde. Kaum war man in Stellung, als Chamberlains Männer die Wucht

OBEN *Hut und Degen in der Hand führt General Lewis Armistead den letzten Angriff auf die Friedhofshöhe an. Ironischerweise fiel er unter dem Feuer der Soldaten, die sein bester Freund und West-Point-Mitschüler Winfield Scott Hancock befehligte.*
RECHTS *Blick aus einer konföderierten Artillerie-Stellung am Seminary Ridge nach Osten zum Friedhofskamm. Das Wäldchen in der Mitte des Horizonts markiert die Stellungen der Union. Lees Befehl, durch diese offene Ebene vorzugehen und die befestigten Stellungen anzugreifen, endete in einem Fiasko für den Süden.*

der Angriffe der Konföderierten zu spüren bekamen und sechs Angriffe der kampferprobten Alabamer des 15. und 47. Regiments abwehren mussten. Chamberlain sagte, dass während des ganzen Kampfes zeitweilig mehr gegnerische als eigene Soldaten um ihn waren. Aber die Stellung der Union hielt jedes Mal. Während der Angriffe begriff Chamberlain, dass die Rebellen seine linke Flanke aufrollen wollten. Deshalb befahl er einem Teil seiner Leute, ihre Stellungen zu verlassen und am Ende der Linie eine neue im rechten Winkel zur alten aufzubauen. Seine dünne Verteidigungslinie mochte vielleicht überrannt, aber sicherlich nicht umgangen werden.

Die Situation verschlechterte sich zusehends für Chamberlain.

OBEN *Der Held des zweiten Tages, Generalgouverneur K. Warren, am Little Round Top. Von dort schaut man auf die „Teufelshöhle" und aufs „Todestal" hinab. Die Entwaldung des Gebietes durch die Nationale Parkverwaltung hat die Gegebenheiten zur Zeit der Schlacht im Juli 1863 sehr gut rekonstruiert.*

Nach dem sechsten Angriff gab es eine Gefechtspause. Ein Drittel seiner Männer war gefallen und der Rest durchwühlte hektisch die Patronentaschen ihrer gefallenen Kameraden. Chamberlain war sich sicher, dass ein weiterer Angriff folgen würde, den er erst gar nicht abwarten, sondern mit einem Bajonettangriff zuvorkommen wollte. Chamberlain wusste, dass er den Vorteil des Angriffs aus der Höhe und dazu das Überraschungsmoment auf seiner Seite haben würde. Er erinnerte sich, dass das Kommando „Bajonett aufpflanzen" wie ein Feuer von Mann zu Mann durch die Reihen lief und zu einem Schrei anschwoll.

Im Kontakt zum 83. Pennsylvania-Regiment zu seiner Rechten befahl Chamberlain seinen Männern an der linken Flanke, den Angriff bergab zu starten. Sobald diese Leute aus ihren Gräben heraus waren, sollte der Rest abschnittsweise folgen und in einem furiosen Angriff die Rebellen aus ihren Stellungen werfen. Wie eine Tür in ihrer Angel trieb der mehrwellige Angriff der Yankees die Konföderierten den Berg hinunter und damit weg von ihrer bedrohten linken Flanke. Völlig überrascht und ohne die Taktik zu verstehen, befürchte der Befehlshaber der Konföderierten, Oberst William C. Oates einen Kavallerieangriff in den Rücken seiner Einheit. Angesichts des Bajonett-Angriffs, dem er wegen der Verschmutzung seiner Waffen nicht begegnen konnte, ordnete Oates den Rückzug den Berg hinunter an. Chamberlain setzte nach und machte 200 Gefangene.

Chamberlains Verteidigung des Little Round Top war zwar nicht die einzige kritische Aktion am zweiten Tag, an dem die Angriffe der Konföderierten bis in die Nacht dauerten, es war aber die bedeutungsvollste. Wenn seine Stellung überrannt worden wäre, hätten die Konföderierten die gesamte Front der Union aufrollen können. Es war eine eindrucksvolle Demonstration von Mut und Initiative, welche dem 20. Maine einen Platz in der amerikanischen Militärgeschichte einräumte und Oberst Chamberlain den höchsten Orden der Nation bescherte, die Ehrenmedaille des Kongresses.

DAS SCHLACHTFELD HEUTE

Das Schlachtfeld ist heiliger Boden für Amerikaner aus dem Süden wie aus dem Norden. Tausende von Darstellern bevölkern das Schlachtfeld und nehmen entweder als Konföderierter oder als Yankee verkleidet an Schlacht-Inszenierungen oder Waffendemonstrationen teil. Sie sind immer freundlich und froh, ihr Wissen über eine Epoche weitergeben zu können.

Wegen seiner Größe besucht man das Schlachtfeld am besten im Auto. Das Besucherzentrum und das Gettysburg-Museum liegen auf der Friedhofshöhe im Zentrum der Linien der Union. Alle Aussichtstürme und Parkplätze sowie das Besucherzentrum sind kostenlos. Da ist ein Buchladen und ein Auditorium, wo eine exzellente Orientierung durch das Schlachtfeld an einer Leuchttafel geboten wird. Für den 30-Minuten-Überblick, der sehr lohnend ist, wird eine kleine

GETTYSBURG 1863

KARTE 8
STELLUNGEN 1. JULI

AUSGANGSSTELLUNGEN UND TRUPPENBEWEGUNGEN
VON 1. BIS 3. JULI 1863

☞ SIEHE 3-D-GELÄNDEKARTE SEITE 68–69

HARRISBURG

EWELL ❸

RODES

BARLOW

SCHURZ

EARLY

HOWARD

1. JULI

Oak Ridge

CHAMBERSBURG-STRASSE

PENDER

CHAMBERSBURG

❹ AP HILL

Fluss Willoughby

McPherson Ridge

BUFORD

Lutheran. Priesterseminar

YORK-STRASSE

HETH

REYNOLDS

Lees HQ

JOHNSON

SIEHE KLEINE KARTE „KAVALLERIE-SCHLACHTFELD"

KONFÖDERIERTE LEE ❷

HAGERSTOWN-STRASSE

DOUBLEDAY

GETTYSBURG

EARLY EWELL

HANOVER-STRASSE

Benner's Hill

HAGERSTOWN

2. JULI 17:00

2. JULI 17:00

Benner's Run

Cemetary Hill

SCHURZ HOWARD

AMES WADSWORTH

Culp's Hill

2. JULI 17:00

PETTIGREW

TRIMBLE

3. JULI 15:00

DOUBLEDAY

GEARY

3. JULI

❺ LONGSTREET

PICKETT

3. JULI 15:00

15:45

GIBBON

Meades HQ
Der Winkel
Hochwassermarke

ROGER

❻

ANDERSON

3. JULI 15:00

15:45

DOUBLEDAY

3. JULI

UNION MEADE ❶

Wolf Hill

McLAWS

2. JULI 16:00

EMMITTSBURG-STRASSE

CALDWELL

CALDWELL

BARNES

3. JULI

CRAWFORD

Seminary Ridge

2. JULI 16:00

15:45

HUMPHREYS

BALTIMORE-STRASSE

Power's Hill

Pfirsich-Hain

Weizenfeld

2. JULI 16:00

SICKLES

Cemetery Ridge

SYKES

SEDGWICK

Fluss Rock

HOOD

2. JULI 16:00

BIRNEY

17:30

Teufelsloch
(„Devil's Den") 18:30

17:30

Little Round Top

Marsh Creek

Willoughby Run

Big Round Top

White Run

N

0,5   1   1,5   2 Kilometer

WASHINGTON, D. C.

TANEYTOWN

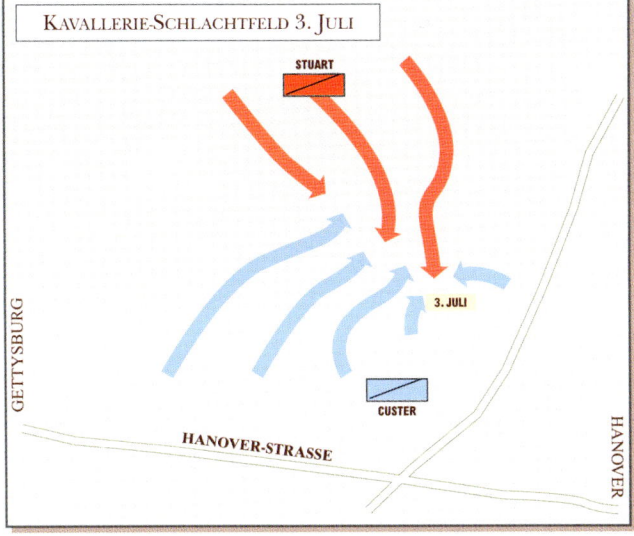

KAVALLERIE-SCHLACHTFELD 3. JULI

STUART

3. JULI

CUSTER

GETTYSBURG

HANOVER-STRASSE

HANOVER

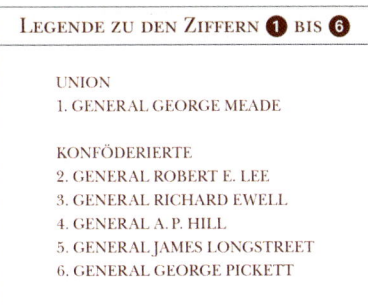

EINHEITEN

TYP

INFANTERIE

ARTILLERIE

KAVALLERIE

GRÖSSE

HEERESGRUPPE
XXXXX

ARMEE
XXXX

KORPS
XXX

DIVISION
XX

BRIGADE
X

REGIMENT
III

BATAILLON
II

KOMPANIE
I

LEGENDE ZU DEN ZIFFERN ① BIS ⑥

UNION
1. GENERAL GEORGE MEADE

KONFÖDERIERTE
2. GENERAL ROBERT E. LEE
3. GENERAL RICHARD EWELL
4. GENERAL A. P. HILL
5. GENERAL JAMES LONGSTREET
6. GENERAL GEORGE PICKETT

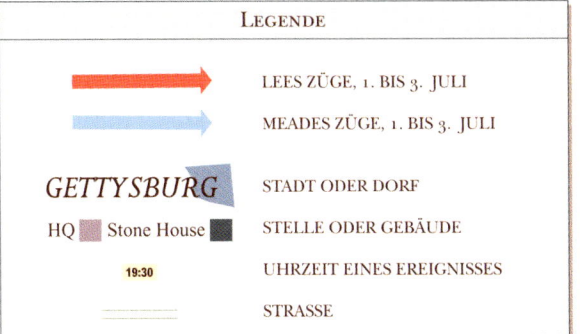

LEGENDE

LEES ZÜGE, 1. BIS 3. JULI

MEADES ZÜGE, 1. BIS 3. JULI

GETTYSBURG — STADT ODER DORF

HQ ▮ Stone House ▮ — STELLE ODER GEBÄUDE

19:30 — UHRZEIT EINES EREIGNISSES

— STRASSE

Gebühr erhoben. Das Auditorium ist rund, aber Erstbesucher sollten entweder am Süd- oder Nordende des Auditoriums sitzen, damit sie die berühmte Angelhakenform der Unionslinien mitbekommen.

Wegen der Größe des Schlachtfeldes sind Überblick und Orientierung wichtig. Deshalb wird dem Erstbesucher die Teilnahme an einer geführten Tour empfohlen, die von zahlreichen Unternehmen angeboten werden. Die Gettysburg Battlefield Tours (www.gettysburgbattlefieldtours.com) bietet zweistündige Bus-Touren mit Stops an allen interessanteren Punkten an. Wenn man die Anlage erst einmal kennt, sollte sich der Besucher nochmals allein auf den Weg machen. Little Round Top und der Ausgangspunkt von Pickettes Angriff ziehen viele Besucher an; auf Culps Hill findet man wenige, obwohl ein großer Aussichtsturm am Nordende der Unions-Linien einen einmaligen Überblick über das Schlachtfeld bietet.

Neben dem Schlachtfeld beherbergt Gettysburg auch den Gettysburg-Nationalfriedhof, auf dem Abraham Lincoln die Gettysburg-Ansprache hielt. Zum Teil liegt er auf der Farm des 34. Präsidenten der Vereinigten Staaten, General Dwight D. Eisenhower, alliierter Oberbefehlshaber in Europa während des Zweiten Weltkrieges. Beides liegt in der Nähe des Besucherzentrums; ein Besuch dieser Stätten lohnt sich.

ZEITTAFEL

1. Juli 1863

08:00 Bufords Unions-Kavallerie und Heiths Division kommen ins Handgemenge.

10:00 Reynolds I. Korps erscheint (Reynold fällt; die Schlacht beginnt).

14:30 Lee erscheint auf dem Schlachtfeld.

16:30 Die Unionstruppen räumen Gettysburg (Hancock lässt eine Linie vom Culps Hill über den Friedhofskamm bis zu den Round Tops befestigen).

17:00 Ewell entscheidet sich, Culps Hill nicht anzugreifen.

21:30 Meade sammelt alle 8 Korps der Union (80.000 Mann) um Gettysburg.

2. Juli

03:00 Meade kommt in Gettysburg an; Lee plant den Angriff des Tages.

09:00 Lee gibt Longstreet den Befehl, die Union auf dem linken Flügel anzugreifen.

11:00–16:00 Longstreet bringt sein Korps in die Ausgangsstellung.

15:00 Sickles verlegt seine Stellung vor die Unionslinie. (Er besetzt den Pfirsichgarten).

16:00–18:00 Longstreet greift die linke Flanke der Union an. (Chamberlain verteidigt den Little Round Top).

19:00–22:30 Ewell greift Culps Hill an.

3. Juli

04:00–08:00 Der Kampf um Culps Hill flammt wieder auf.

13:00–15:00 Die Konföderierten eröffnen massives Geschützfeuer auf das Zentrum der Union.

15:00 Die Konföderierten greifen das Unions-Zentrum an.

16:00 Der Angriff der Konföderierten scheitert.

4. Juli

Die Armee der Konföderierten zieht sich zurück; Grant erobert Vicksburg.

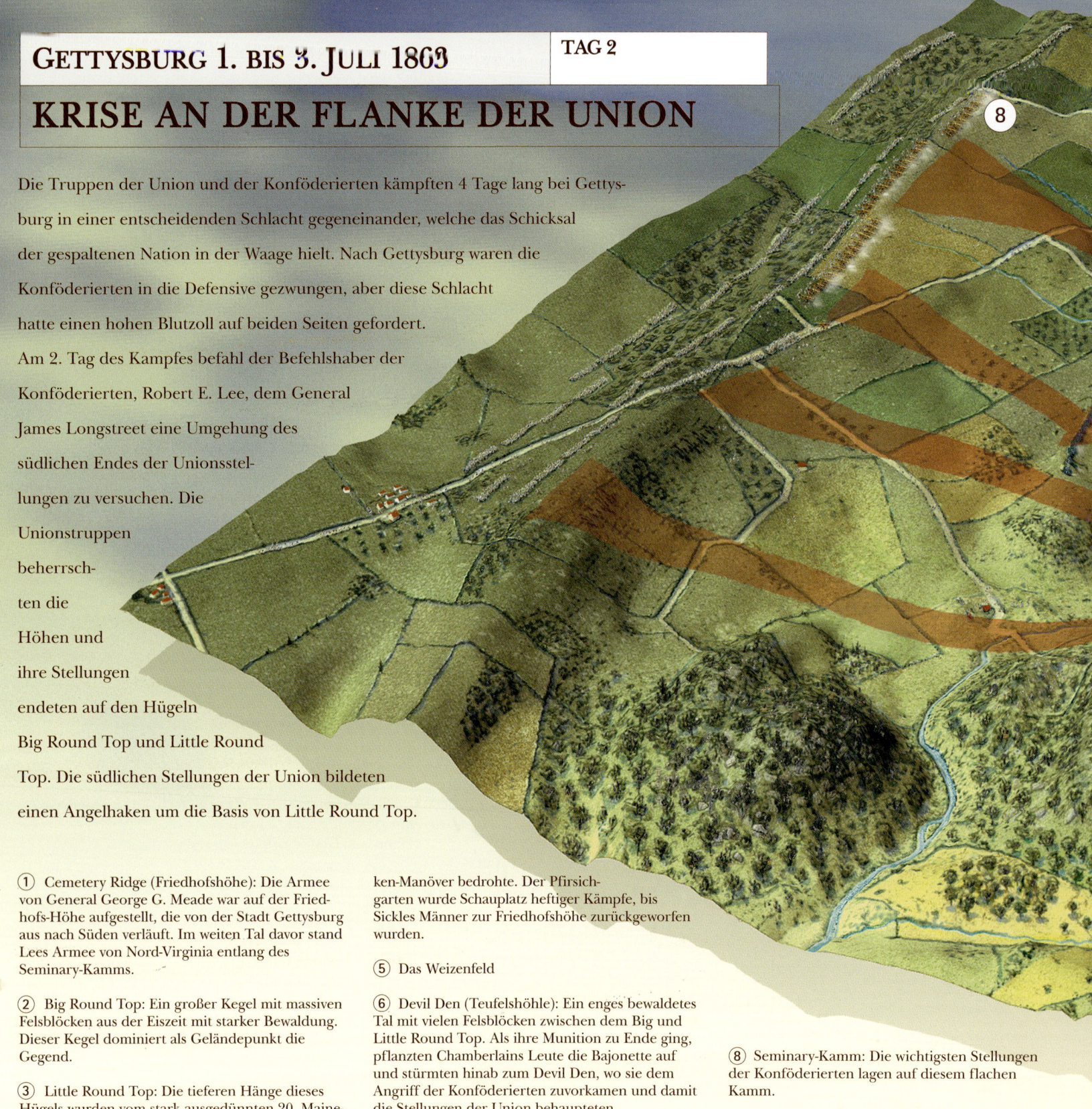

KRISE AN DER FLANKE DER UNION

8

Die Truppen der Union und der Konföderierten kämpften 4 Tage lang bei Gettysburg in einer entscheidenden Schlacht gegeneinander, welche das Schicksal der gespaltenen Nation in der Waage hielt. Nach Gettysburg waren die Konföderierten in die Defensive gezwungen, aber diese Schlacht hatte einen hohen Blutzoll auf beiden Seiten gefordert.

Am 2. Tag des Kampfes befahl der Befehlshaber der Konföderierten, Robert E. Lee, dem General James Longstreet eine Umgehung des südlichen Endes der Unionsstellungen zu versuchen. Die Unionstruppen beherrschten die Höhen und ihre Stellungen endeten auf den Hügeln Big Round Top und Little Round Top. Die südlichen Stellungen der Union bildeten einen Angelhaken um die Basis von Little Round Top.

① Cemetery Ridge (Friedhofshöhe): Die Armee von General George G. Meade war auf der Friedhofs-Höhe aufgestellt, die von der Stadt Gettysburg aus nach Süden verläuft. Im weiten Tal davor stand Lees Armee von Nord-Virginia entlang des Seminary-Kamms.

② Big Round Top: Ein großer Kegel mit massiven Felsblöcken aus der Eiszeit mit starker Bewaldung. Dieser Kegel dominiert als Geländepunkt die Gegend.

③ Little Round Top: Die tieferen Hänge dieses Hügels wurden vom stark ausgedünnten 20. Maine-Regiment unter dem Befehl von Oberst Joshua Chamberlain gehalten. Die Verteidiger lagen hinter einer flachen Steinmauer.

④ Pfirsichgarten: Am 2. Juli ließ General Daniel Sickles sein 3. Korps ohne Wissen Meades im Pfirsichgarten Stellung beziehen. Sickles Stellung bildete einen Frontvorsprung, der Longstreets Flan-

ken-Manöver bedrohte. Der Pfirsichgarten wurde Schauplatz heftiger Kämpfe, bis Sickles Männer zur Friedhofshöhe zurückgeworfen wurden.

⑤ Das Weizenfeld

⑥ Devil Den (Teufelshöhle): Ein enges bewaldetes Tal mit vielen Felsblöcken zwischen dem Big und Little Round Top. Als ihre Munition zu Ende ging, pflanzten Chamberlains Leute die Bajonette auf und stürmten hinab zum Devil Den, wo sie dem Angriff der Konföderierten zuvorkamen und damit die Stellungen der Union behaupteten.

⑦ Das 1. Minnesota-Regiment: Die Konföderierten stürmten durch den Pfirsichgarten und drohten, eine Bresche in die dünn besetzte Front der Union an der Friedhofshöhe zu schlagen. Das 1. Minnesota-Regiment sollte die vorrückenden Konföderierten zurückschlagen, was auch gelingt, allerdings unter hohen eigenen Verlusten.

⑧ Seminary-Kamm: Die wichtigsten Stellungen der Konföderierten lagen auf diesem flachen Kamm.

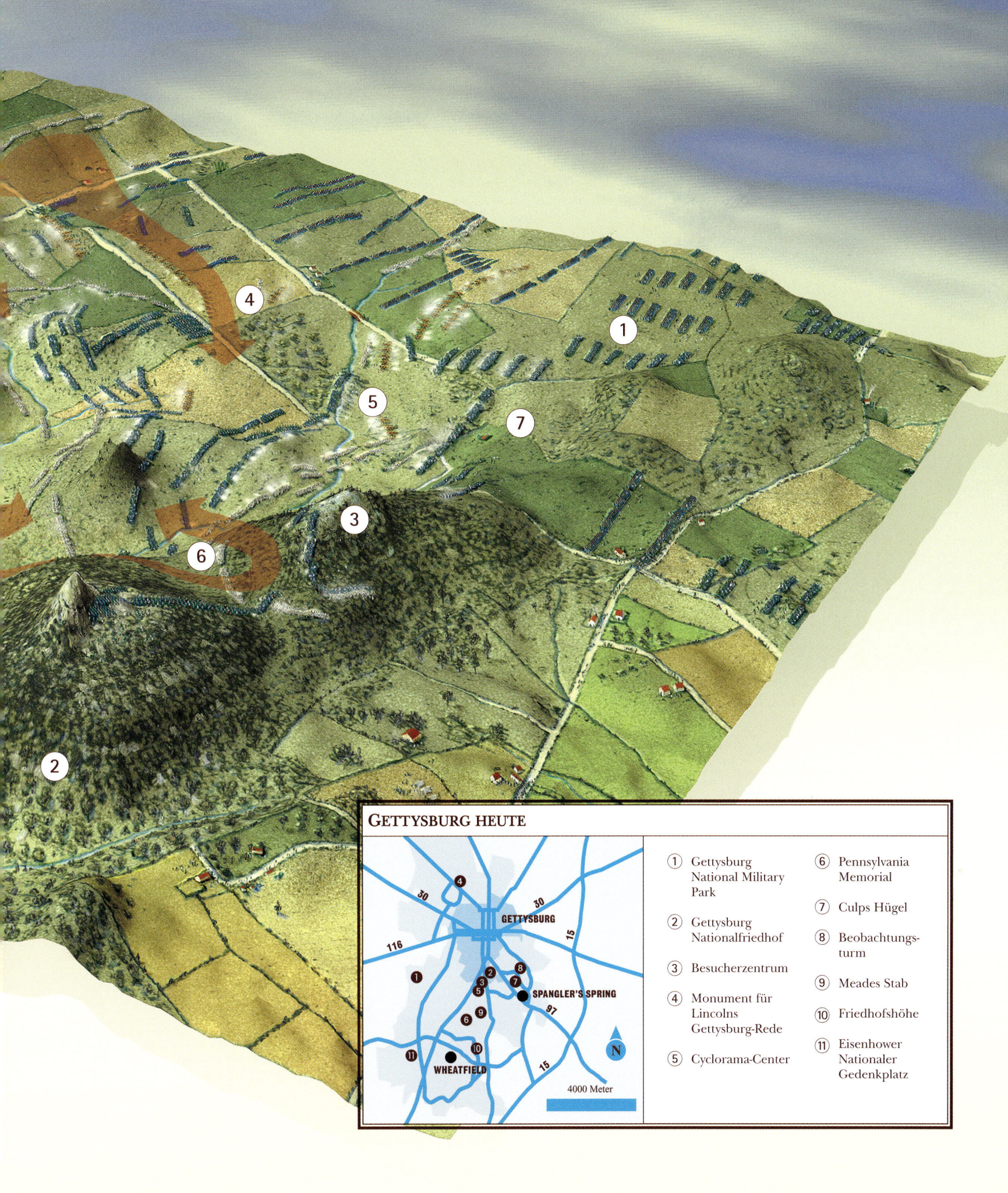

GETTYSBURG HEUTE

① Gettysburg National Military Park	⑥ Pennsylvania Memorial
② Gettysburg Nationalfriedhof	⑦ Culps Hügel
③ Besucherzentrum	⑧ Beobachtungsturm
④ Monument für Lincolns Gettysburg-Rede	⑨ Meades Stab
⑤ Cyclorama-Center	⑩ Friedhofshöhe
	⑪ Eisenhower Nationaler Gedenkplatz

GETTYSBURG

SPANGLER'S SPRING

WHEATFIELD

4000 Meter

N

Der Erste Weltkrieg

1914 – 1918

Von Martin Marix Evans

Der „Große Krieg" wurde durch einen serbischen Nationalisten ausgelöst, der den östereichisch-ungarischen Thronfolger am 28. Juni 1914 ermordete. Daraus resultierende Kriegserklärung an Serbien führte zu den Kriegserklärungen Russlands an Österreich, Deutschlands an Russland und Frankreichs an Deutschland. Die Deutschen standen somit in einem Zweifrontenkrieg, den sie schon lange befürchtet hatten, und wollten daher die Franzosen ausschalten, indem sie über das neutrale Belgien einmarschierten. Dies führte zum Kriegseintritt der Briten. Bis Ende 1914 erstreckten sich Schützengräben von der Nordsee bis zur Schweizer Grenze; die Westfront war entstanden und mit ihr der statische Schützengrabenkampf.

Der Konflikt war nicht auf Ost- und Westfront in Europa begrenzt. Deutsche Kriegsschiffe lauerten englischen Handelsschiffen auf den Weltmeeren auf. Das australische Kriegsschiff Sidney fing den leichten Kreuzer Emden im indischen Ocean ab, zu weiteren Seekämpfen kam es im Pazifik bei Coronel und im Südatlantik bei den Falklandinseln, wo die Briten endlich siegten. Die kriegführenden Nationen bezogen ihre Kolonien in Afrika in den Krieg ein und der Bedarf an Öl führte zu einer Invasion der Briten in den Irak und einer deutschen Allianz mit dem Osmanischen Reich, welches am 14. November 1914 den heiligen Krieg ausrief.

Die Westfront war zementiert, ein Durchbruch unwahrscheinlich. Deshalb versuchten die Alliierten, die Türkei zu besiegen, was sowohl bei Gallipoli und im Irak 1915 misslang. Der Kampf an der russischen Front und auf dem Balkan führte zu einem Patt im gleichen Jahr und beide Seiten mussten einsehen, dass der Krieg in Frankreich und Flandern entschieden würde.

Die Deutschen ergriffen die Initiative mit einem massiven Angriff auf die heilige Festung von Verdun, welche die Franzosen unter schweren Opfern halten konnten, was die Deutschen in eine Materialschlacht verwickelte. An der Somme wollten die Briten durch eine große Offensive Entlastung schaffen. Das gleiche Ziel verfolgte im Osten General Brusilow mit einer russischen Offensive; die Verluste der Alliierten waren jedoch horrend. Der lange und harte Lernprozess, wie man einen von Artillerie und Maschinengewehren dominierten Krieg führt, hatte gerade erst begonnen. Beide Seiten probierten neue Angriffstheorien und Verteidigungsmethoden aus. Die Briten und Franzosen testeten das Potenzial von Panzern, die Deutschen das von Artillerie und Giftgas und beide Seiten bemühten sich um die Lufthoheit. An der Westfront forderten diese Tests Tausende von Toten.

Das Frühjahr 1917 begann mit einem makaberen Vabanquespiel, als sich der Kriegseintritt der USA mit Tausenden frischer Truppen an der Westfront abzeichnete. Die Deutschen erklärten den uneingeschränkten U-Boot-Krieg, obwohl dies den sicheren Eintritt der USA in den Krieg bedeutete; man verließ sich auf einen Sieg im Felde, bevor die kleine US-Armee die Herausforderung annehmen konnte. An der Ostfront eroberten die Deutschen Riga, bevor die Revolution die russische Bedrohung beendete. Die neue deutsche Taktik, eine Verbindung aus Artillerie und Sturmtruppen, führte als nächstes in Italien bei Caporetto zum Sieg und kam im Frühling 1918 zum Einsatz an der Westfront. Der Blutzoll für Deutschland wurde riesig, als die Alliierten in großer Übermacht Infanterie, Artillerie, Panzer und Flugzeuge koordiniert gegen Schützengrabenstellungen einsetzten. Die Amerikaner übernahmen die Hauptlast der Aktionen, die zum Sieg von 1918 führten, als die deutsche Armee im Felde geschlagen wurde. Selbst die optimistischsten und überzeugtesten Deutschen konnten sich keinen Sieg über die USA vorstellen.

GALLIPOLI 1915–1916

Von Christopher Pugsley

Der Neun-Monats-Feldzug 1915/1916 entsprang Winston Churchills Idee, „die Türkei aus dem Krieg zu schlagen", indem man eine Flotte von veralteten britischen und französischen Schlachtschiffen durch die Dardanellen ins Marmara-Meer beorderte und durch diese Bedrohung die türkische Regierung in ihrer damaligen Hauptstadt Konstantinopel zur Aufgabe zwingen sollte. Die Idee begeisterte Asquiths liberale Regierung, die nach einem Ausweg aus der Sackgasse suchte, in die sich England an der Westfront manövriert hatte. Frankreich und Belgien verschlangen ohne sichtbaren Erfolg immer mehr Ressourcen und die britischen Verluste beliefen sich 1915 schon auf 96 Prozent des ursprünglichen britischen Expeditionskorps.

Nach Churchills Plan sollte die britische Flotte einen Seeweg zu den russischen Schwarzmeer-Häfen öffnen und damit Österreich-Ungarn bedrohen, mit dem sich England und Frankreich im Krieg befanden. Die Außenforts der Dardanellen wurden ab Februar 1915 mehrfach

beschossen und kleinere Marineeinheiten gingen ohne Gegenwehr an Land, um die Ergebnisse zu begutachten. Dies war ein Vorspiel zu dem Durchbruchsversuch der Flotte vom 18. März 1915. Er scheiterte an einer nicht bemerkten Minenbarriere, in der drei Schlachtschiffe sanken und drei weitere durch Minen und Artilleriefeuer schwer beschädigt wurden. Die Schiffe waren zu verschmerzen, es war aber klar, dass bessere Minensucher erforderlich waren. Darüber hinaus musste die Halbinsel Gallipoli bis zum beherrschenden Kilitbahir-Plateau besetzt werden, bevor man einen neuen Versuch mit der Flotte starten konnte.

HAMILTONS PLAN

General Sir Ian Hamilton war zum Befehlshaber über das Mittelmeer-Expeditionskorps (MEF) ernannt worden. Dies klang eindrucksvoller, als es seine Streitmacht von ca. 70.000 Mann rechtfertigte. Hamilton hatte das Desaster der Flotte miterlebt und billigte den Plan eines kombinierten Amphibienangriffs der Halbinsel. Dieser erfolgte am 25. April 1915.

Hamiltons Streitmacht bestand aus einer Sammlung halb ausgebildeter, hastig ausgehobener Truppen aus Ägypten und England, die noch nicht der Westfront zugeteilt waren. Die Kerntruppe bildete die 29. britische Division unter Generalmajor A. G. Hunter-Weston, aus Bataillonen indischer Garnisonen zusammengestellt. Hamiltons Plan

OBEN *Ein 60-Pfünder Feldgeschütz im Einsatz auf einem Kliff bei Helles Bay, Gallipoli, Türkei.*

VORIGE SEITE *Die Schlacht an der Somme – ein romantisches Bild des Krieges mit einem Offizier, der drohend ein Jagdhorn schwingt. Die Realität sah ganz anders aus.*

sah fünf Landungen an kleineren Stränden im Süden von Kap Helles mit dem Ziel vor, nordwärts vorzustoßen, um das Kilitbahir-Plateau zu besetzen. Hilfe sollte vom französischen Expeditionskorps kommen, welches, aus Fremdenlegionären und Kolonialtruppen bestehend, sich nach einem Scheinangriff auf die asiatische Küste bei Kumkale mit der 29. Division zum gemeinsamen Vormarsch auf der Halbinsel vereinen sollte. Die 29. indische Brigade sollte bis zum Sieg auf den Schiffen bleiben, da Hamilton sich nicht sicher war, wie einige seiner muslimischen Soldaten gegen die Türken kämpfen würden.

Weiter nördlich sollte Generalleutnant Sir William Birdwood mit seinem australisch-neuseeländischen Armeekorps (Anzac) nördlich der Gaba-Tepe-Halbinsel landen und durch die Ebene von Maidos zum Fährhafen von Maidos (Eceabat) vorrücken, um die türkischen Verbindungen zu kappen und das Kilitbahir-Plateau zu isolieren. Dies war für zwei hastig ausgehobene kaum ausgebildete Freiwilligen-Divisionen eine harte Probe. Die 1. australische Division unter Generalmajor W. T. Bridge sollte vor dem Morgengrauen landen und den Küstenhöhenzug Sari Bair bis zur Höhe von Chunuk Bair besetzen, während die zweite, australisch-neuseeländische Division unter Generalmajor Sir Alexander Godley als Reserve nach ihnen landen und dann nach Maidos vorrücken sollte.

Hamiltons verbliebene Marine-Division fuhr auf ihren Transportern in den Norden von Bulair, der schmalsten Stelle der Halbinsel, und führte eine Scheinlandung durch. Die Division bestand nur dem

„Wir sind alle der Meinung, dass die Türken bei der Landung energischen Widerstand leisten werden, glauben aber, dass er abflauen wird, wenn wir einmal auf der Halbinsel Fuß gefasst haben und dass sie sich dann gegen ihre deutschen Herren wenden werden. Der Durchschnittstürke war immer recht britenfreundlich, zumal nachweislich viele mit Neid den Wohlstand sehen, den Ägypten unter der englischen Herrschaft genießt.“

Bericht vom MEF kurz vor der Landung

OBEN *Truppen landen bei Anzac Cove während der Schlacht zwischen alliierten und türkischen Streitkräften bei der Gallipoli-Halbinsel um den Zugang zum strategisch wichtigen Marmarameer. Sechs britische Schlachtschiffe waren versenkt oder schwer beschädigt worden, was den See-Angriff in den Dardanellen stoppte. Eine alliierte Landung bei Gallipoli im August 1915 schlug ebenfalls fehl, so dass die Alliierten November 1915 bis Januar 1916 das Land räumten.*

Namen nach und war aus überzähligen Seeleuten und Marinesoldaten unter Amateur-Offizieren ohne Artillerie-Unterstützung zusammengesetzt.

DIE TÜRKISCHE VERTEIDIGUNG

Der Fehlschlag des Seeangriffs vom 18. März hatte die türkische Entschlossenheit gestärkt. Dem deutschen General Otto Liman von Sanders wurde das Kommando über die V. Armee der Türken von 70.000 Mann übertragen. Sanders durchschaute Hamiltons Plan nicht und verlegte das Gros seiner Truppen nach Bulair und an die asiatische Küste. Das kampferprobte III. Korps, welches schon im Balkan-Krieg 1912–1913 gekämpft hatte, besetzte eine Reihe von Vorposten an den wahrscheinlichsten Landungspunkten auf der Halbinsel. Stacheldraht wurde verlegt, Gegenangriffe geübt und jeder türkische Soldat ermahnt, die Angreifer mit allen Mitteln bis zum Eintreffen von Verstärkungen aufzuhalten.

DIE LANDUNGEN UND DER LANDKRIEG

Obwohl Hamilton nur wenige Wochen zur Vorbereitung hatte, gelang sein Plan mit erfolgreichen Landungen an den S-, X- und Y–Stränden und trotz hoher Verluste am W-Strand. Am V-Strand nahmen die türkischen Verteidiger im alten Schloss von Seddulbahir die Schiffsboote und den Dampfer River Clyde unter Feuer, den man absichtlich auf Grund gesetzt hatte, als Soldaten der Hampshire-, Dublin- und Munster-Füsilierregimenter landen wollten. Die Überlebenden verbrachten den ganzen Tag hinter einem schmalen Erdwall, der sie vor dem Feuer der Türken schützte, während ihre toten Kameraden um sie herum das Wasser der Bucht rot färbten. Die Gelegenheit, von den S-, X- und Y-Stränden ins Land vorzudringen, wurde nicht genutzt, sodass die Effektivität des Plans durch Trägheit der Offiziere verspielt wurde. Erst am nächsten Tage zogen sich die Türken auf eine befestigte Linie südlich des Dorfes Krithia (Alcitepe) unter dem Hügel Achi Baba (Alci Tepe) zurück. Abgesehen von kleinen, teuer erkauften Geländegewinnen blieb diese den ganzen Feldzug über die Front.

Am Z-Strand führten Navigationsfehler der Schiffe zu einer Landung der Australier auf Ari Burnu, der Nordspitze einer Bucht, die als Anzac Cove bekannt wurde. Dies war der unwahrscheinlichste Landungspunkt und deshalb kaum von türkischen Vorposten überwacht. Vielmehr zerstreute die wild zerklüftete Landschaft die Australier, als sie ins Land vorrückten. Bis zum Morgen waren 12.000 Australier an Land und die Neuseeländer wurden gerade ausgeschifft, als die Türken unter ihrem Divisionskommandeur Oberstleutnant Mustafa Kemal einen Gegenangriff vom Höhenzug Chunuk Bair herab nach Sü-

UNTEN *Der erste Angriff auf die Dardanellen richtete sich gegen die türkischen Artilleriestellungen. Viele Batterien wurden zerstört, aber andere blieben intakt und forderten von den Alliierten einen hohen Blutzoll.*

den vortrugen. Dieser traf auf die Anzac-Linie an der Verbindung zwischen dem späteren ersten und zweiten Kamm auf einem kleinen Hügel namens Baby 700. Hier war die Anzac-Linie am schwächsten. Mit Einbruch der Nacht waren die Alliierten aus ihren Stellungen geworfen und hielten sich nur an kleinen Vorposten entlang beider Kämme. Die wichtigen Höhen von Baby 700 blieben in türkischer Hand. Hier verlief für die nächsten neun Monate die Anzac-Front.

Auf Anraten seiner Divisionäre empfahl Birdwood eine Evakuierung, aber Hamilton sah, dass dies nicht ging und empfahl sich einzugraben und auszuharren. Dann schickte Hamilton alle noch verfügbaren Kräfte, die königliche Marinedivision und die 29. indische Brigade, bei Helles für einen Vorstoß nach Norden an Land. Trotz et-

DIE WICHTIGSTEN KONTRAHENTEN

DIE ALLIIERTEN

General Sir Ian Hamilton (Oberbefehlshaber der Mittelmeer-Expeditions-Streitkräfte)

Generalmajor A.G. Hunter-Weston (29. britische Division)

Generalleutnant Sir William Birdwood (Anzac)

Generalmajor W.T. Bridge (1. Australische Division)

Generalmajor Sir Alexander Godley

Generalleutnant Sir F. W. Stopford (IX. Korps – New Army and Territorial Divisions)

DIE TÜRKEN

General Otto Liman von Sanders (Türkische V. Armee)

Oberstleutnant Mustafa Kemal (Divisionskommandeur)

Generalmajor W.T. Bridge   *Oberstleutnant Mustafa Kemal*

was Landgewinn waren die Briten und Franzosen nicht in der Lage, den kleinen Hügel von Achi Baba einzunehmen, der das südliche Plateau beherrschte. Die Türken erhielten Verstärkung und waren besser ausgerüstet und versorgt als die Angreifer, deren Artillerie wegen Munitionsmangel auf zwei Schuss pro Tag beschränkt war, was schließlich zu einer Pattsituation führte.

Türkische Versuche, die Invasoren zurück ins Meer zu werfen, scheiterten bei Anzac, wie der nördliche Brückenkopf hieß. In der Erwartung von Verstärkungen plante Hamilton eine Augustoffensive mit dem Ziel, zunächst aus dem Anzac-Bereich in einem Nachtangriff auszubrechen und das Hochplateau von Chunuk Bair einzunehmen. Gleichzeitig sollte Generalleutnant Stopfords IX. Korps mit neuen Armeedivisionen und Territorialeinheiten in der Suvla-Bucht landen, um diese als Winterhafen und Basis für die Armee Hamiltons zu sichern. Jedoch Hamiltons neurotische Geheimniskrämerei und Unfähigkeit zur Planung führte bei aller Tapferkeit seiner Soldaten zum Misslingen der Offensive. Die kampferprobten Australier wurden bei etlichen Scheinausbrüchen aus Anzad, speziell bei Lone Pine, aufgerieben. Der neuseeländischen Infanteriebrigade gelang die Einnahme von Chunuk Bair am 8. August, die aber nicht abgesichert wurde. Außerdem führten Wassermangel und Probleme beim Rücktransport von Menschen in der sengenden Sommerhitze zum Zusammenbruch der Logistik und der medizinischen Versorgung.

Bei Suvla brachte Stopford seine Leute an Land, konnte die zahlenmäßige Unterlegenheit der Türken jedoch nicht ausnutzen. Mustafa Kemal spielte beim Zurückschlagen des IX. Korps bei Suvla wie bei der Rückeroberung von Chunuk Bair am 10. August wieder eine entscheidende Rolle

Im September waren Hamiltons Truppen erschöpft und Gallipoli wurde zum Misserfolg. Hamilton wurde ersetzt. Suvla und Anzac wurden im Dezember 1915 geräumt, Helles im Januar 1916. Damit zeichnete sich ab, dass nur der Kampf an der Westfront zum Sieg führen konnte.

EIN FAZIT

Der Feldzug von Gallipoli zeigte, dass es für die Beendigung des Ersten Weltkrieges keine Patentlösung gab. Er zerstörte Ansehen und schuf Legenden, die in Australien und Neuseeland gehütet werden. Er kostete 44.000 Alliierten das Leben, davon 21.000 Briten, 10.000 Franzosen, 7954 Australiern und 2721 Neuseeländern. Mit den Verwundeten waren 140.000 Mann zu beklagen. Die Türken kostete die Verteidigung ihres Landes 87.000 Tote bei Gesamtverlusten von 250.000 bis 300.000 Mann. Heute ist Gallipoli ein Wallfahrtsort für jeden Türken, Australier und Neuseeländer.

DAS SCHLACHTFELD HEUTE

Die Schlachtfelder von Gallipoli sind ca. 335 km von Istanbul entfernt. Busse fahren häufig zu günstigen Preisen hin, Autos können in Eceabat oder Canakkale gemietet werden. Trotz seines Namens liegt

Die Hälfte einer Stereo-Aufnahme von englischen Truppen beim Vorrücken in Gallipoli am 6. August 1915.

Gelibolu zu weit ab, um den Ort als Ausgangsbasis zu empfehlen. Der Fährhafen von Eceabat (ehemals Maidos) bietet Unterkünfte, ebenso wie die Provinzhauptstadt Canakkale auf der anderen Seite der Meerenge. Südlich von Cape Helles und in Gaba Tepe gibt es auch Motels.

Man kann eine Kurztour über alle Schauplätze an einem Tag absolvieren, jedoch sollte man für eine eingehende Besichtigung wenigstens drei Tage oder mehr veranschlagen. Am besten besucht man das Schlachtfeld im eigenen Wagen oder im Wagen mit Führer.

FLOTTENANGRIFF VOM 18. MÄRZ 1915

In Canakkale bietet das Seekriegsmuseum in der Festung Cimenlik einen Einblick in die türkischen Verteidigungsanlagen und den Seeangriff vom 18. März mit einem Modell des Minenlegers Nusrat, der die Sperre von 20 Minen gelegt hatte, die zum Fiasko unter den angreifenden Schlachtschiffen führte.

Eine Fahrt Richtung Süden bringt einen zur Dardanos-Batterie und zu einer der befestigten Küstenbatterie-Stellungen. Hier ist man nur 20 km vom alten Troja entfernt, von wo sich ein Blick über die Ebene zu den Landungsplätzen der Franzosen bei Kumkale bietet – jetzt ein Marinestützpunkt ohne Zutritt.

Die Fahrt mit der Fähre von Canakkale über die Meerenge führt zum eindrucksvollen Osmanenschloss von Kilitbahir, zum Fort mit seinen Batterien und zum Kilitbahir-Plateau mit Alcitepe (früher Krithia), das stets in türkischer Hand blieb.

Die Canakkale-Gedenkstätte erinnert an die türkischen Opfer des Feldzuges mit einem Blick über die Einfahrt in die Meerenge, in der man sich die Reihe der feuerspeienden Schlachtschiffe ebenso wie die jubelnden Soldaten vorstellen kann, die von hier sehen konnten, wie die Flotte sich zurückziehen musste. An dieser Stelle finden jährlich am 18. März offizielle türkische Gedenkfeiern statt.

DIE LANDUNGEN BEI KAP HELLES UND DER VORMARSCH

Die französische Gedenkstätte mit Friedhof ist in Morto Bay. Diese Flanke hielt das französische Expeditionskorps, das in diesem Feldzug 10.000 Mann verlor. Unterhalb der Gedenkstätte liegt der S-Strand, wo die Briten gegen schwachen Widerstand landeten, es aber versäumten, die Gelegenheit wahrzunehmen, auf Achi Baba vorzurücken und die türkischen Küstenverteidiger abzuschneiden.

Die Gedenkstätte von Kap Helles dominiert den Blick vom V-Strand aus. Sie erinnert an all die Schiffe und Einheiten des britischen Empires, die am Feldzug teilnahmen und listet die Namen von 20.763 Soldaten auf, die auf See oder an Land fielen und deren Grab unbekannt ist. Eine Ausnahme bilden nur die Neuseeländer, deren Namen auf den jeweiligen Gedenkstätten der Schlacht, in der sie fielen, verzeichnet sind. Von der Kap-Helles-Gedenkstätte aus sieht man in Richtung W-Strand auf das Seddulbahir-Fort und die 1. Batterie mit seinen schweren Geschützen im Amphitheater über dem V-Strand. Man sieht das Felsenriff, auf welches die River Clyde auflief und die Sandbarriere, welche die Überlebenden an der Ecke des Strandes direkt unter der Festung schützte. Die Gräber der Leute, die hier fielen, enthält der Strandfriedhof am Ufer. Ein Besuch des Schlosses und des Ortes führt einen auch zum Grab von Oberstleutnant C.H.M. Doughty-Wylie, VC, CB, CMG der britischen Füsiliere, der am 26. April 1915 fiel, als er einen Angriff auf das Fort startete. Es ist das einzige Einzelgrab auf der Halbinsel, das an seiner ursprünglichen Stelle bleiben durfte.

Vom Lancashire-Landungs-Friedhof kann man durch das ehemalige Militärlager zum W-Strand und zur Landungsstelle selbst fahren. Stacheldrahtverhaue sperrten den schmalen Strand. Heute kann man die Klippen hinaufklettern und sich die osmanischen Schützengräben anschauen, die über den Strand verteilt sind. Hier verdienten sich die Lancashire Füsiliere sechs VCs „vor dem Frühstück" für ihre Tapferkeit.

Vom X-Strand aus führt ein Weg zum Eingang des Hohlweges „Gully Ravine", welcher den Vorsprung „Gully Spur" vom Hauptplateau trennt. Man kann sie zu Fuß vom Eingang bis zu den Befestigungen besichtigen, welche den endgültigen Frontverlauf westlich von Alcitepe markieren. Vom „Twelve-Tree-Copse"-Friedhof kann man das Minarett von Alcitepe sehen, in dem ein kleines Privatmuseum untergebracht ist. Nördlich des Ortes liegt eine verlassene Militärbasis, von der aus ein Weg hinauf zu den Höhen von Achi Bana (Alci Tepe)

führt, Hamiltons Angriffsziel des ersten Tages. Lauf' die osmanischen Schützengräben entlang und bestaune die enormen Granattrichter von der Schiffsartillerie. Südlich von hier beginnt der Brückenkopf, in dem der größte Teil des britischen und französischen Expeditionskorps neun Monate lang eingeschlossen lag. Douglas Jerrold schrieb in seiner Geschichte der königlichen Marine-Division: „Die Ebene war wegen ihrer Offenheit ein Gefängnis, aus dem ein Grab wurde".

DIE ANZAC-BUCHT UND DIE AUGUSTOFFENSIVE

Das Informationszentrum von Kabatepe bietet Karten und ein Museum, das über den Landstrich informiert, den das australisch-neuseeländische Armeekorps (Anzac) besetzt hatte. Hier wollte man am 25. April landen. Über die Erhebung und die folgende Ebene sollten die „Anzacs" zur Meerenge vorstoßen, nachdem man zunächst Einheiten den Kamm hinaufgeschickt hatte, um Chunuk Bair zu sichern.

Der Strand-Friedhof und der Schrapnell-Tal-Friedhof ducken sich unter dem Südkamm des Plugge-Plateaus, das den schmalen Strand der Anzac-Bucht einfasst, an dessen Nordende der Ari-Burnu-Punkt und der Ari-Burnu-Friedhof liegen. Der Nordstrand liegt im Blickfeld der Sphinx auf der Russels-Spitze am „Nek", der durch den Angriff in Peter Weirs Film *Gallipoli* berühmt wurde. Die Reste der Unterstände, Terrassen und Schützengräben sind erhalten. In der Anzac-Bucht wurden unter den Augen der Türken und ihrem Abwehrfeuer von den höheren Plateaus 40.000 Mann in die schmalen Klippen und Höhlen geschickt. Als man am 25. April landete, hatte man ebenso sehr mit den Widrigkeiten des Landes wie mit den Türken zu kämpfen. Der Weg der Anzacs führte übers Plugge-Plateau hinunter ins Schrapnell-Tal, dann durch dichten Bambus und Dickicht bis zum Ende des „Monash Gully" verfolgen, wo etliche Ausläufer von Baby 700 enden. Ein leichterer Weg zum Chunuk Bair geht von der Abzweigung zum zweiten Kamm hinauf; die Straße läuft auf der Front zwischen den Türken und den Anzacs. Die Lone-Pine-Gedenkstätte erinnert an den Angriff der 1. Australischen Division im August, die dieses Plateau unter schweren Verlusten eroberte. Der Name kam von einem bekannten Lied dieser Zeit, „The Trail of the Lonesome Pine", weil man von den Anzac-Schützengräben aus eine einsame Pinie sehen konnte. Das Denkmal erinnert an die vermissten 3268 Australier, die bei Gallipoli fochten, sowie an die 465 Neuseeländer, deren Namen weder auf Chunuk Bair noch an der „Twelve-Tree-Copse"-Gedenkstätte vermerkt sind. Ferner sind 960 Australier und 252 Neuseeländer aufgeführt, die auf See bestattet wurden.

Gehen Sie die Straße von „Pine" nach „Quinn's Post zum „Nek". Auf beiden Seiten sind unzählige Schützengräben, stellenweise immer noch 2 bis 3 m tief; Tunnel unterqueren die Straße und jeder Friedhof berichtet vom Bemühen der Anzacs und der Türken. Hier kämpften sie kaum eine Straßenbreite voneinander getrennt, hier starben sie. Ein türkischer Geländegewinn von ca. 50 m hätte die Anzacs ins Meer geworfen. Besonders zeigt sich dies am „Quinn's Post",

einem Vorposten, der von seinen Nachbar-Posten „Popes" und „Russell's Top" durch türkisch besetztes Gebiet auf dem „Bloody Angle" getrennt war. Was im Untergrund wie Muschelkalk aussieht, sind menschliche Knochen – im Laufe der Jahre verwittert.

Weiter nordwärts den Kamm hinauf hinter den Denkmälern und Friedhöfen auf Baby 700, über den „Battleship Hill" zum entscheidenden Chunuk Bair. Dieser wurde vom Wellington-Bataillon der Neuseeland-Infanterie-Brigade am 8. August 1915 erobert und in heldenhaftem Kampf verteidigt, bis sie zwei britische Bataillone in der Nacht vom 9. zum 10. August verstärkten. Am nächsten Morgen warf Mustafa Kemal die Briten in einem Gegenangriff von den Höhen, wodurch das Scheitern der August-Offensive definitiv wurde. Die neuseeländischen Gefallenen liegen auf den östlichen Hängen in der Nähe ihres Denkmals auf dem Kamm. Daneben steht eine Statue von Mustafa Kemal, dessen Aktion das Schicksal des Feldzuges besiegelte. Man kann den Vormarsch der Neuseeländer auf dem guten Fußweg verfolgen, der sich von den neuseeländischen Vorposten zu den darunter liegenden Stränden schlängelt.

Gedenktafeln berichten auf jedem Friedhof. Ausgezeichnete offizielle australische, neuseeländische und Commonwealth-Kriegs-Gräber Web-Seiten geben Aufschluss über Wege entlang der Anzac-Stellungen bis auf den Chunuk Bair.

SUVLA-BUCHT

Nahe dem Dorf Buyukanafarta in der Suvla-Ebene markiert eine Reihe kleiner Hügel das Kampfgebiet der August-Offensive und der Landungsstelle von Stopfords IX. Korps, jeweils mit Friedhof und Gedenkstein: Scimitar-Hill, Green and Chocolate Hill, und Hügel 10. Die Briten konnten ohne Probleme bei A, B und C landen, waren aber schlecht instruiert und hatten keine Zielsetzung. Dies ermöglichte ei-

OBEN *Das Canakkale-Ehrenmal erinnert an die osmanischen Soldaten, die in diesem Krieg fielen. Hier werden jedes Jahr am 18. März offizielle türkische Trauerfeiern abgehalten.*

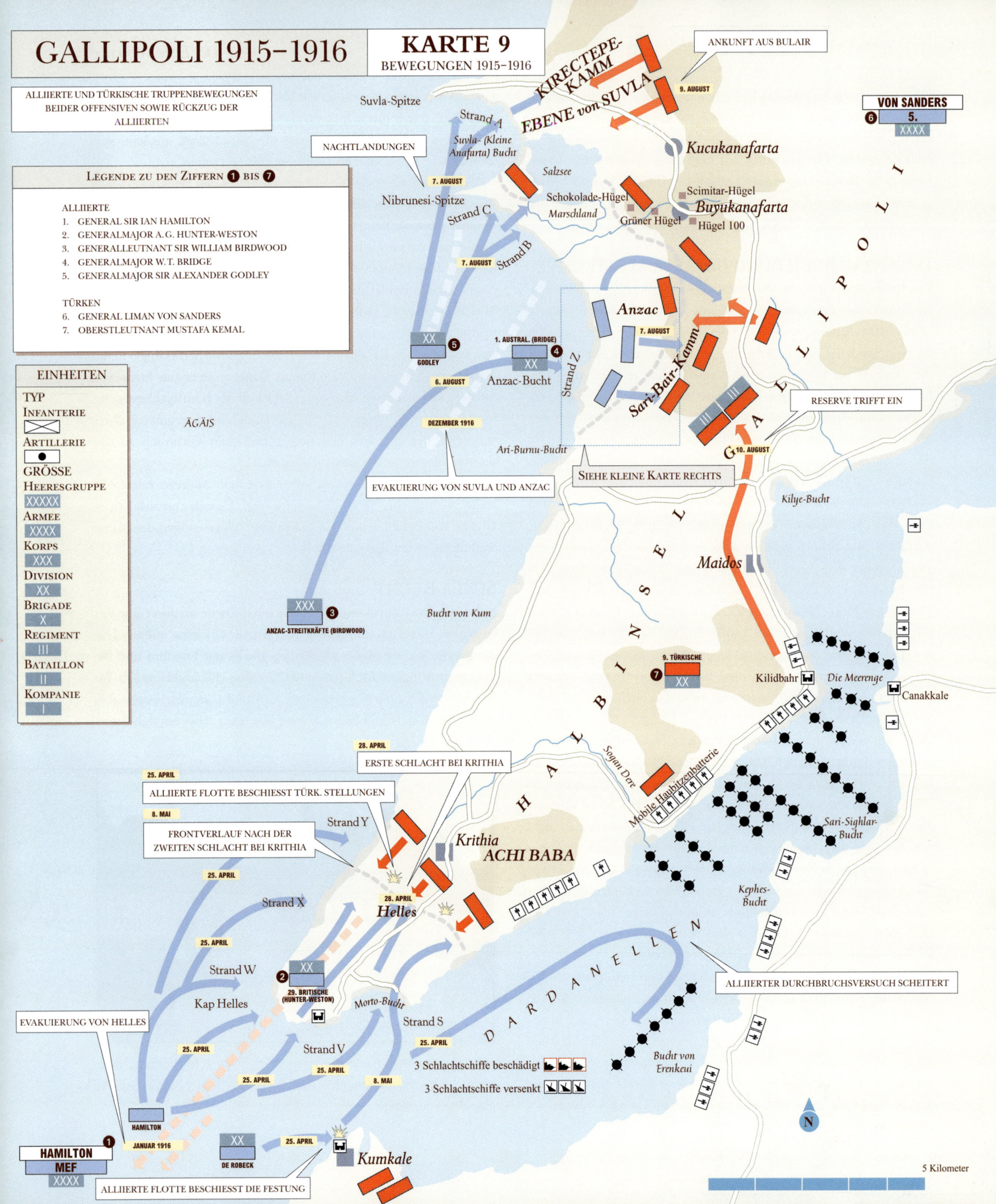

GALLIPOLI 1915–1916

KARTE 9
BEWEGUNGEN 1915–1916

ALLIIERTE UND TÜRKISCHE TRUPPENBEWEGUNGEN
BEIDER OFFENSIVEN SOWIE RÜCKZUG DER
ALLIIERTEN

LEGENDE ZU DEN ZIFFERN ❶ BIS ❼

ALLIIERTE
1. GENERAL SIR IAN HAMILTON
2. GENERALMAJOR A.G. HUNTER-WESTON
3. GENERALLEUTNANT SIR WILLIAM BIRDWOOD
4. GENERALMAJOR W.T. BRIDGE
5. GENERALMAJOR SIR ALEXANDER GODLEY

TÜRKEN
6. GENERAL LIMAN VON SANDERS
7. OBERSTLEUTNANT MUSTAFA KEMAL

EINHEITEN

TYP
INFANTERIE
ARTILLERIE
GRÖSSE
HEERESGRUPPE   XXXXX
ARMEE   XXXX
KORPS   XXX
DIVISION   XX
BRIGADE   X
REGIMENT   III
BATAILLON   II
KOMPANIE   I

VON SANDERS
❻ 5.
XXXX

ANKUNFT AUS BULAIR
KIRECTEPE-KAMM
EBENE von SUVLA
9. AUGUST
Suvla-Spitze
Strand A
Suvla- (Kleine Anafarta) Bucht
Salzsee
Kucukanafarta
Scimitar-Hügel
Buyukanafarta
NACHTLANDUNGEN
7. AUGUST
Nibrunesi-Spitze
Strand C
Schokolade-Hügel
Marschland
Grüner Hügel
Hügel 100
Strand B
7. AUGUST
Anzac
7. AUGUST
Sari-Bair-Kamm
RESERVE TRIFFT EIN
XX GODLEY ❺
1. AUSTRAL. (BRIDGE) ❹
XX
6. AUGUST
Anzac-Bucht
Strand Z
DEZEMBER 1916
Ari-Burnu-Bucht
SIEHE KLEINE KARTE RECHTS
10. AUGUST
Kilye-Bucht
EVAKUIERUNG VON SUVLA UND ANZAC
ÄGÄIS
Maidos
XXX ❸
ANZAC-STREITKRÄFTE (BIRDWOOD)
Bucht von Kum
9. TÜRKISCHE
❼ XX
Kilidbahr
Die Meerenge
Canakkale
HALBINSEL GALLIPOLI
28. APRIL
ERSTE SCHLACHT BEI KRITHIA
25. APRIL
ALLIIERTE FLOTTE BESCHIESST TÜRK. STELLUNGEN
8. MAI
Strand Y
Sogan Dere
Mobile Haubitzenbatterie
FRONTVERLAUF NACH DER ZWEITEN SCHLACHT BEI KRITHIA
Krithia
ACHI BABA
Sari-Sighlar-Bucht
25. APRIL
Strand X
28. APRIL
Helles
25. APRIL
Strand W
❷ XX
29. BRITISCHE (HUNTER-WESTON)
Kap Helles
Morto-Bucht
Kephes-Bucht
ALLIIERTER DURCHBRUCHSVERSUCH SCHEITERT
EVAKUIERUNG VON HELLES
Strand S
25. APRIL
DARDANELLEN
Strand V
8. MAI
Bucht von Erenkeui
3 Schlachtschiffe beschädigt
3 Schlachtschiffe versenkt
25. APRIL
HAMILTON
JANUAR 1916
XX DE ROBECK
25. APRIL
Kumkale
HAMILTON MEF
XXXX
ALLIIERTE FLOTTE BESCHIESST DIE FESTUNG
N
5 Kilometer

ANZAC-GEDENKSTÄTTEN

Chunuk Bair
Friedhof
Friedhof
Friedhof
Rhododendron-Kamm
500 Meter
Schlachtschiff-Hügel
Friedhof
Walker-Kamm
Baby-700-Friedhof
Papsthügel
Monash-Rinne
Plugge-Kamm
Friedhof
Schrapnell-Tal
Stacheldrahtrinne
Owen-Rinne
Zweiter Kamm
Friedhof Einsame Pinie
Pinienkamm
Friedhof
Legge-Tal
N

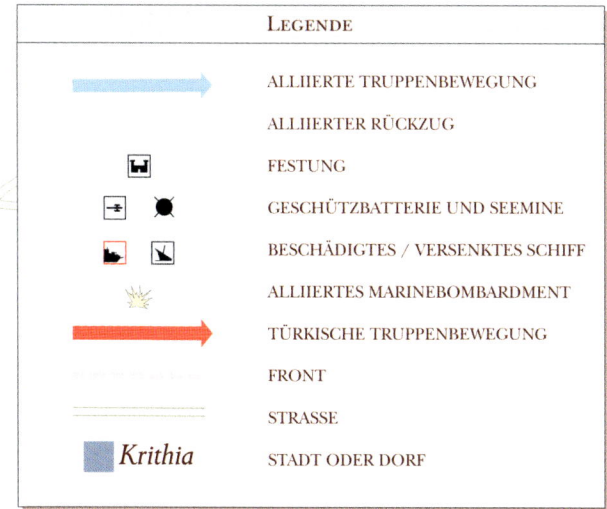

LEGENDE

→	ALLIIERTE TRUPPENBEWEGUNG
	ALLIIERTER RÜCKZUG
	FESTUNG
	GESCHÜTZBATTERIE UND SEEMINE
	BESCHÄDIGTES / VERSENKTES SCHIFF
	ALLIIERTES MARINEBOMBARDMENT
→	TÜRKISCHE TRUPPENBEWEGUNG
	FRONT
	STRASSE
Krithia	STADT ODER DORF

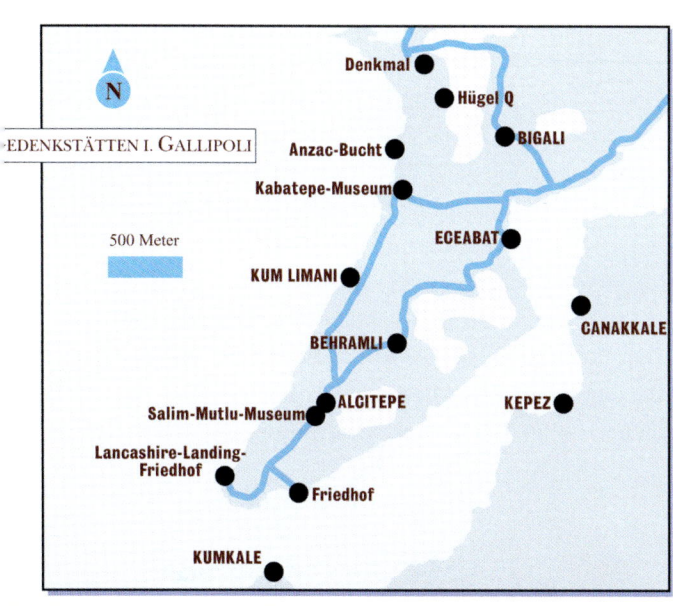

GEDENKSTÄTTEN I. GALLIPOLI

N
Denkmal
Hügel Q
BIGALI
Anzac-Bucht
Kabatepe-Museum
500 Meter
ECEABAT
KUM LIMANI
CANAKKALE
BEHRAMLI
Salim-Mutlu-Museum
ALCITEPE
KEPEZ
Lancashire-Landing-Friedhof
Friedhof
KUMKALE

ner kleinen Gruppe von paramilitärischen Polizisten, sie aufzuhalten, bis Verstärkung die Briten daran hinderten, die Höhen einzunehmen. Die Männer kämpften um die tieferen Hügel, wo Mündungsfeuer das Gestrüpp in Brand setzte und Verwundete verbrannten, wo sie lagen.

Ein Strand liegt unterhalb von Kirectepe (heute: Kirec); man kann sich kaum vorstellen, dass hier Docks, Werkstätten, Geschäfte, Abfallstellen und Eisenbahnen für den Winter angelegt waren. Wenig ist davon geblieben. Die Mühe, die Hänge von Kirectepe hinaufzuklettern, belohnt ein Panoramabild des Schlachtfeldes. Wandert man den Kamm entlang, kann man die in den Fels gehauenen Schützengräben der Front begutachten.

ZEITTAFEL

Februar 1915

Die Schiffsartillerie beschießt die Dardanellen-Forts. Marinesoldaten gehen ungehindert an Land, um die Schäden zu inspizieren.

18. März 1915

VergeblicherVersuch, mit Schiffen durch die Meerenge zu brechen. Minen versenken drei Schlachtschiffe und beschädigten drei weitere schwer.

25. April

Landungen bei Gallipoli:
S-, X- und Y-Strände: erfolgreich
W-Strand: schwere Verluste
V-Strand: schweres Abwehrfeuer aus der Burg Seddulbahir, schwere Verluste.
S-, X- und Y-Strände: keinVorstoß ins Landesinnere
Z-Strand: aufgrund eines Navigationsfehlers landen die Australier in der „Anzac-Bucht".

Vormittag 12.000 Australier gehen an Land, Neuseeländer folgen. Mustafa Kemal greift von den Höhen des Chunuk Bair aus an, trifft auf die Anzac-Linie an der Schnittstelle des 1. und 2. Kammes auf „Baby 700".

Abend Die Höhen von Baby 700 sind in türkischer Hand und definieren den Frontverlauf bis Januar 1916.

26. April

Die Türken setzen sich hinter eine Linie südlich von Krithia ab, welche zur endgültigen Front wird. In Helles landen die Königl. Marinedivision und die 29. indische Brigade.

August

Vergebliche Angriffe der Anzac, besonders bei Lone Pine.

8. August

Neuseeländische Infanterie besetzt Chunuk Bair, erhält aber weder Verstärkung noch Nachschub.

10. August

Kemal wirft das IX. Korps bei Suvla zurück und erobert Chunuk Bair zurück.

September

Hamiltons Truppen sind erschöpft, Gallipoli ist ein Patt und Hamilton wird ausgetauscht.

Dezember

Suvla und Anzac werden evakuiert.

Januar 1916

Helles wird geräumt.

FORT VAUX, VERDUN 1916

Von Christina Holstein

Als der Erste Weltkrieg im August 1914 begann, war Verdun in Ostfrankreich eine wichtige Festung. An einer Kreuzung an der Maas unweit der Grenze zum historischen Feind Deutschland gelegen, war Verdun von einem doppelten Ring von Forts und Feldbefestigungen umgeben, die man nach der demütigenden französischen Niederlage von 1870/1871 angelegt hatte. Diese Anlagen kontrollierten den Zugang zur Stadt von allen Seiten und deckten sich gegenseitig, sodass jemand, der irgendwo angriff, sofort unter Flankenfeuer geriet.

Das kleinste der Forts war Fort Vaux. Es lag auf einer Anhöhe auf der Ostseite der Maas in 350 m Höhe und beherrschte somit die Ebene, die sich bis an die deutsche Grenze erstreckte. Gleichzeitig deckte es die Flanken einer Reihe anderer Verteidigungsanlagen. Zu diesen gehörte das Fort Douaumont, das wichtigste des gesamten Systems, welches ca. 3 km nordwestlich davon lag.

OBEN LINKS *Luftaufnahme von Fort Souville (Vordergrund) mit Vorwerken. Durch ein solches Feld arbeitete sich Buffet am 4. Juni durch.*

OBEN MITTE *Teilansicht von Fort Vaux, bevor Granaten die Umrisse des Forts und der Bäume unkenntlich machten.*

OBEN RECHTS *Ein französisches 75-mm-Feldgeschütz in einer zerstörten Stellung, die der schweren deutschen Artillerie nicht standhielt.*

Fort Vaux war zwar klein, doch sehr modern eingerichtet. 1914 bestand es aus einem eingegrabenen, mit Beton abgedeckten Kasernenblock, der durch unterirdische Tunnel mit den Hauptverteidigungsanlagen verbunden und von einem Wassergraben umgeben war. Zwei kurzläufige Geschütze in einziehbaren und drehbaren Türmen lieferten zusammen mit weiteren Geschützen in zwei starken Bunkern, den Bourges-Kasematten, sorgten für die Feuerkraft. Armierte Betonbunker an den äußeren Ecken des Grabens schützen diesen und stahlgepanzerte Beobachtungstürme überschauten ein weites Feld. Weitere Geschützbatterien außerhalb des Forts verstärkten die Feuerkraft.

Während der ersten Monate des Krieges blieb die Verdun-Front ruhig. Daraufhin verlegte Ende 1915 der französische Oberbefehlshaber, General Joseph Joffre, die Hauptressourcen der Festungsstadt an kritischere Stellen der Front. Als Ende dieses Jahres der deutsche Oberbefehlshaber, General Erich von Falkenhayn, entschied, im Verdun-Abschnitt eine große Offensive zu starten, die den Krieg beenden sollte, war Verdun stark unterbesetzt.

Die Schlacht von Verdun begann am 21. Februar 1916. Zunächst kamen die Deutschen rasch voran und nahmen Fort Douaumont am 25. Februar. Der Vormarsch stockte aber bald wegen des Abwehrfeuers der flankierenden Forts, besonders von Fort Vaux. Da ein weiterer Vormarsch wegen der Flankenbedrohung unmöglich

war, versuchte man im März 1916 Fort Vaux zu nehmen. Dies misslang und erst am 1. Juni gelang es den Deutschen nach verzweifeltem Kampf, erfolgversprechende Ausgangspositionen für einen neuen Angriff zu gewinnen.

Zu diesem Zeitpunkt war Fort Vaux schon weitgehend zerstört. Drei Monate Dauerfeuer hatten die Wände des Grabens zerstört, die Tunnel unterbrochen, die Bunker und den Haupteingang vernichtet. Eine Explosion zu Beginn der Schlacht hatte den Hauptgeschützturm unbrauchbar gemacht; die anderen Kanonen wurden abgebaut, sodass nur noch Maschinengewehre und leichte Waffen für die Verteidigung des Grabens bereitstanden.

Das Fort war mit insgesamt 600 Mann, Frontsoldaten, Meldern und Verwundeten, hoffnungslos überbelegt, wodurch das Sanitärwesen völlig überlastet und keine Hygiene möglich war. Telefonleitungen waren unterbrochen, der Kontakt mit der Außenwelt war nur über die vier Brieftauben des Forts möglich. Der Kommandeur, Major Sylvain-Eugène Raynal, war ein Berufssoldat, der nach einer schweren Beinverletzung erst kurz zuvor nach Fort Vaux gekommen war.

DIE WICHTIGSTEN KONTRAHENTEN

DIE ZENTRALMÄCHTE
Kronprinz Wilhelm
General Erich von Falkenhayn
(Deutscher Oberbefehlshaber)
Leutnant Werner Müller

DIE ALLIIERTEN
General Joseph Joffre (Französischer Oberbefehlshaber)
Major Sylvain-Eugène Raynal
(Fort-Kommandant)
Fähnrich Leon Buffet

Kronprinz Wilhelm von Deutschland   *General Joseph Joffre*

OBEN *Französischer Schützengraben bei Verdun. Dies war zum Anfang der Schlacht die Norm; später verwandelte schwere Artillerie diese Stellungen in ein Feld von Granattrichtern.*

Früh am 2. Juni stieg der deutsche Artilleriebeschuss des Forts an. Um 4:00 Uhr brach er ab und deutsche Infanterie und Pioniere stürmten, konnten teils auch den Graben überqueren und das Verbindungssystem erreichen. Nach einigen Stunden Kampf wurden die Verteidiger der Bunker an den nördlichen und nordöstlichen Ecken des Grabens von den Angreifern überwältigt und in die Tunnel gejagt, wo sie sich verbarrikadierten.

Zum Abend war das Fort umzingelt und deutsche Maschinengewehre blockierten Ein- und Ausgang. Völlig abgeschnitten, starteten die Verteidiger von Fort Vaux nun einen Tunnelkrieg, der fünf Tage anhielt.

Nach der Einnahme der Grabenbunker wandten die Deutschen Rauchgranaten, Flammenwerfer, Gas und Handgranaten an, um sich durch die engen Tunnel vom Graben ins Zentrum vorzukämpfen. In der Dunkelheit versuchten die Franzosen verzweifelt mit Maschinengewehren und Handgranaten die Deutschen aufzuhalten. Sobald eine Barrikade gefallen war, bauten die Franzosen eine neue auf, wurden aber langsam zurückge-

ten. Dies war essentiell, da es nur noch eine Brieftaube für den Kontakt zur Außenwelt gab.

Diese Taube war bei einem Angriff kurz zuvor in eine Gaswolke geraten. Am 4. Juni wurde sie abgeschickt und starb bei der Ankunft in Verdun nach dem Überbringen eines verzweifelten Hilferufs. Am gleichen Morgen war ein französischer Entsatzversuch im deutschen Granatfeuer liegen geblieben, ohne das Fort zu erreichen. Ein am 5. Juni vorgetragener Entlastungsangriff scheiterte ebenfalls. Gegen alle Erwartungen schaffte es Buffet, zum Fort mit der Nachricht zurückzukehren, dass am 6. Juni ein weiterer Entlastungsangriff bevorstünde; auch dieser wurde unter furchtbaren Verlusten zurückgewiesen.

Die Moral der Franzosen war zwar gut, aber Raynal war klar, dass das Fort nicht mehr lange zu halten war. Von den Verteidigern waren 17 gefallen und 80 verwundet, viele davon schwer. Keiner der Toten konnte begraben, kein Verwundeter evakuiert werden.

Am 6. Juni schickte er eine weitere Meldung nach Fort Souville, in welcher er die verzweifelte Lage des Forts schilderte und mit dem Appell endete „Sendet Entsatz, bevor wir völlig am Ende sind!" Ein Rundgang durchs Fort zeigte Raynal, wie der Zustand seiner Männer war. Die Zisternen waren nun völlig leer; seit dem 4. Juni hatte jeder nur rund ein Glas Wasser bekommen, sodass manche die Feuchtigkeit von den Wänden leckten oder ihren eigenen Urin tranken. Die Deutschen waren in den letzten vier Tagen nur 60 m vorgerückt, aber ohne Aussicht auf Entsatz war weiterer Widerstand sinnlos.

Frühmorgens am 7. Juni schickte er eine letzte Meldung an Fort Souville, von der aber nur ein paar Worte empfangen wurden. Da er keine Antwort erhielt, ließ er das Feuer einstellen und eine weiße Fahne durch die Barrikade in einem der Tunnel schieben. Ein Of-

drängt. Die Zahl der Verwundeten stieg, das Schlafen in den Unterkünften wurde unmöglich. Rauch stand in der Luft, der das Atmen erschwerte und das Licht verdunkelte. Am 4. Juni bemerkte Major Raynal mit Schrecken, dass die Zisternen fast leer waren. Um zu sparen, befahl er deshalb nicht essentiellen Einheiten, in der Nacht das Fort zu verlassen. Angeführt vom jungen Fähnrich Leon Buffet konnten einige Leute entkommen. Unter ihnen waren zwei Blinker, die sich zum nahen Fort Souville durchschlagen konnten, wo sie eine optische Verbindung zu Fort Vaux herstell-

prinzen Wilhelm geladen wurde. Als dieser ihm zu dem tapferen Widerstand des Forts gratulierte, nahm er den Degen an und ging in Gefangenschaft. Raynal wurde für seine Verteidigung von Fort Vaux zum Kommandeur der Ehrenlegion befördert, trat nach dem Krieg wieder in die Armee ein und ging 1929 als Oberst in Pension.

Die Einnahme von Fort Vaux im Juni 1916 entspannte zwar die linke Flanke der Deutschen, führte aber nicht zum Gewinn der Schlacht. Im Sommer 1916 rückten die deutschen Linien langsam vor, doch zogen die anderen Fronten die Reserven ab, sodass man in die Defensive geriet. Fünf Monate lang blieb das Fort in deutscher Hand, wobei es als Nachschublager für die Infanterie diente und unter ständigem Beschuss lag. Ein französischer Angriff im Oktober 1916 konnte zwar das Fort nicht zurückerobern, zeigte den Deutschen jedoch, dass man das Fort nicht mehr allzu lange halten könne. Der Hauptgeschützturm und alle weiteren wichtigen Einrichtungen wurden gesprengt und das Fort am 2. November geräumt. Als die ersten französischen Patrouillen am 3. November auftauchten, war das Fort seit 24 Stunden leer.

DAS SCHLACHTFELD HEUTE

Das Schlachtfeld von Verdun liegt 250 km östlich von Paris. Züge fahren nicht besonders häufig dorthin, aber zahlreiche Straßen führen in das Gebiet. Die eigene Tour

fizier eines deutschen Maschinengewehrzuges, Leutnant Werner Müller, betrat die Festung und Raynal unterzeichnete die Kapitulation.

Später am Morgen verließen die erschöpften Verteidiger das Fort. Ihr Weg in die Gefangenschaft führte am Mühlenteich am Fuße der Anhöhe des Forts vorbei. Sie warfen sich auf den Boden und stillten mit dem schmutzigen Wasser ihren Durst.

Major Raynal verließ das Fort gegen 10:00 Uhr. Da er nur mit einem Krückstock nach Fort Vaux gekommen war, bot man ihm einen französischen Offiziersdegen an, als er zum deutschen Kron-

ist unproblematisch und kürzere Führungen durch die Schlachtfelder werden auch vom städtischen Touristenbüro organisiert. Im Schlachtfeld gibt es keine Unterkünfte, aber in der Stadt gibt es alles vom Drei-Sterne-Hotel bis zum Campingplatz sowie viele Restaurants.

Es gibt etliche Denkmäler und Sehenswürdigkeiten in Verdun, aber die Schlachtfelder liegen ca. 5 km außerhalb und sind nur mit dem Auto zu erreichen. Die wichtigsten Punkte sind ausgeschildert und zusätzliche Wegweiser helfen dem Besucher, sich zurechtzu-

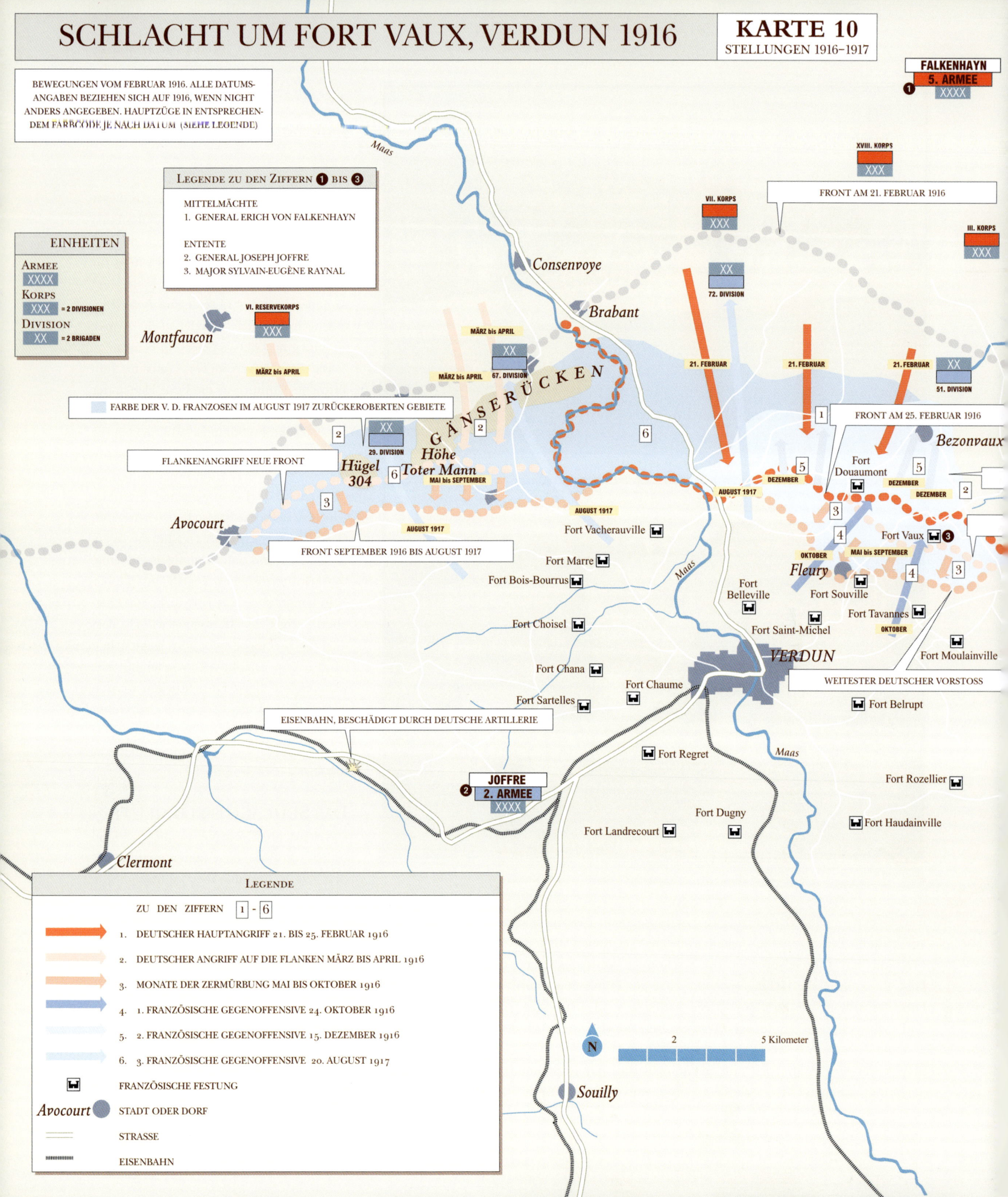

SCHLACHT UM FORT VAUX, VERDUN 1916

KARTE 10
STELLUNGEN 1916–1917

BEWEGUNGEN VOM FEBRUAR 1916. ALLE DATUMS-
ANGABEN BEZIEHEN SICH AUF 1916, WENN NICHT
ANDERS ANGEGEBEN. HAUPTZÜGE IN ENTSPRECHEN-
DEM FARBCODE JE NACH DATUM (SIEHE LEGENDE)

LEGENDE ZU DEN ZIFFERN ❶ BIS ❸

MITTELMÄCHTE
1. GENERAL ERICH VON FALKENHAYN

ENTENTE
2. GENERAL JOSEPH JOFFRE
3. MAJOR SYLVAIN-EUGÈNE RAYNAL

EINHEITEN

ARMEE
XXXX

KORPS
XXX = 2 DIVISIONEN

DIVISION
XX = 2 BRIGADEN

FALKENHAYN
❶ 5. ARMEE
XXXX

XVIII. KORPS
XXX

VII. KORPS
XXX

FRONT AM 21. FEBRUAR 1916

III. KORPS
XXX

72. DIVISION
XX

Consenvoye

Maas

VI. RESERVEKORPS
XXX

Montfaucon

MÄRZ bis APRIL

67. DIVISION
XX

Brabant

MÄRZ bis APRIL

51. DIVISION
XX

21. FEBRUAR   21. FEBRUAR   21. FEBRUAR

❶

FRONT AM 25. FEBRUAR 1916

FARBE DER V. D. FRANZOSEN IM AUGUST 1917 ZURÜCKEROBERTEN GEBIETE

G Ä N S E R Ü C K E N

Bezonvaux

FLANKENANGRIFF NEUE FRONT

29. DIVISION
XX

2

Höhe
Toter Mann
MAI bis SEPTEMBER

Hügel
304

6

AUGUST 1917

❺

DEZEMBER

❺

Fort
Douaumont

DEZEMBER

DEZEMBER

2

Avocourt

3

AUGUST 1917

❸

❹

Fort Vaux   ❸

3

FRONT SEPTEMBER 1916 BIS AUGUST 1917

AUGUST 1917

Fort Vacherauville

OKTOBER   MAI bis SEPTEMBER

Fleury

❹

3

Fort Marre

Fort Bois-Bourrus

Fort
Belleville

Fort Souville

Fort Tavannes

OKTOBER

Fort Choisel

Fort Saint-Michel

Fort Moulainville

Maas

VERDUN

WEITESTER DEUTSCHER VORSTOSS

Fort Chana

Fort Belrupt

Fort Chaume

Fort Sartelles

EISENBAHN, BESCHÄDIGT DURCH DEUTSCHE ARTILLERIE

Fort Regret

Maas

Fort Rozellier

JOFFRE
❷ 2. ARMEE
XXXX

Fort Dugny

Fort Haudainville

Fort Landrecourt

Clermont

LEGENDE

ZU DEN ZIFFERN 1 - 6

1. DEUTSCHER HAUPTANGRIFF 21. BIS 25. FEBRUAR 1916

2. DEUTSCHER ANGRIFF AUF DIE FLANKEN MÄRZ BIS APRIL 1916

3. MONATE DER ZERMÜRBUNG MAI BIS OKTOBER 1916

4. 1. FRANZÖSISCHE GEGENOFFENSIVE 24. OKTOBER 1916

5. 2. FRANZÖSISCHE GEGENOFFENSIVE 15. DEZEMBER 1916

6. 3. FRANZÖSISCHE GEGENOFFENSIVE 20. AUGUST 1917

FRANZÖSISCHE FESTUNG

Avocourt STADT ODER DORF

STRASSE

EISENBAHN

N

2   5 Kilometer

Souilly

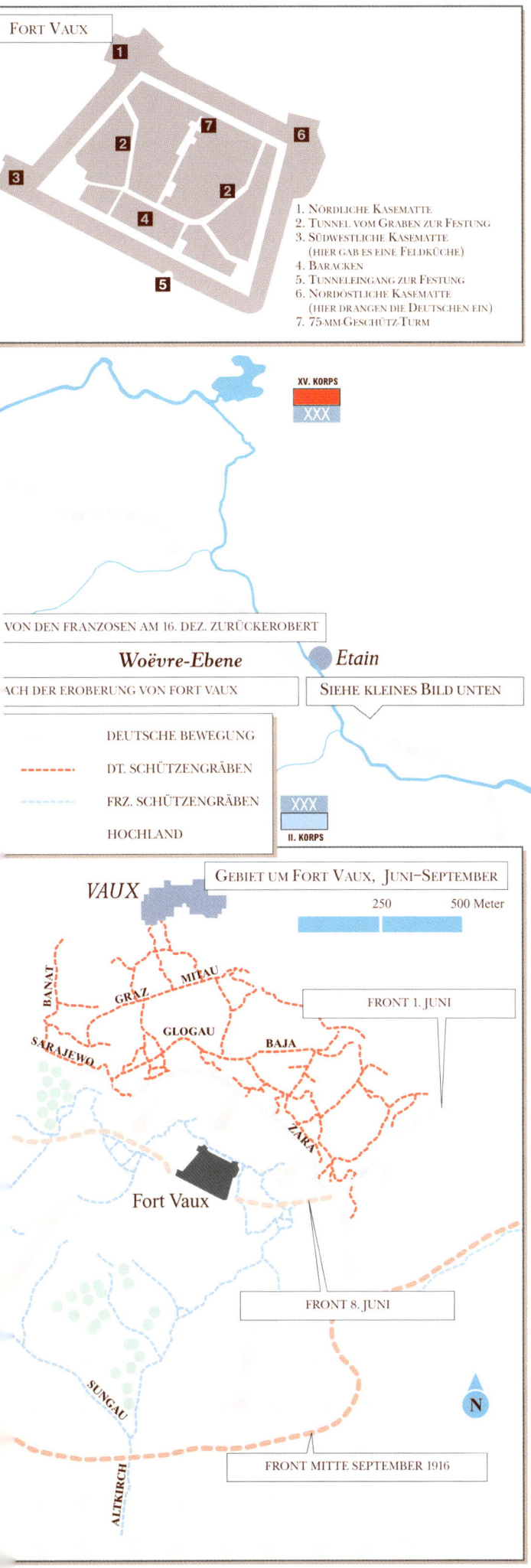

FORT VAUX

1. NÖRDLICHE KASEMATTE
2. TUNNEL VOM GRABEN ZUR FESTUNG
3. SÜDWESTLICHE KASEMATTE
   (HIER GAB ES EINE FELDKÜCHE)
4. BARACKEN
5. TUNNELEINGANG ZUR FESTUNG
6. NORDÖSTLICHE KASEMATTE
   (HIER DRANGEN DIE DEUTSCHEN EIN)
7. 75-MM-GESCHÜTZ-TURM

XV. KORPS
XXX

VON DEN FRANZOSEN AM 16. DEZ. ZURÜCKEROBERT

Woëvre-Ebene

Etain

...ACH DER EROBERUNG VON FORT VAUX

SIEHE KLEINES BILD UNTEN

DEUTSCHE BEWEGUNG
DT. SCHÜTZENGRÄBEN
FRZ. SCHÜTZENGRÄBEN
HOCHLAND

XXX
II. KORPS

VAUX

GEBIET UM FORT VAUX, JUNI–SEPTEMBER

250   500 Meter

BANAT
GRAZ
MITAU
SARAJEWO
GLOGAU
BAJA
ZARA

FRONT 1. JUNI

Fort Vaux

FRONT 8. JUNI

SUNGAU
ALTKIRCH

FRONT MITTE SEPTEMBER 1916

N

finden. Die wichtigen Punkte liegen weit auseinander und die dichten Wälder auf den Schlachtfeldern heute erleichtern die Rekonstruktion des Geschehens kaum. Eine spezielle Karte zum Schlachtfeld, IGN NO 3112 ET mit dem Titel *Forets de Verdun et du Mort Homme, Champs de Bataille de Verdun* wird dem Besucher angeboten. Eine Liste der Fußwege gibt es ebenfalls. Auf dem Schlachtfeld sind mehrere wichtige Einrichtungen öffentlich zugänglich. Dazu zählen die Fleury-Gedenkstätte mit Museum, das Beinhaus, in dem die Gebeine nicht beerdigter Soldaten liegen, Fort Douaumont und Fort Vaux. Andere Punkte wie zerstörte Dörfer, Geschütztürme, Unterstände und Schanzen sind ebenfalls ausgeschildert und sowohl mit dem Auto als auch zu Fuß zu erreichen. Erfrischungsstände und Toiletten sind sehr selten. Einige Bücher, meist auf Französisch, gibt's auch an verschiedenen Stellen. Kurze Filme über die Schlacht werden im Museum und im Beinhaus gezeigt.

Fort Vaux wurde in der Schlacht so stark beschädigt, dass man nur einen kleinen Teil des Inneren besichtigen kann. Die unterirdischen Tunnel und der Hauptgeschützturm sind nicht zugänglich, aber die Besucher können sich den Hauptschießstand und andere Dinge wie eine der Bourges-Kasematten anschauen. Die Aufbauten und der Graben sind begehbar und ein Gang durch einen der nahen Wälder zeigt unzählige Spuren des verheerenden Artilleriebeschusses, unter dem das Fort von Februar bis Dezember 1916 stand.

HINWEISE FÜR BESUCHER

- Touristenzentrum von Verdun, Place de Nation, Tel: +33329861418, fax: +33329842242; e-Mail: verduntourisme@wanadoo.fr; www.verdun-tourisme.com.
- Auskunft über die Öffnungszeiten von Fort Douaumont, Fort Vaux und der Zitadelle erteilt das Touristenzentrum.
- Douaumont-Beinhaus, Tel: +33329845481;
- Fleury-Gedenkstätte und Museum, Tel:33329 843534;
- Bitte beachten Sie, dass obige Stellen zur meisten Zeit des Jahres über Mittag für zwei Stunden schließen.

ZEITTAFEL

2. Juni
04:00 Der deutsche Angriff auf Fort Vaux beginnt.

4. Juni
Major Raynal stellt den Wassermangel im Fort fest; die letzte Brieftaube von Buffet verlässt das Fort.

5. Juni
Ein französischer Entsatzangriff scheitert.

6. Juni
Major Raynal fordert sofortige Hilfe an.

7. Juni
Fort Vaux ergibt sich.

2. November
Die deutschen Truppen räumen Fort Vaux.

3. November
Französische Truppen besetzen Fort Vaux wieder.

SOMME 1916

Von Martin Marix Evans

Die Front an der Somme bildete sich Ende 1914 als Teil einer Schützengrabenlinie von der Nordsee bis an die Schweizer Grenze. Bei Wintereinbruch befestigten beide Seiten ihre Stellungen. Die Deutschen wollten ihren Geländegewinn verteidigen und befestigten strategisch wichtige Positionen wie Höhenrücken und Hügel. Die Alliierten wollten das Gelände zurückerobern und betrachteten ihre Gräben als temporäre Anlagen.

Im Frühling 1916 beschloss der deutsche Oberbefehlshaber Erich v. Falkenhayn die Franzosen entscheidend zu schlagen, indem er eine Stelle angriff, die sie bis zum Letzten verteidigen würden: Verdun. Eine anglo-französische Offensive an der Somme war schon geplant und da die Franzosen nun unter Druck kamen, musste General Sir Douglas Haig die Deutschen angreifen.

Die kleine reguläre britische Armee hatte seit Beginn des Krieges horrende Verluste erlitten. Ein Appell des britischen Kriegsministers Lord Kitchener hatte 2,5 Mio. Freiwillige aktiviert. Diese Leute hatten keinerlei Kriegserfahrung, und als im Frühling die Bataillone von

Kitcheners „New Army" eintrafen, fehlten erfahrene Offiziere und Unteroffiziere. Die Freiwilligeneinheiten wurden nach Heimatorten gegliedert, was zu sehr traurigen Situationen führte, wenn schwere Verluste eine ganze Gemeinde betrafen.

Der Hauptangriff wurde von Generalleutnant Sir Henry Rawlinsons 4. Armee getragen, die aus 16 Divisionen (500.000 Mann) bestand, von denen am ersten Tage elf zum Einsatz kamen. Davon waren drei Divisionen regulär, drei teils regulär, teils Reservisten und fünf Divisionen aus der „New Army". Zur Linken der 4. Armee sollte die 3. Armee unter Generalleutant Sir Edmund Allenby einen Scheinangriff bei Gommecourt starten; am rechten Flügel sollte die 6. französische Armee unter General Émile Fayolle über die Somme angreifen.

Der Aufmarsch verlief unter größter Geheimhaltung, obwohl z. B. die Artillerie Hunderte von Geschützen zusammenzog. Die Briten mobilisierten 808 18-Pfünder, 202 11,5-cm-Haubitzen, 182 schwere Kanonen, 245 schwere Haubitzen, 28 schwere Mörser und 288 mittlere Grabenmörser. Die Franzosen steuerten 16 220-mm-Haubitzen, 24 120-mm-Geschütze und 60 75-mm-Feldkanonen bei. Britische Flugzeuge verhinderten jede deutsche Luftaufklärung und vieles wurde nachts abgewickelt. Trotzdem blieben die alliierten Vorbereitungen den Deutschen nicht völlig verborgen, die ihre Verteidigungsstellungen ausbauten.

OBEN *In der Neufundland-Gedenkstätte Beaumont Hamel verlaufen die Gräben der Alliierten in der Nähe von Y Ravine parallel zu denen der Deutschen und sind vom Gras überwachsen, sonst aber unverändert.*

DER ERSTE TAG – 1. JULI 1916

Laut Plan sollten die deutschen Stellungen vor dem Angriff so weit wie möglich zerstört werden. Die Artillerie eröffnete am 24. Juni um 6:00 Uhr das Feuer und bis zum 1. Juli wurde jeder Meter der Front mit 71 Granaten eingedeckt. Berichte über den Erfolg sind widersprüchlich; an manchen Stellen sollen die Stacheldrahtverhaue zerstört, an anderen intakt geblieben sein; insgesamt deuteten die brennenden deutschen Einrichtungen und die zerstörten Gräben auf ein zufriedenstellendes Ergebnis hin. Am 1. Juli um 6:00 Uhr stiegen die Männer aus den britischen Gräben, legten sich hin und warteten auf den Befehl zum Vorgehen, während Granaten die deutschen Linien eindeckten. Kurz vor 7:30 Uhr explodierten zehn britische Minen unter den deutschen Stellungen und dann gingen die Briten vor. Das Sperrfeuer verlagerte sich nach vorne auf die zweite deutsche Linie.

Am Nordflügel der 3. Armee lag die 31. Division mit dem 12. York-and-Lancaster-Regiment links, dem 11. East-Lancashire-Regiment im Zentrum und dem 15. West-Yorkshire-Regiment rechts, den sog. Pal-Regimentern aus Sheffield, Accrington und Leeds. Um 7:20 Uhr stiegen sie über ihre Drahtverhaue und legten sich im Niemandsland hin. 10 Minuten später standen sie auf und stürmten vorwärts. Da kamen die Deutschen aus ihren tiefen Unterständen und eröffneten mit Maschinengewehren das Feuer. Wenige der Pals kamen weiter als 100 m, bevor sie fielen. Einige der Accrington-Leute kamen bis nach Serre, wo sie fielen oder gefangen genommen wurden. Die Pals aus Barnslay und Bradford wollten helfen, erlitten aber das gleiche Schicksal, da die vorher ausgerichtete deutsche Artillerie das Niemandsland in eine Hölle aus Granatfeuer verwandelte. Kitcheners „New Army" und die Städte, aus denen die Leute kamen, litten furchtbar.

Westlich von Beaumont Hamel hatten die Deutschen den Höhenzug massiv befestigt. Die Briten nannten diesen Punkt die Hawthorn-Schanze, hatten ihn untertunnelt und mit 18 t Sprengstoff unterlegt. Um 7:20 Uhr wurde die Ladung gezündet und das Artilleriefeuer vorverlegt, damit die 2. Füsiliere ungehindert vorrücken konnten, um die Stellung einzunehmen. Mit dem Stopp des Artilleriebeschusses taten die Deutschen das Gleiche und feuerten mit ihren Maschinengewehren in die Angreifer. Die 1. Lancashire-Füsiliere schafften es nicht weiter als 50 m vor die „Sunken Lane" auf der Nordseite der Neu-Beaumont-Straße. Etwas weiter südlich konnten die Deutschen durch Y Ravine ungesehen zum Hawthorn-Kamm vorstoßen, wo die 1. Inniskilling-Füsiliere und die 2. South Wales Borderer durch unzerstörten Stacheldraht gestoppt wurden. Um 8:05 Uhr versuchten die 1. King's Own Scottish Borders und das 1. Border Regiment auch einen Angriff, wurden aber niedergemäht. Die 1. Neufundländer wollten ihren Kameraden zu Hilfe kommen, verließen ihre Gräben und stürzten sich, von ihren Verwundeten behindert, durch die engen Öffnungen im Stacheldraht. 1914 bestand ein Infanterie-Bataillon aus ca. 1000 Mann. Die Neufundländer griffen mit 801 Mann an und verloren dabei 733.

Weiter im Südosten rückte auf der anderen Seite des sumpfigen Tales der Ancre die 36. (Ulster) Division von der Nordostecke des Thiepval-Waldes vor und kam wegen der zerstörten Drahtverhaue durch die deutsche Front in die Schwabenschanze und brach in die Gräben ein. In einer Stunde kamen sie fast eine Meile vorwärts. Weiter im Süden, wo die Leipziger Schanze nördlich des Waldes von Authille hervorragte, hatte sich die 17. leichte Highland-Infanterie vor ihrem Angriff so nahe an die deutschen Linien herangerobbt, dass ihr Sturm die Verteidiger in ihren Stellungen überraschte. An anderen Stellen stockte der Vormarsch. Im Norden, in der Nähe des Flusses, stoppte Feuer von der St.-Pierre-Division die Iren. Westlich von Thiepval wurden die Reste der 16. Northumberland- und 15. Lancashire-Füsiliere im Niemandsland durch Maschinengewehrfeuer niedergemäht; Versuche der 32. Division, ihnen zu helfen, scheiterten; man musste sich in den Wald zurückziehen. Der tiefe, schmale Einbruch in die deutschen Linien der Ulster Division konnte nicht gehal-

DIE WICHTIGSTEN KONTRAHENTEN

AUF DEUTSCHER SEITE
General Erich von Falkenhayn (Deutscher Oberkommandierender)

DIE ALLIIERTEN
General Sir Douglas Haig
Generalleutnant Sir Henry Rawlinson (4. Armee)

Generalleutnant Sir Edward Allenby (3. Armee)
General Émile Fayolle, (Franz. 6. Armee)
Generalleutnant Walter N. Congreve, VC (Kommandeur des XIII. Korps)

General Erich von Falkenhayn *General Sir Douglas Haig*

ten werden, schlimmer noch: nachdem sie so weit gekommen waren, gerieten sie ins eigene Artilleriefeuer, weil die britischen Beobachter sie nicht sehen konnten.

Auf der römischen Straße hinauf zum Kamm zwischen Albert und Bapaume ereignete sich ein weiterer heldenhafter Fehlschlag. Die Tyneside-Schotten und Iren der 34. Division griffen sofort nach Zündung von zwei Minen – eine nördlich, die andere südlich von La Boiselle – an. Innerhalb von 10 Minuten waren 80 % der vorderen Bataillone tot oder verwundet. Bis Tagesende hatte man einen kleinen Geländegewinn am rechten Flügel erzielt und dies mit dem Verlust von 6392 Mann, davon 1927 Toten bezahlt.

Lediglich am äußersten rechten Flügel, wo das XIII. Korps neben der französischen 39. Division lag, war der Tag erfolgreich. Die 30. Division mit den Liverpool- und Manchester-Pals an der Spitze erreichte ihre Ziele und nahm Montauban ein, wovon die 18. Division zu ihrer Linken profitierte, obwohl sie nicht so schnell vorankam. Vor Mametz hatte die 7. Division große Probleme, konnte das Dorf aber bis 15:00 Uhr einnehmen. Fünf Kilometer der deutschen Front waren in englischer Hand, weitere fünf hatten die Franzosen erobert. Der Kommandeur des XIII. Korps, Generalleutnant Walter N. Congreve VC, bat Rawlinson um Erlaubnis, die Kavallerie in das offene Land vor ihm schicken zu dürfen, was abgelehnt wurde.

Die Schlacht an der Somme dauerte bis November und Beaumont Hamel konnte von den Briten erobert werden. Was als Entlastungsoffensive für die bei Verdun bedrängten Franzosen begonnen hatte, wurde zu einer langen, blutigen Abnutzungsschlacht. Am 2. Juli stellte von Falkenhayn die Offensive bei Verdun ein und verlegte Menschen und Material an die Somme. Es dauerte noch einige Zeit, bis die Befehlshaber merkten, wann sie aufhören hatten.

OBEN *Ein Trümmerhaufen ist alles, was von Mametz nach seiner Einnahme am 1. Juli übrig war.*

DAS MASCHINENGEWEHR VON MAMETZ

Am 8. Dezember 1914 schrieb Marcel Riser, ein Sanitäter im 329. französischen Infanterieregiment an seinen Vater Albert. Er entschuldigte sich für die spärlichen Briefe damit, dass sein Regiment vor seiner Beförderung an der Marne gekämpft hatte und schließlich an die Somme verlegt wurde. Er schrieb:

„An der Somme lagen wir drei Wochen lang ständig im Kampf. Die ganze 53. Division wurde auf Lastwagen nach Compiègne gebracht. Wir marschierten zum Abschnitt Albert-Fricourt-Mametz. 14 Tage lang saßen wir ständig in den Schützengräben. Das Essen war kalt, weil die Küche bei Meault, d. h. 4 km hinter uns lag. Wir hatten Regen und Nebel, weniger wohl wegen der Jahreszeit als wegen der Sümpfe der Somme in der Nähe. Wir griffen zweimal das Dorf Mametz an und trafen zweimal auf harten Widerstand. Der Unterstand am Friedhof, den wir vernichtet wähnten, war von deutschen Maschinengewehrschützen besetzt. Die Telefonleitungen waren unterbrochen und der Angriff der 7. blieb aus. Granaten und Schrapnells explodierten auf dem flachen Zugang zum Unterstand ..."

(Historial de la Grande Guerre, Péronne, Somme, #22553)

Als der Winter einsetzte, war die einzige Erleichterung für Riser die Ernennung zum Sanitäter, die verbesserte Unterkunft bedeutete. Trotzdem bat er um warme Kleider.

1916, als die Briten die Vorbereitungen für ihre als „Big Push" bezeichnete Offensive trafen, durfte Captain D. L. Martin vom 9. Devonshire Regiment, einer Einheit der „New Army", Fronturlaub nehmen. Er hatte die Karte des Frontabschnitts mitgenommen, in dem seine Leute bei Mametz angreifen sollten. Zu Hause fertigte er ein Plastilin-Modell von der Front an und kam zu dem Schluss, dass das Maschinengewehr-Nest am Friedhof hinter den deutschen Schützengräben sie erheblich dezimieren würde, sobald sie an Mansel Copse vorbei den Hang herunterkämen.

Am Morgen des 1. Juli führte Martin seine Devonshires wie befohlen den Hang ins sinnigerweise Vallée Martin genannte Tal hinunter. Sein Hinweis auf die Gefahr blieb unbeachtet und niemand wusste von den Erfahrungen, die das 329. französische Infanterie-Regiment hier gemacht hatte. Das Maschinengewehr eröffnete tatsächlich aus einer Entfernung von rund 365 Metern das Feuer. Captain Martin fiel mit vielen anderen. Der Angriff schlug fehl.

OPFER UND VERLUSTE

ALLIIERTE		DEUTSCHE VERLUSTE
Britische Verluste am 1. Juli		**(GESCHÄTZT)**
Tote	19.240	
Verwundete	35.493	} 5800 (tot, verwun-
Vermisste	2.152	det, vermisst)
Gefangene	585	2200
Gesamt	57.470	8000
Gesamt 1. 7.–18. 11.	419.654	419.989
Französische Verluste		
(gesamt)	204.253	

DAS SCHLACHTFELD HEUTE

Falls man keine Zeit für einen privaten Besuch des Schlachtfeldes hat, versorgt einen der Neufundland-Gedächtnispark, der Ulster-Turm und das Thiepval Besucher-Zentrum mit Informationen und Gelegenheiten, sich das Gelände anzusehen, welches den Verteidigern so viele Vorteile bot. Von den Städten weiter unten kann man auch geführte Halb- und Ganztagstouren unternehmen. Die Gräben, von denen aus die Briten angriffen, und die Stellungen bei Y Ravine kann man im Gedächtnispark ansehen, wo auch ein exzellentes Museum dem Neufundland-Regiment gewidmet ist. Hier werden Touren auf Englisch und Französisch angeboten. In der friedvollen Landschaft kann man sich den Schrecken der Schlacht kaum vorstellen.

Der Ulster-Turm nahe dem Dorf Thiepval wurde neben der Schwaben-Schanze errichtet, welche jetzt Eigentum der Somme-Association ist. Als dieses Buch entstand, war die Schanze noch nicht zu besichtigen.

Vom Turm herab kann man im Frühling und nach der Ernte auf den Anhöhen beim Neufundlandpark die Kreidewände der Schützengräben von 1916 erkennen.

In Thiepval steht das große Denkmal von Lutyens, welches an die mehr als 73.000 namenlosen Gefallenen erinnert. 2004 wurde ein neues Besucherzentrum neben der Gedenkstätte eröffnet, welches über die gesamte Schlacht an der Somme Auskunft gibt und insbesondere die Geschichte von Thiepval behandelt.

Thiepval erreicht man über Pozières, wo ein deutscher Kommandostand namens Gibraltar jetzt für Besucher geöffnet ist. Von einer Aussichtsplattform daneben hat man einen exzellenten Blick über die Laufgräben zu dieser Schlüsselposition auf dem Kamm. Man erreicht das Gebiet auch von Albert her, wo das Museum über die Somme 1916 einen guten Einblick in das Leben im Schützengraben und die Kriegsführung liefert. All diese Einrichtungen gehören zu einer größeren Anlage, dem sog. „Circuit de Remembrance", welche man anhand der mit einer Mohnblume markierten Wegweiser abfahren kann. Die Route beginnt in Albert und endet in Péronne, beides Orte, in denen man gut bleiben kann. Im alten Schloss von Péronne befindet sich auch ein großartiges Museum „De la Grande Guerre", welches man nicht auslassen sollte. Man sollte es am besten aufsuchen, bevor man zu den Schlachtfeldern fährt; mit dem vermittelten Wissen erlebt man die Tour wesentlich intensiver.

Eine ungewöhnliche Besonderheit ist die Kleinbahn, die die Front mit Nachschub und Munition versorgte. Das Museum des „P'tit Train de la Haute Somme" ist in Froissy südlich von Bray-sur-Somme. Auf der Schmalspurbahn kann man mitfahren.

RECHTS *Die alte Stadt Péronne liegt auf den Invasionsrouten des Napoleonischen sowie des 70er-Krieges. 1916–1918 wurde sie zerstört.*

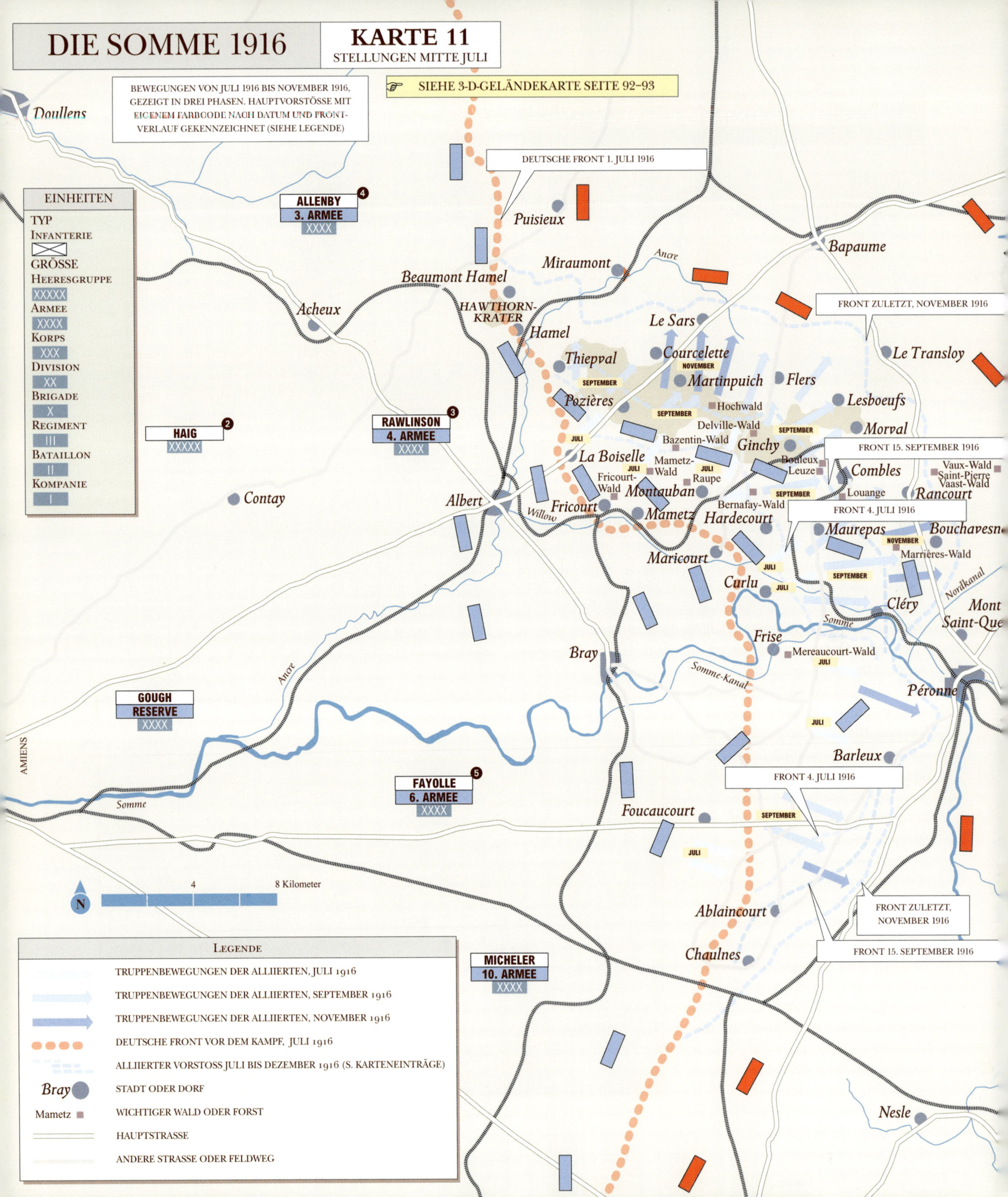

DIE SOMME 1916

KARTE 11
STELLUNGEN MITTE JULI

BEWEGUNGEN VON JULI 1916 BIS NOVEMBER 1916,
GEZEIGT IN DREI PHASEN. HAUPTVORSTÖSSE MIT
EIGENEM FARBCODE NACH DATUM UND FRONT-
VERLAUF GEKENNZEICHNET (SIEHE LEGENDE)

☞ SIEHE 3-D-GELÄNDEKARTE SEITE 92–93

Doullens

DEUTSCHE FRONT 1. JULI 1916

ALLENBY
3. ARMEE
XXXX ④

Puisieux

Miraumont

Ancre

Bapaume

FRONT ZULETZT, NOVEMBER 1916

Beaumont Hamel

Acheux

HAWTHORN-
KRATER

Hamel

Le Sars

Le Transloy

Thiepval

Courcelette

NOVEMBER

SEPTEMBER

Martinpuich

Flers

Pozières

Hochwald

SEPTEMBER

Lesboeufs

HAIG
XXXXX ②

RAWLINSON
4. ARMEE
XXXX ③

Delville-Wald

Morval

JULI

Bazentin-Wald

Ginchy

FRONT 15. SEPTEMBER 1916

La Boiselle

Mametz-
Wald

JULI

Bouleux
Leuze

Combles

Vaux-Wald
Saint-Pierre
Vaast-Wald

Contay

Albert

Willow

Fricourt

Fricourt-
Wald

JULI
Raupe

Montauban

Mametz

Louange

Rancourt

SEPTEMBER

Bernafay-Wald

Hardecourt

FRONT 4. JULI 1916

Maurepas

Bouchavesn

Maricourt

JULI

NOVEMBER

Marrières-Wald

Curlu

JULI

SEPTEMBER

Cléry

Nordkanal

Mont
Saint-Que

Frise

Somme

Bray

Mereaucourt-Wald

JULI

Péronne

Somme-Kanal

JULI

GOUGH
RESERVE
XXXX

Barleux

Ancre

FRONT 4. JULI 1916

AMIENS

FAYOLLE
6. ARMEE
XXXX ⑤

Foucaucourt

SEPTEMBER

Somme

JULI

Ablaincourt

FRONT ZULETZT,
NOVEMBER 1916

MICHELER
10. ARMEE
XXXX

Chaulnes

FRONT 15. SEPTEMBER 1916

Nesle

4   8 Kilometer

N

EINHEITEN

TYP

INFANTERIE

GRÖSSE

HEERESGRUPPE
XXXXX

ARMEE
XXXX

KORPS
XXX

DIVISION
XX

BRIGADE
X

REGIMENT
|||

BATAILLON
||

KOMPANIE
|

LEGENDE

TRUPPENBEWEGUNGEN DER ALLIIERTEN, JULI 1916

TRUPPENBEWEGUNGEN DER ALLIIERTEN, SEPTEMBER 1916

TRUPPENBEWEGUNGEN DER ALLIIERTEN, NOVEMBER 1916

DEUTSCHE FRONT VOR DEM KAMPF, JULI 1916

ALLIIERTER VORSTOSS JULI BIS DEZEMBER 1916 (S. KARTENEINTRÄGE)

Bray ● STADT ODER DORF

Mametz ■ WICHTIGER WALD ODER FORST

HAUPTSTRASSE

ANDERE STRASSE ODER FELDWEG

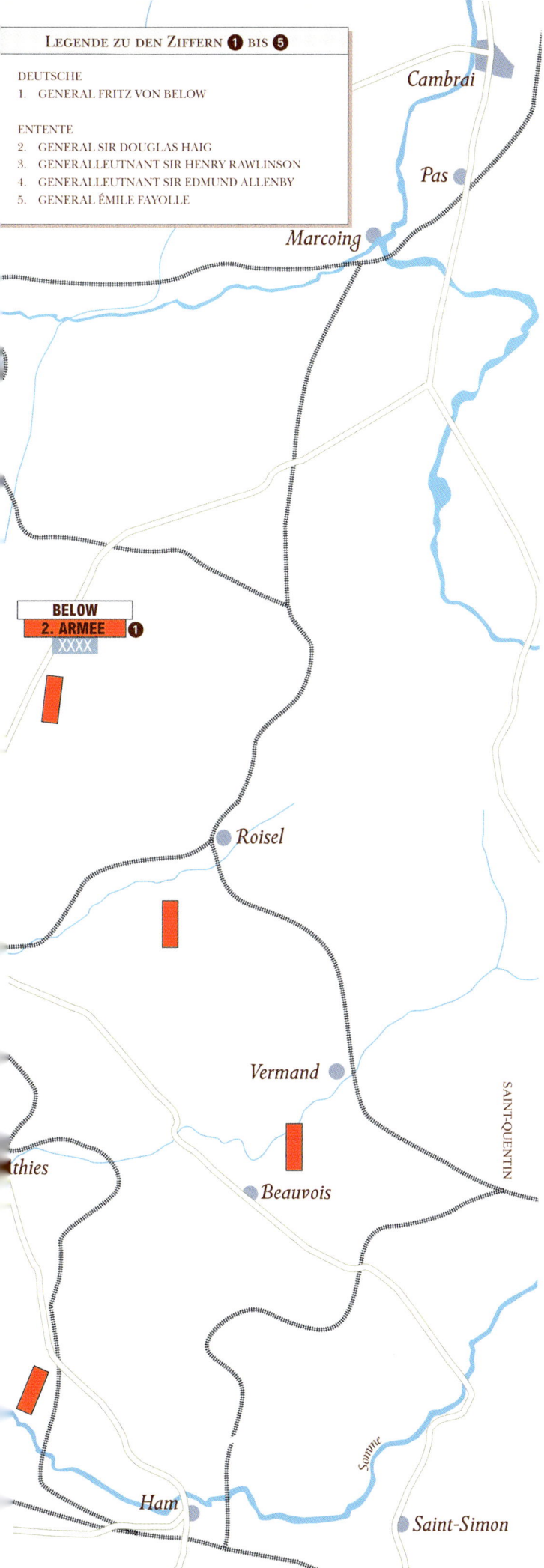

INFORMATIONEN FÜR BESUCHER

- Historial de la Grande Guerre, Péronne: Tel ++33(0)3-22-83-14-18. Fax ++(0)3-22-83-54-18. www.historial.org/us/home/htm
- Le P'tit Train de la Haute Somme Museum: Tel ++33(0)3-22-44-55-40. www.appeva.org
- Neufundland-Gedächtnispark: Tel ++33(0)-22-76-70-86.
- Somme 1916 Museum, Albert: Tel ++33 (0)3-22-75-16-17.
- Thiepval Visitor Centre: Tel ++33 (0)3-22-74-60-47. fax: ++33 (0)3-22-74-65-44.
- Ulster-Turm: Tel ++33 (0)3-22-74-81-11.
- Informationen über die ganze Region kann man beim Somme-Touristenbüro (Tel ++33(0)3-22-71-22-71 und www. somme-touris-me.com) einholen. Über die einzelnen Schlachtfelder informiert www. somme-battlefields.com.

ZEITPLAN

24. Juni	Die Alliierten eröffnen auf 40 km Front das Feuer.
29. Juni	Der alliierte Angriff wird verschoben.
1. Juli	Briten und Franzosen greifen an – die Briten nehmen Fricourt, die Franzosen stoßen weiter vor und nehmen Herbecourt
10. Juli	Die Briten nehmen Contalmaison.
15. Juli	Die südafrikanische Brigade nimmt Delville Wood, muss es aber am 20. Juli wieder aufgeben. Die Briten besetzen für einen Tag High Wood.
20. Juli	Die Briten versuchen High Wood einzunehmen, was aber erst am 15. September gelingt.
23. Juli	Die Australier kämpfen um Pozières; erst am 5. August eingenommen.
28. Juli	Die Briten nehmen Delville Wood wieder ein.
12. August	Die Franzosen erobern die dritte deutsche Grabenlinie von der Somme bis Hardecourt.
28. August	Falkenhayn wird durch Hindenburg ersetzt.
3. September	Die Briten nehmen Guillemont ein.
9. September	Ginchy wird eingenommen.
13. September	Die Franzosen starten einen erfolgreichen Angriff südöstlich von Combles.
15. September	In einer britischen Offensive in Richtung Flers werden erstmals Panzer eingesetzt.
25. September	Die Briten greifen bei Morval an; die Franzosen bei Bouchavesnes.
26. September	Die Briten erobern Thiepval, ein Ziel vom 1. Juli.
28. September	Combles und Morval werden eingenomen.
30. September	Die Höhen von Thiepval werden besetzt außer der Schwabenschanze.
Oktober	Schwerer Regen verwandelt Schlachtfelder in Morast; alliierte Angriffe werden fortgesetzt.
7. Oktober	Die Briten sichern Le Sars, aber der weitere Vormarsch in diesem Sektor stoppt bei Butte de Warlencourt. Butte wird erst am 5. November eingenommen.
13. November	Die Briten greifen bei Beaumont Hamel und entlang des Nordufers der Ancre an. Beaumont Hamel und Beaucourt werden eingenommen.
17./18. November	Schnee über Nacht führt zum Ende der Schlacht.

HAWTHORN-KRATER UND BEAUMONT HAMEL

Nach anfänglichen Terraingewinnen 1914 entwickelte sich der Krieg an der Westfront zu einem bewegungslosen Stellungskrieg mit Patt-Situation. Getrennt durch ödes, durch Granattrichter zerpflügtes Niemandsland lagen die verfeindeten Armeen einander gegenüber, eingegraben in ausgeklügelte und einfallsreiche Grabensysteme, von Stacheldrahtverhauen geschützt und durch Maschinengewehrstellungen gedeckt. Die Deutschen lagen auf den Höhenzügen und blieben während des Krieges meist in der Defensive. Die Offensive von 1916 nördlich der Somme sollte deutsche Kräfte von Verdun abziehen, um dort die Franzosen zu entlasten. Die Somme-Offensive war als „Big Push" (Großer Vorstoß) geplant; der überwältigende Angriff sollte die deutschen Verteidigungsanlagen zertrümmern und den Alliierten den Durchbruch ermöglichen. Die Illustration zeigt einen Frontabschnitt um Beaumont Hamel um 7:30 Uhr, als der britische Angriff begann. Der Ort liegt gleich hinter den deutschen Linien.

① Der Hawthorn-Krater: dieses war der größte von 17 Sprengsätzen, den die Briten am 1. Juli zündeten. Britische Pioniere gruben einen Tunnel unter die deutsche „Hawthorn"- Schanze am Hawthorn-Kamm. Der Tunnel wurde mit 18 t Sprengstoff beschickt. Seine Detonation riss einen Krater von 24 m Tiefe und 137 x 92 m Breite. Die 2. Füsiliere und das Middlesex-Regiment sollten mit Unterstützung der Dublin-Füsiliere den Hawthorn-Kamm einnehmen.

② Niemandsland: Die unbesetzte Zone zwischen den feindlichen Armeen variierte je nach Frontabschnitt erheblich in ihrer Breite. An manchen Stellen lagen die Gegner nur einige hundert Meter auseinander; hier betrug ihr Abstand rd. 500 Meter.

③ Das Trommelfeuer: Vor dem Angriff belegte die Artillerie die deutschen Stellungen acht Tage lang mit Trommelfeuer aus geschützten Stellungen. Die Alliierten hielten diesen Beschuss für angetan, die deutschen Anlagen „aufzuweichen" und die Drahtverhaue vor den Gräben zu zerstören. In Wirklichkeit wurde dies nur teilweise erreicht, dagegen das Gelände so aufgewühlt, dass die Angreifer kaum ihre Ziele fanden.

④ Beaumont Hamel

⑤ Die neue Beaumont-Straße

⑥ „The Sunken Lane" (Hohlweg)

⑦ Y Ravine

⑧ Die vorderen Gräben: Hier stiegen die Inniskilling-Füsiliere, die South-Wales-Border-Füsiliere, die Lancashire-Füsiliere und andere Regimenter aus den Gräben zum Angriff auf die deutschen Linien.

⑨ Verbindungsgräben: Diese Zick-Zack-Gräben erlaubten das Heranführen von Verstärkung und Material sowie den Rücktransport von Verwundeten und gegebenenfalls eine Räumung.

⑩ Drahtverhaue: Die Grabensysteme beider Seiten wurden durch aufwendige Drahtverhaue aus Stacheldraht geschützt. Meistens konnte das Trommelfeuer die deutschen Verhaue nicht zerstören, womit die Alliierten jedoch gerechnet hatten.

⑪ Der St.-Johns-Weg: Das Neufundland-Regiment startete aus diesem Versorgungsgraben 230 m hinter den britischen Linien seinen Angriff. Nach einer halben Stunde war das Regiment durch das deutsche Abwehrfeuer fast völlig vernichtet.

⑫ Die deutschen Gräben: Aufwendige Systeme aus Unterständen und Bunkern schützten die deutschen

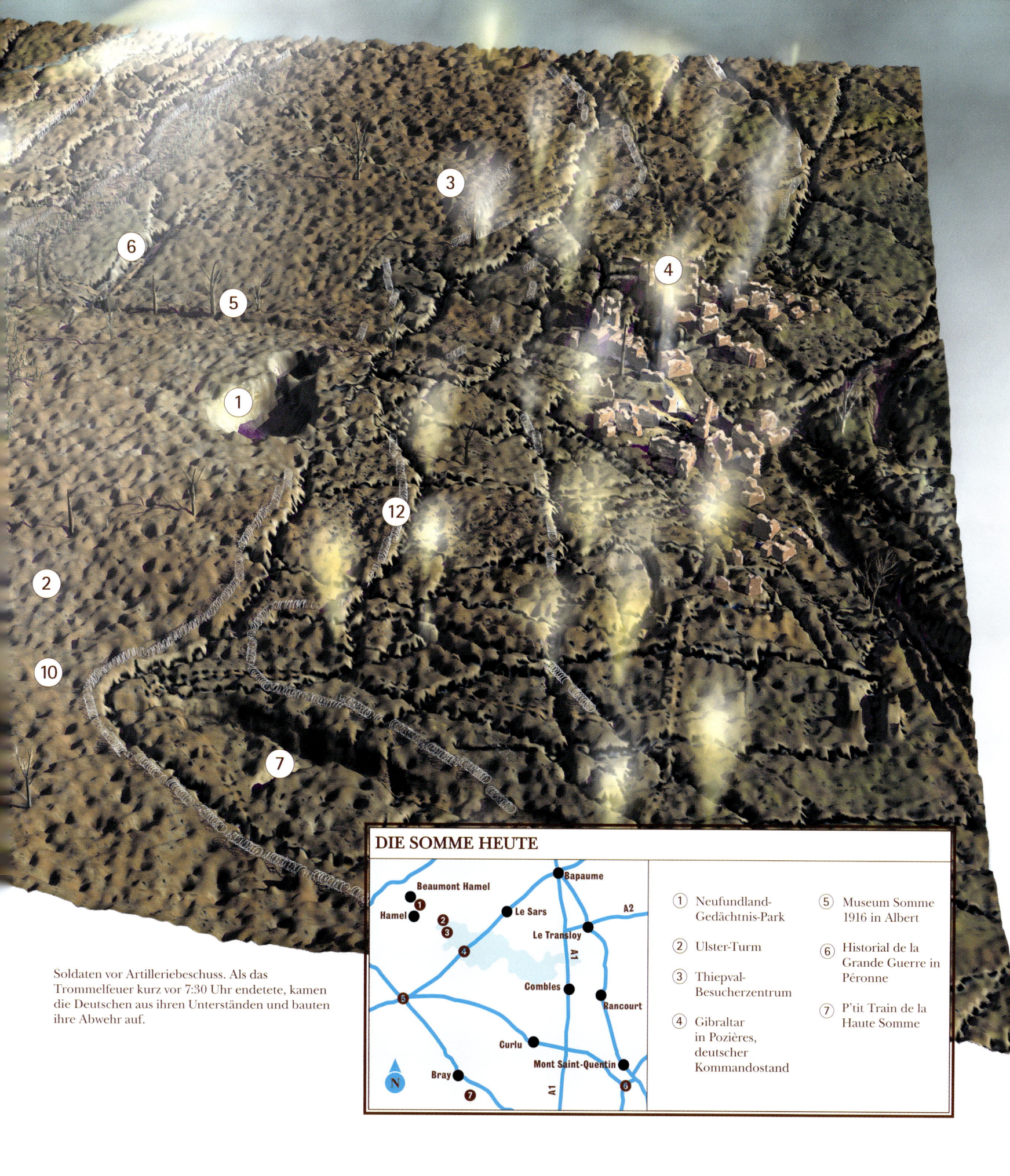

Soldaten vor Artilleriebeschuss. Als das Trommelfeuer kurz vor 7:30 Uhr endetete, kamen die Deutschen aus ihren Unterständen und bauten ihre Abwehr auf.

DIE SOMME HEUTE

Beaumont Hamel
Bapaume
Hamel
① ②
③
Le Sars
A2
④
Le Transloy
A1
⑤
Combles
Rancourt
Curlu
Mont Saint-Quentin
N
Bray
⑦
A1
⑥

① Neufundland-Gedächtnis-Park

② Ulster-Turm

③ Thiepval-Besucherzentrum

④ Gibraltar in Pozières, deutscher Kommandostand

⑤ Museum Somme 1916 in Albert

⑥ Historial de la Grande Guerre in Péronne

⑦ P'tit Train de la Haute Somme

DIE VIMY-HÖHEN 1917

Von Martin Marix Evans

Nach den Schlachten von Verdun und an der Somme wurde General Erich v. Falkenhayn gegen Feldmarschall Paul v. Hindenburg und dessen Stabschef General Erich Ludendorff, die Helden der Ostfront, ausgetauscht. Im Interesse ihrer Pläne im Osten wollten sie im Westen eine Defensivtaktik anwenden und zogen sich im Rahmen der Operation Alberich in neue Stellungen zurück, die die Briten Hindenburg-Linie nannten. Eine neue Verteidigungstaktik wurde eingeführt, welche die sture Frontabwehr zugunsten einer flexibleren Verteidigung in der Tiefe ablöste. Am 21. Februar 1917 zogen sich die Deutschen zurück und ließen geplünderte, verbrannte und gesprengte Ortschaften zurück, die obendrein mit Minen und Sprengstoff-Fallen durchsetzt waren. Am 19. März war der von den Alliierten fast ungestörte Rückzug abgeschlossen. Die Alliierten hatten neue Offensiven für 1917 geplant und mussten nun umdenken. Der jetzige

französische Befehlshaber, General Robert Nivelle, schlug einen massiven Angriff durch die Höhen nördlich der Aisne vor, auf denen eine alte Straße mit dem klingenden Namen „Chemin des Dames" verlief. Die Briten sollten mit ihren Dominion-Truppen bei Arras die Vimy-Höhen und die neue deutsche Linie („Wotan-Stellung") zwischen Drocourt und Quéant entlang der Scarpe angreifen. Am 9. April, am Ostermontag sollten sie angreifen, die Franzosen eine Woche später.

DIE KANADIER AN DEN VIMY-HÖHEN

Nördlich von Arras liegt einer der markantesten Geländepunkte der ganzen Westfront, der 14,5 km lange Vimy-Kamm, der in west-östlicher Richtung verläuft und Lens im Westen und die Douai-Ebene im Osten überschaut. Die Höhen 145 und 135, zwei Hügel, die nach ihrer Höhe in Metern benannt wurden, überragen im Norden bzw. ca. 3 km südwestlich davon das Gebiet. Zwischen ihnen liegt der Hof La Folie und am nordöstlichen Ende der Kette der letzte Hügel namens „der Pickel".

Das kanadische Korps unter Generalleutnant Sir Julian Byng erhielt den Befehl, diese Höhen zu nehmen. Das Korps bestand aus vier Divisionen mit je 21.000 Mann, die damit stärker als die britischen waren, die nur aus 15.000 Mann bestanden. Sie hatten diesen Frontabschnitt im Oktober 1916 übernommen und seit Januar immer häu-

OBEN *Heute wachsen auf den Granattrichtern aus dem Ersten Weltkrieg Bäume. Ein Park umgibt die kanadische Gedenkstätte von Vimy, welche den Ort der Schlacht markiert. Sie erinnert nicht nur an die im Kampf um diesen Ort Gefallenen, sondern an alle kanadischen Soldaten, die in diesem Krieg ihr Leben verloren. Die Schützengräben beider Seiten und die kanadischen Tunnel sind erhalten.*

Linie von Lens nach Süden und zahllose zusätzliche Befestigungen verstärkten die deutsche Stellung.

Die erste und die zweite Linie waren das kanadische Angriffsziel aber die zusätzliche Tiefe im Süden erforderte zwei zusätzliche Stufen im Plan. Die Frontinie wurde zur schwarzen Linie, die zweite zur roten. Die zusätzlichen Ziele im Süden waren die braune und die blaue Linie. Die aufgebotene Artillerie für das zweiwöchige Trommelfeuer vor dem Angriff bestritten dreimal so viele schwere Geschütze wie an der Somme – auf je 18 Frontmeter kam ein Geschütz –, die Feldgeschütze wurden in doppelter Dichte eingesetzt, d. h. für alle neun Meter eins. Ein neuer Zünder kam bei den Granaten zum Einsatz, der für das Explodieren über dem Boden sorgten und damit, anders als an der Somme, die Zerstörung der Drahtverhaue gewährleisten sollten. Nachschubwege auf Schiene und Bohlen wurden erstellt, die Telefonleitungen tief eingegraben. Das eindrucksvollste waren elf Tunnel von insgesamt 6.5 km Länge in 7,5 m Tiefe unter der Oberfläche. Seitenkammern bildeten Stabsquartiere, Munitionslager und Erste-Hilfe-Stationen, während ältere Keller ganze Bataillone aufnehmen konnten.

Die Soldaten wurden ebenso gründlich vorbereitet. Die gesamte Aktivität zeugte selbst für den oberflächlichsten Beobachter von einer bevorstehenden Offensive, weshalb Geheimhaltung nur über den Zeitpunkt des Angriffs eine Rolle spielte. Dadurch konnte man die Soldaten gründlich vorbereiten und Proben abhalten.

Am 20. März setzte das Trommelfeuer aus der Hälfte der Geschütze ein. Am 2. April steigerte sich das Feuer und zerstörte gezielt die Ortschaften Thélus, Farbus und Givenchy. Die deutschen Gräben wurden radikal zerschossen, sodass Fouriere, die zuvor in einer Viertelstunde mit dem Essen den Unterstand erreichten, nun sechs Stunden brauchten, wenn sie überhaupt ankamen. Kaltes oder überhaupt kein Essen verschärfte für die Deutschen diese Woche des Elends. In

DIE WICHTIGSTEN KONTRAHENTEN

DIE DEUTSCHEN	DIE ALLIIERTEN
Feldmarschall Paul von Hindenburg (Oberbefehlshaber)	General Robert Nivelle (Franz. Befehlshaber)
Generalstabschef General Erich Ludendorff	Generalleutnant Sir Julian Byng (Kanadisches Korps)

Feldmarschall Paul von Hindenburg

Generalleutnant Sir Julian Byng (Kanadisches Korps)

figer überfallartige Angriffe auf die deutschen Linien durchgeführt. Während der letzten 14 Tage vor der Offensive hatte dies zwar 1400 Mann Verluste gekostet, aber wertvolle Erkenntnisse über die deutschen Verteidigungsanlagen geliefert. Die Front enthielt viel Stacheldraht mit eingestreuten Maschinengewehrnestern, tiefen Unterständen und Tunneln; die Fronttiefe betrug 550 m. Die zweite Grabenlinie erstreckte sich nach Südwesten und wurde nach Norden hin schmaler, weil der Höhenzug keilförmig verläuft. Eine dazwischenliegende Grabenlinie glich dies aus. Hinter dem Höhenzug verlief eine dritte deutsche

RECHTS *Kanadische Soldaten graben ein Maschinengewehr-Nest zur Konsolidierung ihrer Stellung auf den Vimy-Höhen.*

den Wolken darüber suchte das britische Fliegerkorps nach deutschen Geschützstellungen zur Leitung des eigenen Feuers. Es wurde kälter und Frost verhärtete den Boden. Am Abend des Ostersonntages standen 15.000 Mann für die erste Angriffswelle bereit.

SCHLACHT AN DEN VIMY-HÖHEN, 9. APRIL

Um 4:00 Uhr standen die Angreifer in ihren Startlöchern. Einige waren aus den Tunneln gekommen und verbargen sich in den Granattrichtern des Niemandslandes, einige lagen in den Lücken der eigenen Verhaue, um sich an die feindliche Linie heranzurobben. Mit der Dämmerung schickte ein kalter Nordwestwind Schnee- und Graupelschauer und verlängerte so die Dunkelheit. Um 5:30 Uhr eröffneten fast 1000 Mörser und Kanonen und 150 Maschinengewehre das Feuer auf einen Abschnitt von 360 m Breite vor den Kanadiern. Ziele waren die deutschen Anlagen und die Artillerie; Signalraketen zur Aktivierung dieser Artillerie für ein Sperrfeuer brachten keine Entlastung.

Nichts unterschied diesen Morgen hinsichtlich Schrecken und Leid von den vorangegangen, nur dass so viele Deutsche noch in ihren Unterständen saßen, als die Kanadier in ihre Gräben einbrachen. Die Angreifer rutschten und stolperten durch das zerwühlte Gelände, blieben jedoch längere Zeit von Abwehrfeuer verschont. Die Panzer der 1. Division mit Veteranen von 1916 und ungepanzerte Übungsfahrzeuge brachen durch die gefrorene Oberfläche in den Schlamm ein und fielen zurück. Immerhin hatte die 1. und 2. Division ihre Ziele auf der schwarzen Linie erobert und die 3. schaffte dies zehn Minuten später. Erbittert kämpfende Maschinengewehrnester mussten in Einzelaktionen ausgeschaltet werden, was in zwei Fällen zur posthumen Verleihung des Viktoria-Kreuzes führte. Nach einer Kaffeepause wurde der Vormarsch um 6:45 Uhr fortgesetzt.

Vor der Höhe 145 war die 4. Division nicht so erfolgreich. Hier konnten die Vorbereitungen besser als anderswo eingesehen werden und waren deshalb aufwendiger. Sechs unterirdische Gänge waren gegraben worden, von denen aus die Leute nur 150 m vor den Deutschen Aufstellung bezogen. Am Nordende hatte man einen Teil der deutschen Gräben vom Beschuss ausgenommen, weil er den

OBEN *Kanadische Truppen simulieren für den Fotografen einen Angriff aus dem Graben. Dies ist fast sicher eine der vielen Aufnahmen aus der Ausbildungszeit, die den Angehörigen zu Hause zeigen sollte, was ihre Jungs zu leisten hatten.*

OBEN *Die restaurierten Schützengräben sind sauberer und beständiger als die Schlammlöcher von 1917, aber die Vorstellung lässt die Vimy-Höhen von damals vor dem geistigen Auge wieder erstehen.*

men werden. Die Vimy-Höhen gehörten den Kanadiern.

Der „Pickel" wurde bei Schneetreiben um 5:00 Uhr morgens am 12. April angegriffen. Wieder gelang ein Überraschungsangriff, aber am linken Flügel musste erbitterter Widerstand gebrochen werden. Er konnte jedoch nicht verhindern, dass der „Pickel" bei Tagesanbruch in kanadischer Hand war.

Am 13. April rückten die Kanadier zur Bahnlinie Lens-Arras vor und am 14. April marschierte die 1. Armee mit den Kanadiern weitere 1000 m vor, während sich die Deutschen in neue Stellungen zurückzogen.

Die Kanadier verloren in den 6 Tagen vom 9. bis zum 14. April 10.602 Mann, davon 3598 Tote und 7004 Verwundete. Sie rückten 4,1 km weit vor, eroberten 54 Geschütze, 104 Mörser und 124 Maschinengewehre und machten 4000 Gefangene. Die deutschen Verluste dieser Tage sind nicht dokumentiert.

Kanadiern zum späteren Halten der eroberten Stellung wichtig schien. Von hier feuerten deutsche Maschinengewehre in die Angreifer. Der langsame Vormarsch erlaubte es den Verteidigern, die zweite Linie zu besetzen. Es war schon dunkel, als Handgranaten, Stokes-Mörser und Maschinengewehre den Kanadiern auch diese Stellung öffneten.

Am 10. April hatte die 1. Division bei ihrem neuen Angriff den Wind im Rücken, der den Bayern in der Zwischenstellung den Schnee ins Gesicht blies. Als die Bayern die Kanadier sahen, waren sie fast zum Greifen nahe. Links von ihnen kam die 2. Division fast ebenso rasch voran und erreichte um 8:00 Uhr die rote Linie. Die 3. Division kam um 7:30 Uhr über den Kamm hinaus und erreichte den Waldrand. Bald war das Dorf La Folie auch in ihrer Hand. Auf der linken Flanke geriet sie unter Beschuss von der nicht eingenommenen Höhe 145 aus und musste sich eingraben. Die Tagesziele hatte man jedoch erreicht. Noch vor Dunkelheit fielen der 1. und 2. Division die braune und blaue Linie in die Hand, weil die Deutschen bei aufklarendem Wetter feststellten, dass die Höhe 135 gefallen war, was ihre Position aussichtslos machte.

Am nächsten Tag mussten die Kanadier einen deutschen Versuch abwehren, die Gräben der Höhe 145 zurückzuerobern, aber das Wetter klarte so weit auf, dass der Feind sie vom „Pickel" aus unter Feuer nehmen konnte. Am Abend zuvor hatte der Chef der 12. Brigade Hilfe von der 11. angefordert. Damit konnte die Höhe 145 gesichert werden und die restlichen Ziele am Nachmittag des 11. April eingenom-

DAS SCHLACHTFELD HEUTE

Tausende Besucher rasen auf dem Weg in den Süden von Calais oder Lille aus auf der A1 oder A26 an den Vimy-Höhen vorbei. Dabei dauert ein Besuch nicht lange.

Die Bäume und das Gras haben die Wunden der Erde von 1917 überdeckt. Nur auf der Höhe 145 stehen zwei Türme eines kanadischen Ehrenmals für die Kanadier, die im 1. Weltkrieg ihr Leben riskierten oder verloren. Die Namen von 11.285 Toten – nicht nur von in Vimy Gefallenen – ohne Grabstätte sind in die Wände eingemeißelt. Das Denkaml steht in einem Park, der immer noch von Granattrichtern entstellt ist. Erhaltene Schützengräben kann man sehen und geführte Touren durch die unterirdischen Tunnel werden angeboten. Plätze kann man im „Interpretation Centre" telefonisch bestellen; in der Ferienzeit ist die Reservierung unumgänglich. Das Besucherzentrum selbst liegt 200 m vom Denkmal entfernt und schildert auf einem fünfteiligen Infoschirm nicht nur den Angriff vom 9. April 1917, sondern den gesamten Einsatz der Kanadier im Ersten Weltkrieg. Dazu gehört auch eine multimediale audiovisuelle Präsentation.

Die Franzosen haben an dieser Front seit den ersten Kriegsmonaten gekämpft; die Schlacht von Lorette dauerte von Oktober 1914 bis Oktober 1915 und forderte 100.000 Opfer. Auf dem nationalen Militärfriedhof von Notre Dame de Lorette nordwestlich der Vimy-Höhen wird ihr Andenken in einem riesigen Friedhof und dem angeschlossenem Beinhaus bewahrt. In der Nähe des Eingangs zum Friedhof steht eine Schautafel, welche den strategischen Wert des

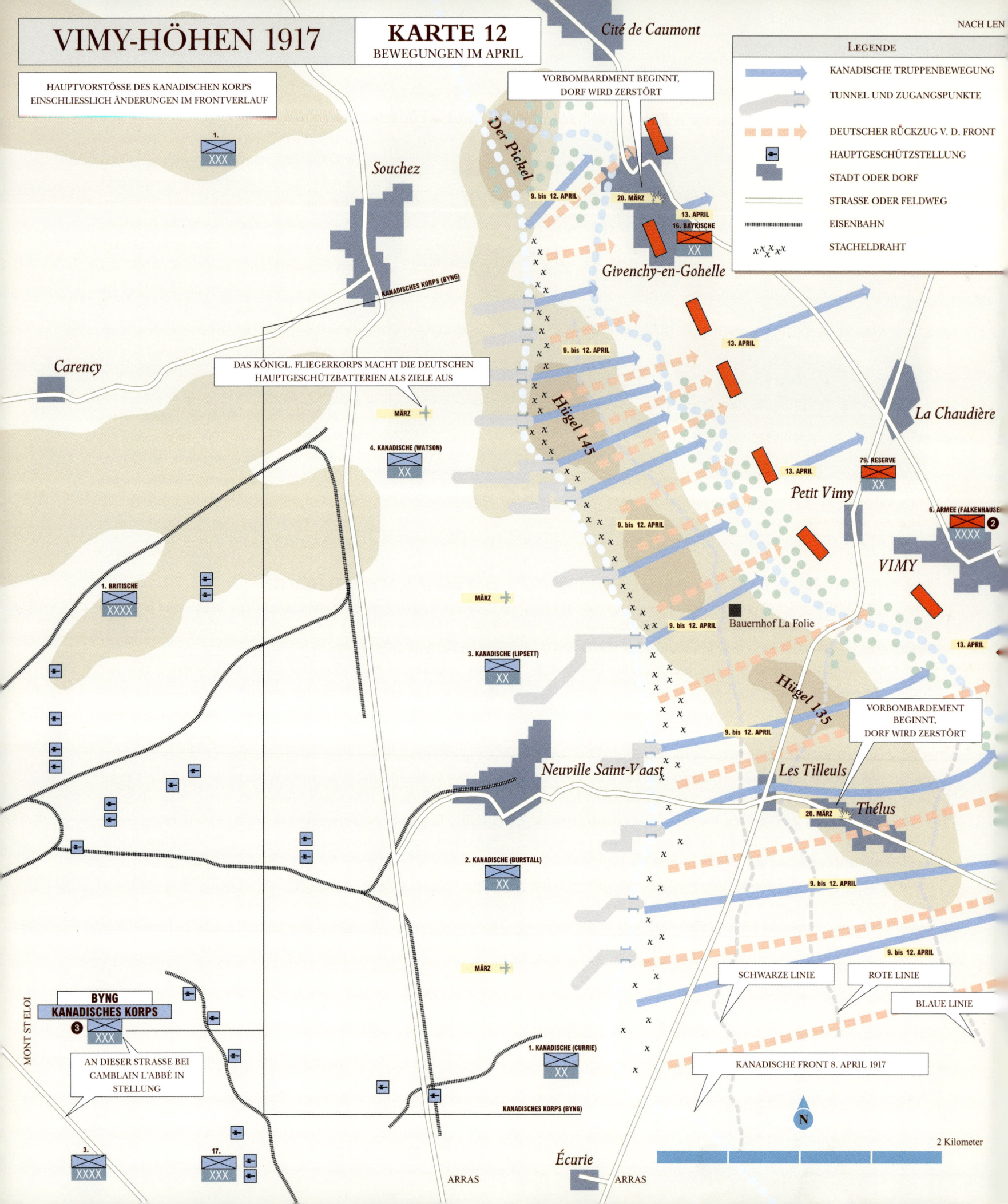

VIMY-HÖHEN 1917

KARTE 12
BEWEGUNGEN IM APRIL

HAUPTVORSTÖSSE DES KANADISCHEN KORPS EINSCHLIESSLICH ÄNDERUNGEN IM FRONTVERLAUF

LEGENDE

→	KANADISCHE TRUPPENBEWEGUNG
	TUNNEL UND ZUGANGSPUNKTE
→	DEUTSCHER RÜCKZUG V. D. FRONT
	HAUPTGESCHÜTZSTELLUNG
	STADT ODER DORF
	STRASSE ODER FELDWEG
	EISENBAHN
x x x x	STACHELDRAHT

Cité de Caumont

VORBOMBARDMENT BEGINNT, DORF WIRD ZERSTÖRT

Der Pickel

Souchez

9. bis 12. APRIL

20. MÄRZ

13. APRIL
16. BAYRISCHE XX

Givenchy-en-Gohelle

KANADISCHES KORPS (BYNG)

Carency

DAS KÖNIGL. FLIEGERKORPS MACHT DIE DEUTSCHEN HAUPTGESCHÜTZBATTERIEN ALS ZIELE AUS

MÄRZ

4. KANADISCHE (WATSON) XX

9. bis 12. APRIL

Hügel 145

La Chaudière

13. APRIL

79. RESERVE XX

Petit Vimy

6. ARMEE (FALKENHAUSEN) XXXX ❷

1. BRITISCHE XXXX

MÄRZ

9. bis 12. APRIL

VIMY

9. bis 12. APRIL

3. KANADISCHE (LIPSETT) XX

Bauernhof La Folie

Hügel 135

13. APRIL

VORBOMBARDEMENT BEGINNT, DORF WIRD ZERSTÖRT

9. bis 12. APRIL

Neuville Saint-Vaast

Les Tilleuls

20. MÄRZ   Thélus

2. KANADISCHE (BURSTALL) XX

9. bis 12. APRIL

MÄRZ

9. bis 12. APRIL

SCHWARZE LINIE

ROTE LINIE

BLAUE LINIE

BYNG
KANADISCHES KORPS
❸ XXX

MONT ST ELOI

AN DIESER STRASSE BEI CAMBLAIN L'ABBÉ IN STELLUNG

1. KANADISCHE (CURRIE) XX

KANADISCHE FRONT 8. APRIL 1917

KANADISCHES KORPS (BYNG)

3. XXXX

17. XXX

Écurie

ARRAS   ARRAS

N

2 Kilometer

Hügels von Notre-Dame-de-Loretto erläutert, ferner ein „Living Museum" für die Jahre 1914 bis 1918.

Arras war den ganzen Krieg über Frontgebiet. Von hier aus kann man die Schlachtfelder Nordfrankreichs gut besuchen. Die mittelalterlichen Gebäude waren alle aus Stein, den man im Boden unter der Stadt fand, was zur Entstehung eines Tunnellabyrinths (Les Bôves) unter der Stadt führte. Dieses nutzte man natürlich zum Bau von Schutzkellern, Krankenstationen, Ämtern und Stabsquartieren aus. Geführte Touren gehen alle vom Touristenzentrum am „Place des Héros" aus.

INFORMATIONEN FÜR BESUCHER

- Interpretive Centre, Canadian National Vimy Memorial:
  Tel: ++ 33 (0)3-21-50-68-68
  www.vac-acc.gc.ca/general/sub.cfm?source=memorials/ww1mem/vimy

Notre-Dame-de-Lorette:

- National Military Cemetery, Tel: ++ 33 (0)3-21-29-30-62
- 1914-1918 Living Museum, Tel: ++ 33 (0)3-21-45-15-80
  Täglich von 9:00 bis 18:00 Uhr geöffnet.
- Arras: Tourist Office, Place des Héros, Tel: ++ 33 (0)3-21-51-26-95

ZEITTAFEL

9. April

04:00   Die Angreifer sind bereit (einige sind aus dem Tunnel in Granattrichter des Niemandslandes gerobbt, andere durch die Lücken der eigenen Drahtverhaue bis in die Nähe der feindlichen Linien).

05.30   Fast tausend Mörser und Geschütze nehmen zusammen mit 150 Maschinengewehren einen Abschnitt der Deutschen von 360 m Breite unter Feuer.

06:15   Die 1. und 2. Division erreichen ihre Ziele auf der schwarzen Linie.

06:25   Die 3. erreicht ihre Ziele.

06:45   Nach einer Kaffeepause geht der Angriff weiter.

Abend   Die 4. Division erobert die Höhe 145.

10. April

Morgen   Erneute Attacke von der 1. Division an der Zwischenstellung

08:00   Die 2. Division durchbricht die 2. Abwehrlinie, die rote Linie.

07:00   Die 3. Division ist über den Kamm und erreicht den Wald. Bald ist auch das Dorf La Folie in ihrer Hand.

Abend   Der Chef der 12. Brigade bittet die 11. um Hilfe.

11. April

Morgen   Kanadier wehren einen Gegenangriff der Deutschen zur Rückeroberung der Gräben der Höhe 145 ab.

Nachmittag   Die Höhe 145 ist gesichert und die übrige Anlage bis zum Nachmittag erobert. Die Vimy-Höhen sind kanadisch.

Abend   Die blaue und die braune Linie werden von der 1. und 2. Division besetzt.

12. April

05:00   Der „Pickel" wird im Schneetreiben angegriffen.

Tagesanbruch   Der „Pickel" wird eine kanadische Stellung.

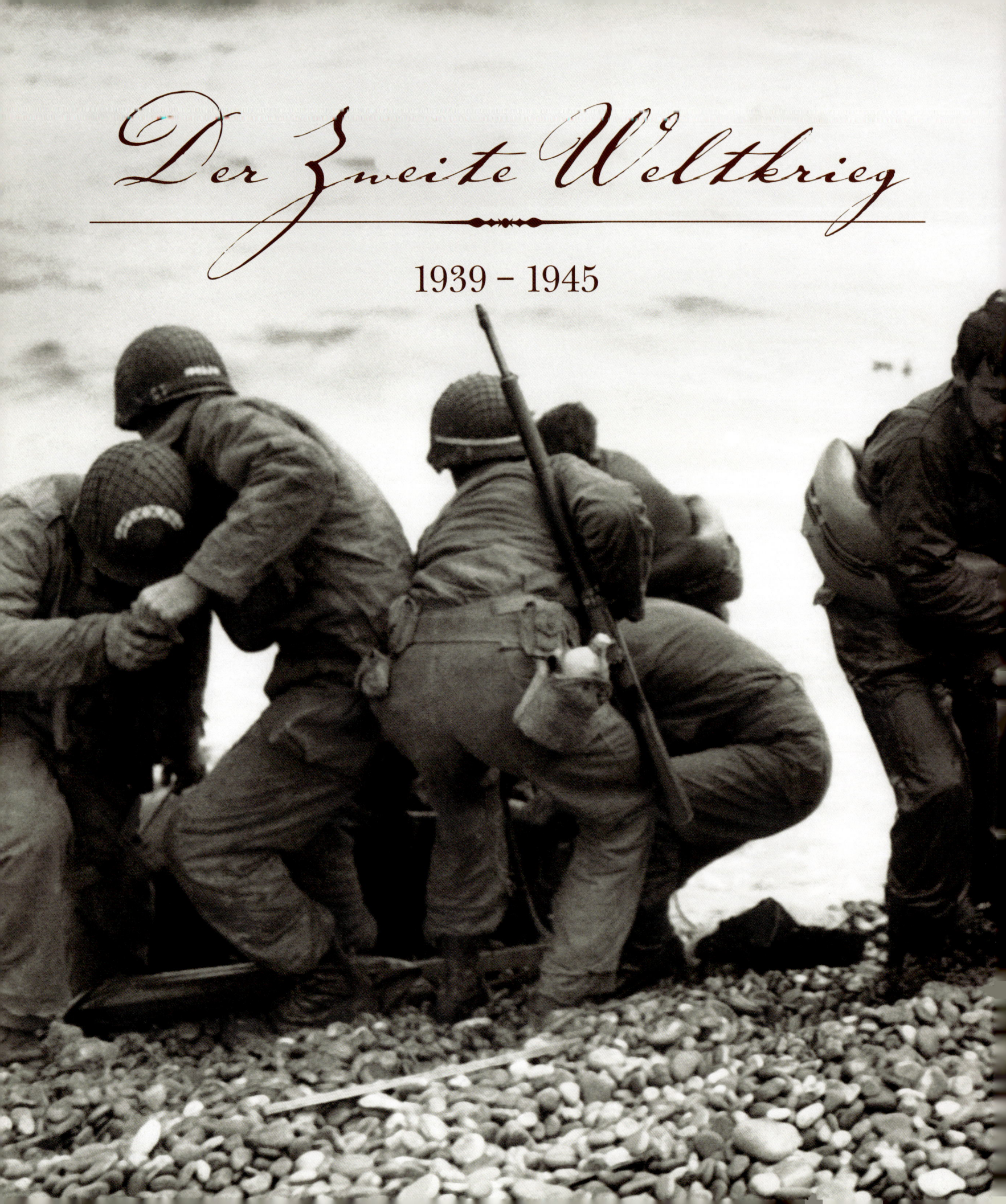

Der Zweite Weltkrieg

1939 – 1945

Von Martin Marix Evans

Der Zweite Weltkrieg bestand aus etlichen kleineren Konflikten, die von 1939 an fast jedes Land der Welt betrafen. Nach dem Abschluss eines Nicht-Angriffspaktes mit seinem einzigen Rivalen um die Vorherrschaft in Europa, der UdSSR, überfiel Hitler am 1. September 1939 Polen. Die Garanten für dessen Freiheit, Frankreich und England, erklärten den Krieg, konnten aber die Niederlage Polens nicht verhindern. Die Alliierten bereiteten sich auf einen längeren Abnutzungs-krieg vor. Was sie im Mai 1940 vernichtend traf, war ein kurzer, schneidiger Angriff beweglicher Kräfte auf schmaler Front, welcher ihre Streitkräfte spaltete und die britischen und viele der franzö-sischen Einheiten an die Küste bei Dünkirchen trieb. Fast 340.000 Soldaten, 59 % davon Briten, mussten evakuiert werden. Frankreich kapitulierte am 20. Juni. Hitlers Plan, England zu besetzen, scheiterte, weil die RAF in der Luftschlacht um England nicht vernichtet werden konnte. Hitlers Angriffslust richte sich nun gegen die UdSSR.

Italien verbündete sich im Juni 1940 mit Deutschland, worauf England Italien im Mittelmeerraum und in Afrika angriff. Februar 1941 waren die Italiener aus Libyen geworfen und im Mai in Ostafrika besiegt. Die Deutschen mussten nun eingreifen, was die Briten bis an den Suezkanal zurückwarf. Im November markierte die Materialschlacht von El Alamein den Beginn einer Offensive der Alliierten mit den Amerikanern, die zur Kapitulation der Achsenkräfte im Mai 1943 in Tunesien führte.

Im Juni 1941 startete Hitler mit dem Unternehmen Barbarossa einen massiven Angriff auf die UdSSR. Seine Truppen erreichten die Küsten des Schwarzen Meeres und die Vororte von Moskau, wo sie der Winter stoppte. 1942 wollte man die Ölfelder des Kaukasus einnehmen, aber die Sowjets schnitten die 6. Armee unter General Paulus in Stalingrad ab und vernichteten sie im Januar 1943.

In Fernost war das japanische Kaiserreich seit 1930 auf Expansionskurs, begrenzt nur durch ame-rikanische und europäische Macht. Der Krieg in Europa und Russland lenkte Japans Gegner ab. Obwohl selbst nicht am Krieg beteiligt, unterstützten die USA die Alliierten mit immensen Mitteln. Am 7. Dezember 1941 vernichteten die Japaner einen Teil der US-Flotte in Pearl Harbor, fielen in Malaya ein und griffen die Amerikaner auf den Philippinen an. Mit Pearl Harbor wollten sie ihren größten Widersacher lähmen, um Zeit für ihre Expansion in Asien zu gewinnen. Dies mobilisierte die an sich trägen Amerikaner, die schließlich vor einen Kampf Insel um Insel vor Japan selbst standen.

Die Alliierten waren sich jedoch darin einig, dass der Sieg über Hitler höchste Priorität hatte. Auf Sizilien landete man 1943. Während sich die Deutschen bis ins nördliche Italien zurückzogen, lan-deten die Alliierten im Juni 1944 in der Normandie und bauten damit eine neue Front auf. Die Sow-jets drangen im Osten vor, während die Alliierten an die deutschen Westgrenzen vorrückten. Der kühne Plan, Hitlers Abwehrfront zu umgehen, indem man die Brücken in den Niederlanden besetz-te, schlug bei Arnheim im September 1944 fehl. Ein dramatischer, aber vergeblicher Versuch einer deutschen Gegenoffensive durch die Ardennen im gleichen Winter führte zu der bekannten „Battle of the Bulge" („Schlacht an der Beule"). Im Frühling brach der Widerstand an Rhein und Elbe zusammen und im Mai 1945 war Deutschland vollständig zerstört. Nun konzentrierten sich die Alli-ierten auf den Krieg in Fernost, aber der vorausgesagte lange Kampf wurde durch den Abwurf der furchtbarsten Waffe aller Zeiten, der Atombombe, im August beendet.

DIESE SEITE: *Ein amerikanischer Landungstrupp hilft Kameraden, deren Landungsboot durch Feindbeschuss versenkt wurde. Die Leute erreichten den Utah-Strand dank ihrer Schwimmwesten.*

PEARL HARBOR 1941

Von John Hughes-Wilson

Viele der älteren Generation werden sich genau daran erinnern können, wo sie am 7. Dezember 1941 waren, als die Japaner überraschend die amerikanische Marinebasis bei Pearl Harbor auf Hawaii angriffen.

Japans Motiv für den Krieg war ökonomischer Natur. 1931 war man in die Mandschurei einmarschiert, um sich Bodenschätze zu sichern, welche die eigene Wirtschaft brauchte; die Westmächte unter Führung der USA reagierten mit wirtschaftlichen Sanktionen. Ringsum isoliert, wandte sich Japan jetzt nach Norden, den Bodenschätzen Sibiriens zu. Eine Invasion endetet in einem Desaster, als die Sowjetarmee unter einem bislang unbekannten General Schukow die Eindringlinge im August 1939 bei Khalkin Ghol hinauswarf.

Das Ergebnis war klar. Im Herbst 1941 hatte Japan nur die politische Alternative: Ökonomischer Ruin oder Krieg. Japans neue streng militärisch orientierten Politiker hatten keine Wahl: Die Wirtschaft brauchte dringend Öl, Zinn und Gummi; der einzige Weg da-

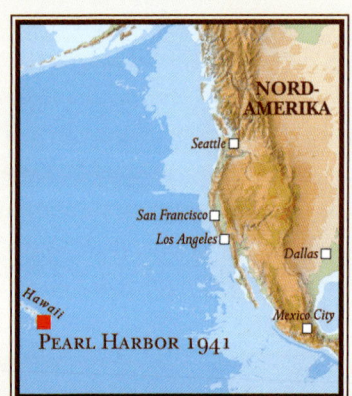

OBEN *Riesige Rauchsäulen steigen von der USS* West Virginia *und der USS* Tennessee *auf, die in Pearl Harbor auf Hawaii vom japanischen Überraschungsangriff getroffen wurden. Die* West Virginia *sank bald darauf. Der Angriff vom frühen Morgen des 7. Dezember 1941 führte zum Eintritt der USA in den Zweiten Weltkrieg.*

ran zu kommen, war Gewalt. Die reichen Kolonien Malaya und Niederländisch-Ostindien luden ungeschützt zum Zugriff ein. Die amerikanische Flotte auf der Ostflanke bildete jedoch eine Bedrohung; deshalb entschlossen sich der japanische Premier und sein Kriegsminister zum Angriff auf den Pazifikstützpunkt der USA bei Pearl Harbor. Im Nachhinein mag es verwunderlich klingen, aber Pearl Harbor war für die japanischen Strategen nur ein Nebenschauplatz.

Die Planung des Angriffs hatte schon im Januar 1941 begonnen. Admiral Yamamoto, der Stabschef der kaiserlich-japanischen Marine, war vom Erfolg der Torpedoflugzeuge beim Angriff der britischen Marine auf die italienische Flotte bei Tarent beeindruckt und wies seinen Stab an, diese neue Taktik in die Planungen für Pearl Harbor einzubeziehen. Nach langen, erfolglosen Verhandlungen mit der US-Regierung stimmte das kaiserliche Kabinett für Krieg. Die Würfel waren gefallen.

Viel ist über das „Rätsel von Pearl Harbor" spekuliert worden. Was wussten Präsident Franklin D. Roosevelt (FDR) und die US-Regierung von den japanischen Plänen? Das FBI wusste, dass Japaner in Pearl Harbor spionierten; der Geheimdienst der Navy wusste, dass ein japanischer Flugzeugträgerverband sich im Pazifik ostwärts bewegte; das Außenministerium wusste, dass eine japanische Flotte nach Malaya und Niederländisch-Ostindien zog; die Code-Knacker im Geheimdienst lasen die geheimsten Meldungen der japanischen

DIE WICHTIGSTEN KONTRAHENTEN

JAPANISCHE SEITE

Fregattenkapitän Mitsuo Fuchida

Korvettenkapitän Shigekazu
Shimazaki

Admiral Isoruko Yamamoto
(Stabschef der Kaiserlichen
Marine)

Vizeadmiral Chuichi Nagumo

AMERIKANISCHE SEITE

Konteradmiral Patrick
Bellinger

Admiral Husband E. Kimmel
(Befehlshaber der Pazifikflotte)

Korvettenkapitän Francis J.
Thomas

Admiral Isoruko Yamamoto

Admiral Husband E. Kimmel

wolle. Zum anderen hatte eine neue Radar-Station hereinkommende Flugzeuge in 258 km Entfernung gemeldet. Beide Warnungen verpufften. Die Meldung vom Abbruch der diplomatischen Beziehungen wurde mit dem zivilen Telegrafendienst weitergeleitet und kam zu spät. Dem Radardienst erklärte man, er solle die Signale ignorieren; es seien „aus den USA anfliegende B-17-Maschinen".

Eine mögliche dritte Chance zur Warnung bot sich, als der Zerstörer *Ward* am Eingang zu Pearl Harbor ein unidentifiziertes Klein-U-Boot entdeckte. Um 6:55 Uhr meldete man dem Befehlshaber der Pazifikflotte: „U-Boot in der Sperrzone angegriffen ... und versenkt." Der Stab reagierte träge und informierte Admiral Kimmel erst um 7:40 Uhr. Da sahen Frühaufsteher schon einen Riesenpulk von Flugzeugen aus dem Südwesten anfliegen. Pearl Harbor lag ungeschützt in der Morgensonne.

DER ANGRIFF

Der Kommandeur der ersten Welle, Mitsuo Fuchida, versuchte seine Piloten zu koordinieren, aber nicht alle Staffeln sahen seine Signale, sondern die meisten Maschinen stürzten sich sofort in den Angriff, sobald sie eintrafen. Um 7:53 Uhr signalisierte Fuchida unter Missachtung des Protokolls „Tora, Tora, Tora!", das Codewort für Erfolg, kaum dass die erste Bombe auf der Ford-Insel eingeschlagen war. Sekunden später flogen seine Torpedoträger die Liegeplätze für die Flugzeugträger der Pazifik-Flotte nordwestlich der Ford-Insel an. Die Kreuzer Raleigh und Helena wurden ebenso wie das Schlachtschiff Utah getroffen, obwohl die Piloten das alte Ausbildungsschiff ignorieren sollten. Ein Marinesoldat hielt das Ganze für ein Manöver, bei dem die US-Air-Force dieses Mal Ärger bekäme, weil sie den Übungsangriff mit echten Bomben geflogen hätten ...

Diplomaten und der Marine. Das Problem war, dass niemand in all diesen Meldungen einen Zusammenhang sah. Im Morgengrauen des 7. Dezember stand Admiral Nagumos Flotte von sechs Flugzeugträgern, zwei Schlachtschiffen, drei schweren Kreuzern und zehn Zerstörern unentdeckt nur 160 km nordwestlich von Hawaii.

DER PLAN

Der Angriffsplan der Japaner sah 353 Flugzeuge vor, die in zwei Wellen Pearl Harbor angreifen sollten. Die erste aus 100 Bombern, 40 Torpedo-Trägern und 43 Jagdflugzeugen startete im Morgengrauen des 7. Dezember zum Angriff auf das im friedlichen Sonntagsschlaf befindliche Pearl Harbor. Um 7:15 Uhr startete die zweite Welle von den Trägerdecks.

Doch hatten die ahnungslosen Amerikaner noch zwei Chancen. Während der Nacht hatte man plötzlich die Bedeutung eines abgefangenen Funkspruches erkannt, laut welchem Japan im Morgengrauen Hawaiier Zeit die diplomatischen Beziehungen abbrechen

OBEN *Ein Feuerball steigt aus einem Benzinlager oder Flugzeug im Marinehafen von Pearl Harbor auf. Die Leute des Stützpunktes können nur hilflos zusehen, wie der japanische Überraschungsangriff viele Anlagen zerstört.*

OBEN *Schlachtschiffe der US-Marine liegen hilflos in Kiellinie, während Lufttorpedos in Pearl Harbor ihre Ziele suchen.*

Als die Angreifer über der Ford-Insel und dem „Hickam Field" einschwenkten, trauten verschlafene Seeleute, bereit zum Flaggenhissen, kaum ihren Augen. Einer rief „Chaplain, die sehen ja wie Japaner aus" und ein anderer antwortete „Teufel, ich wusste gar nicht mal, dass die sauer auf uns sind!", als die Explosionen einsetzten.

Am anderen Ende von der Ford-Insel lag die USS *Nevada* am Nordende der Schlachtschiffreihe vertäut. Die Zeremonie des Fahnenhissens wurde von einem Geschosshagel aus den Maschinengewehren der tief über sie hinwegziehenden Torpedoflugzeuge begleitet. Die Torpedos zogen schon ihre Bahnen auf die Schlachtschiffe zu, als die Bomber in den Sturzflug gingen.

Als die Stalagmiten der Torpedotreffer zusammenfielen, bohrten sich Bomben in die *Arizona* und durchschlugen ihren Boden. Stark brennend setzte sie auf Grund auf. Drei Torpedos rissen die *Oklahoma* auf, die außen an der *Tennessee* vertäut war. Das große Schlachtschiff kenterte und schloss dabei über 400 Seeleute im Rumpf ein. Die

West Virginia und die *California* wurden beide getroffen und fingen an zu sinken, wobei brennendes Öl auslief. Die *Nevada* wurde von zwei Bomben und einem Torpedo getroffen, als ihre Mannschaft verzweifelt versuchte, mit dem Schiff auszulaufen. Um 8:10 Uhr traf eine 1000-kg-Bombe aus 3000 m Höhe das vordere Munitionslager der *Arizona*; die Explosion riss 1100 Seeleute in den Tod und fegte die Deckmannschaft der *Vestal*, eines längs angetäuten Reparaturschiffs, ins Wasser.

Die innen liegenden Schlachtschiffe waren besser dran. Wenn ihre angeschlagenen Nachbarn sie auch behinderten, so waren die *Maryland* und die *Tennessee* vor Torpedos sicher, nicht aber vor den Bomben, als die japanischen Bomber sie jetzt aufs Korn nahmen.

Zu aller Überraschung löste sich die *Nevada* plötzlich vom Kai und steuerte die Hafenöffnung an. Ein emsiger Wachoffizier hatte sie unter Dampf gehalten und ein entschlossener Kontrolloffizier hatte die Brücke übernommen. Für die Amerikaner bot das Schiff beim Auslaufen einen ermutigenden Anblick, da seine Fahne am Mast flatterte

und sich leuchtend gegen die Rauchwolke über der Ford-Insel abhob. Die Männer an den Abwehrkanonen hielten inne, um zu sehen, wie es majestätisch den Kanal hinunterlief, während seine Geschütze Verachtung ausspieen. Natürlich zog es auch japanische Flugzeuge an. In einem Inferno aus Explosionen, Mündungsfeuer und Rauch kämpfte die *Nevada* um ihr Leben, bis ihr temporärer Skipper, Korvettenkapitän Francis J. Thomas, sie vor Hospital Point auf Grund setzen musste.

Die Angreifer kümmerten sich nun um die im Trockendock liegende *Pennsylvania*, bevor sie nach Norden zu ihren Trägern abdrehten. Der Leiter der ersten Angriffswelle Fuchida meldete per Funk dem Flugzeugträger *Akagi*, dass der Angriff erfolgreich war. Gleichzeitig schickte Konteradmiral Patrick Bellinger von der Ford-Insel aus eine unverschlüsselte Meldung in die Welt: „Luftangriff auf Pearl Harbor, dies ist keine Übung!"

Im Norden der Ford-Insel war die *Utah* gekentert. Trotz des Kugelregens der Japaner hatte eine Arbeitskolonne damit begonnen, ein Loch in den Schiffsrumpf zu schneiden, um die eingeschlossenen Seeleute zu retten – eine der zahllosen Heldentaten dieses Tages.

An den Docks versuchten Offiziere und Mannschaften, die Landgang hatten, auf ihre einsatzbereiten Schiffe zu kommen. Sie konnten aber nur mit Schrecken ansehen, wie sich Nagumos zweiter Angriff entwickelte, der sich gegen die restlichen Schiffe und die Reihen der Jagdflugzeuge und Flugboote richtete, die Flügel an Flügel auf den Flugplätzen standen. Um 9:30 Uhr riss eine spektakuläre Explosion den Zerstörer *Ward* auseinander, als sein Munitionslager explodierte. Die Trümmer regneten bis auf Honolulu herunter.

Um 9:35 Uhr war alles vorbei. Die 130 Kampfflugzeuge von Korvettenkapitän Shimazaki hatten das Werk der ersten Welle vollendet und hinterließen 2273 tote amerikanische Soldaten und 1119 Verwundete. Drei Schlachtschiffe wurden versenkt, drei weitere schwer beschädigt und ein weiteres Dutzend für Monate in die Werft geschickt. An Land waren 188 Flugzeuge zerstört, die Krankenhäuser waren von Verwundeten und Brandopfern voll. Tote und verwundete Zivilisten gesellten sich zu den Opfern, da Blindgänger der eigenen Artillerie auf Honolulu fielen. Vor der Küste verstärkte ein weiterer misslungener Angriff von japanischen

Kleinst-U-Booten die Verwirrung, die Gerüchte über japanische Fallschirmjäger-Landungen anheizten. Pearl Harbor war ein Chaos. Der Gouverneur wurde von Sicherheitsbeamten weggebracht, japanische Gastarbeiter versteckten sich voll Angst in Zuckerrohrplantagen.

Als Nagumos begeisterte Flieger, von einigen amerikanischen Jägern verfolgt und immer noch auf dem Radar zu sehen, zu ihren Trägern zurückkamen, brachten sie die Botschaft mit: „Lasst uns zurückkehren und die Sache zu Ende bringen!" Trotz minimaler Verluste (nur 29 Flugzeuge mit 55 Mann Besatzung) lehnte der vorsichtige Admiral eine dritte Angriffswelle aus Angst vor einem amerikanischen Luftangriff auf seine Schiffe ab. Stattdessen steuerte er mit Volldampf nach Nordwesten, um schnell von den Inseln wegzukommen und den Fliegern Zeit zum Feiern zu geben. Dies war ein Fehler.

DIE NACHLESE

Der japanische Triumph war illusorisch. Einmal waren bei Nagumos Angriff trotz aller Zerstörungen die Flugzeugträger nicht getroffen worden, weil sie zu einer Übung auf See waren, zum anderen hatte man die lebenswichtigen Treibstofflager nicht getroffen, in denen der Bedarf von Dieselöl und Flugbenzin für sechs Monate für die Basis gebunkert war. Dies hätte ein Hauptziel sein müssen. Ohne den Treibstoff wäre die Pazifikflotte über Monate bewegungsunfähig gewesen. Somit blieb Pearl Harbor eine Halbheit. Der japanische Angriff hatte aber im Vergleich zum militärischen Wert unermessliche Folgen.

Pearl Harbor zwang die USA zum Eintritt in den Krieg. Ein fahlgrauer Franklin D. Roosevelt verlangte vom Kongress Vergeltungs-

RECHTS *Eine erbeutete japanische Luftaufnahme vom Bombenangriff des US-Armee-Flughafens Oahu auf Hawaii.*

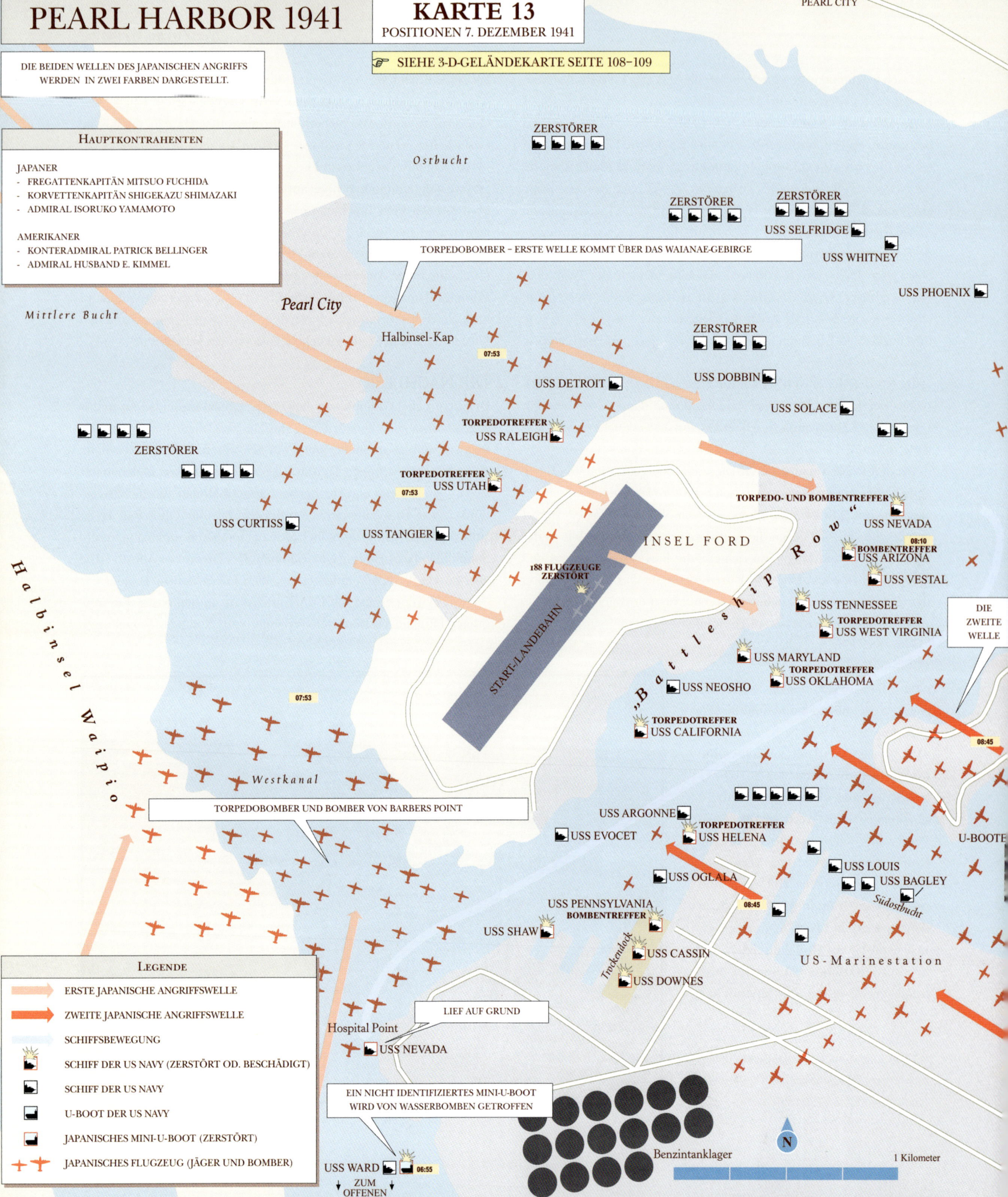

PEARL HARBOR 1941

KARTE 13
POSITIONEN 7. DEZEMBER 1941

DIE BEIDEN WELLEN DES JAPANISCHEN ANGRIFFS
WERDEN IN ZWEI FARBEN DARGESTELLT.

☞ SIEHE 3-D-GELÄNDEKARTE SEITE 108–109

PEARL CITY

Ostbucht

ZERSTÖRER

ZERSTÖRER ZERSTÖRER
USS SELFRIDGE
USS WHITNEY
USS PHOENIX

HAUPTKONTRAHENTEN

JAPANER
- FREGATTENKAPITÄN MITSUO FUCHIDA
- KORVETTENKAPITÄN SHIGEKAZU SHIMAZAKI
- ADMIRAL ISORUKO YAMAMOTO

AMERIKANER
- KONTERADMIRAL PATRICK BELLINGER
- ADMIRAL HUSBAND E. KIMMEL

TORPEDOBOMBER – ERSTE WELLE KOMMT ÜBER DAS WAIANAE-GEBIRGE

Mittlere Bucht

Pearl City

Halbinsel-Kap

ZERSTÖRER

07:53

USS DETROIT
USS DOBBIN
USS SOLACE

ZERSTÖRER

TORPEDOTREFFER
USS RALEIGH

TORPEDOTREFFER
USS UTAH
07:53

USS CURTISS
USS TANGIER

TORPEDO- UND BOMBENTREFFER
USS NEVADA

INSEL FORD

„Battleship Row"

08:10
BOMBENTREFFER
USS ARIZONA
USS VESTAL

188 FLUGZEUGE
ZERSTÖRT

USS TENNESSEE

TORPEDOTREFFER
USS WEST VIRGINIA

START-LANDEBAHN

DIE
ZWEITE
WELLE

USS MARYLAND
USS NEOSHO
TORPEDOTREFFER
USS OKLAHOMA

TORPEDOTREFFER
USS CALIFORNIA

08:45

Halbinsel Waipio

07:53

Westkanal

U-BOOTE

TORPEDOBOMBER UND BOMBER VON BARBERS POINT

USS ARGONNE
USS EVOCET
TORPEDOTREFFER
USS HELENA

USS LOUIS
USS BAGLEY

Südostbucht

USS OGLALA

08:45

US-Marinestation

USS PENNSYLVANIA
BOMBENTREFFER

USS SHAW

Trockendock
USS CASSIN
USS DOWNES

LEGENDE

→ ERSTE JAPANISCHE ANGRIFFSWELLE

→ ZWEITE JAPANISCHE ANGRIFFSWELLE

SCHIFFSBEWEGUNG

SCHIFF DER US NAVY (ZERSTÖRT OD. BESCHÄDIGT)

SCHIFF DER US NAVY

U-BOOT DER US NAVY

JAPANISCHES MINI-U-BOOT (ZERSTÖRT)

JAPANISCHES FLUGZEUG (JÄGER UND BOMBER)

LIEF AUF GRUND

Hospital Point
USS NEVADA

EIN NICHT IDENTIFIZIERTES MINI-U-BOOT
WIRD VON WASSERBOMBEN GETROFFEN

USS WARD 06:55

ZUM
OFFENEN
MEER

Benzintanklager

N

1 Kilometer

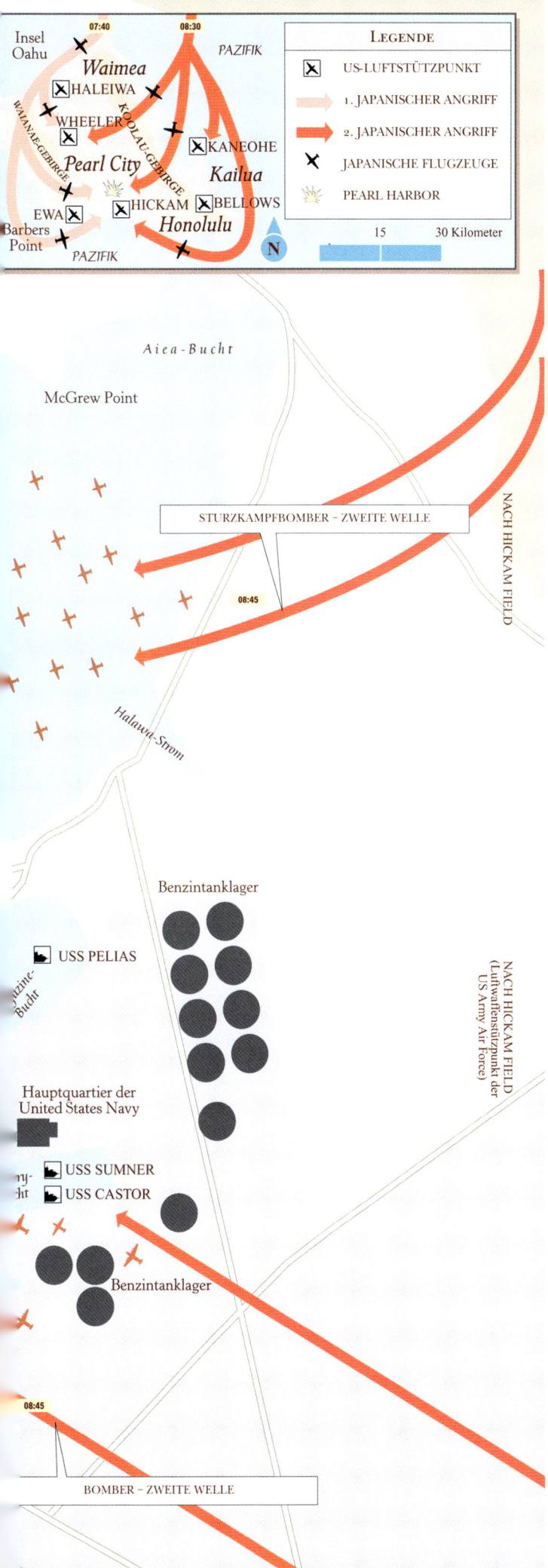

maßnahmen für einen unprovozierten Angriff in Friedenszeit auf schlafende Matrosen. Ein aufgebrachtes Amerika bereitete sich auf einen Krieg vor. Der Ruf „Denkt an Pearl Harbor!" schallte von den Schlangen vor den Rekrutierungsbüros und die amerikanische Industrie stellte sich auf den Krieg ein.

Hitler verschlimmerte die politische Situation, indem er übereilt den USA den Krieg erklärte und zu seinem alten Nazi-Kumpel Walther Hewell sagte: „Endlich haben wir einen Verbündeten, der in den letzten 3000 Jahren nie besiegt wurde!" In London stieß ein begeisterter Churchill einen Seufzer der Erleichterung aus: Endlich war sein lange verfolgtes Ziel, Amerika an seiner Seite in den Krieg zu ziehen, erreicht – dank der Japaner.

In Japan wurden die siegreichen Flieger der kaiserlichen Marine für ihren gewaltigen Sieg gefeiert. Aber der Architekt dieses Sieges, Admiral Yamamoto warnte, sein Werk sei unvollständig geblieben. Anfang 1942 schrieb er: „Letztlich wird der Erfolg unserer Strategie davon abhängen, ob es gelang, die US-Flotte, speziell die Flugzeugträger zu vernichten ...".

Japans Weg nach Midway und schließlich in seine Niederlage war vorprogrammiert.

GEDENKSTÄTTEN

Am bekanntesten ist das Besucherzentrum der USS *Arizona* (www.nps.gov/usar und www.arizonamemorial.org), ferner auch die USS-*Utah*-Gedenkstätte und die auf dem Hickam-Flugplatz.

ZEITTAFEL

Januar 1941
Die Planung des Angriffs beginnt.

29. November
Das kaiserliche Kabinett beschließt den Krieg.

7. Dezember

Morgengrauen Admiral Nagumos kombinierte Schlachtflotte aus sechs Flugzeugträgern, zwei Schlachtschiffen, drei schweren Kreuzern und zehn Zerstörern steht unbemerkt 160 km nordwestlich von Hawaii.

06:00 Die erste Welle von 100 Bombern, 40 Torpedoflugzeugen und 43 Jägern hebt ab.

07:15 Die zweite Welle startet.

06:55 Der Zerstörer *Ward* meldet dem Befehlshaber der Pazifikflotte, dass er ein U-Boot in der Sperrzone versenkt habe.

07:40 Oberbefehlshaber Admiral Kimmel wird alarmiert.

07:53 Fuchida funkt „Tora, Tora, Tora", das Codewort für Erfolg, als die ersten Bomben auf der Ford-Insel einschlagen.

08:10 Eine Ein-Tonnen-Bombe trifft aus 3000 m Höhe das vordere Munitionsdepot der *Arizona*.

09:30 Der Zerstörer *Shaw* wird zerfetzt, als sein Munitionsdepot explodiert. Die Trümmer regnen z. T. bis auf Honolulu.

09:35 Der Angriff ist vorbei.

PEARL HARBOR, 7. DEZEMBER 1941

„TAG DER NIEDERTRACHT"

Pearl Harbor war der Hauptstützpunkt der US-Pazifikflotte, ein perfekter Naturhafen an der Südküste der Hawaii-Insel Oahu. Auf Pearl Harbor befand sich der Ankerplatz der Flotte, das Kommando-Zentrum, das Versorgungsdepot, die Öltanks, Trockendocks und Reparaturwerkstätten. Auf der Ford-Insel, dem Zentrum des Hafens, standen die Schuppen und die Startbahnen der Marineflieger. Von Trägern 145 km nördlich von Oahu aus griffen die japanischen Torpedoflugzeuge und Sturzkampfbomber die Amerikaner überraschend in Wellen von Südwesten, Nordwesten und Osten an. Die mächtigen, aber auch alternden Schlachtschiffe lagen in Zweierreihen hintereinander vertäut und boten den Japanern leichte Ziele. Die Abwesenheit der Flugzeugträger – sie befanden sich auf einer Schulungsfahrt – machte den japanischen Sieg unvollständig.

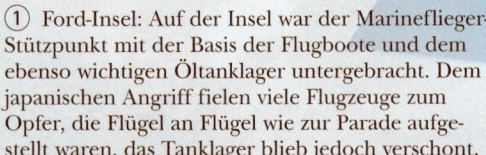

① Ford-Insel: Auf der Insel war der Marineflieger-Stützpunkt mit der Basis der Flugboote und dem ebenso wichtigen Öltanklager untergebracht. Dem japanischen Angriff fielen viele Flugzeuge zum Opfer, die Flügel an Flügel wie zur Parade aufgestellt waren, das Tanklager blieb jedoch verschont.

② Die Schlachtschiff-Allee

③ USS *Nevada*

④ USS *Arizona*

⑤ USS *Vestal* (Reparatur-Schiff)

⑥ USS *Tennessee*

⑦ USS *West Virginia*

⑧ USS *Maryland*

⑨ USS *Oklahoma*

⑩ USS *Pennsylvania* (im Trockendock)

⑪ USS *Utah*

⑫ USS *Tangier*

⑬ USS *Raleigh*

⑭ USS *Detroit*

⑮ USS *Neosho*

⑯ USS *Shaw*

⑰ USS *Oglala*

⑱ USS *Helena*

⑲ Kommando-Zentrum der Insel Ford

⑳ CinCPac Hauptquartier

㉑ Trockendocks und Reparatur-Anlagen

㉒ Öltanks

㉓ Middle Loch

㉔ Pearl Harbor

㉕ Südost-Loch

㉖ Zur Mamala Bay und zum Pazifik

㉗ Pearl City

PEARL HARBOR HEUTE

PEARL HARBOR

GEDENKSTÄTTE
USS UTAH

FORD ISLAND

HICKAM-FIELD-GEDENKSTÄTTE

N

5000 Meter

① USS *Arizona*-
Gedenkstätte

② USS *Arizona*-
Besucherzentrum

③ USS *Bowfin*-
U-Boot-Museum
und Park

㉘ **Die erste Welle (07:55)** Die Angreifer hatten
40 B5N2-Kato-Torpedoflieger, 51 Aichi-D3A1-Val-
Sturzkampfbomber, 49 Höhenbomber mit einer
Eskorte von 43 Zero-Jägern. Die erste Welle er-
reichte Oahu um 7:53 Uhr und griff um 7:55 ihre
Ziele an.

㉙ **Die zweite Welle (09:07)** Sie bestand aus 170
Sturzkampf- und Höhenbombern mit einer Eskorte
aus Zero-Jägern.

EL ALAMEIN 1942

Von Christopher Pugsley

Der Wendepunkt im nordafrikanischen Krieg war die Schlacht von El Alamein (23. Oktober bis 4. November 1942). In ihr standen sich der „Wüstenfuchs" General Erwin Rommel, dessen Panzerverband Afrika-Korps die besten britischen Generäle besiegt hatte, und Generalleutnant Bernard Law Montgomery gegenüber, die neue Hoffnung für den Wüstenkrieg, ein forscher, selbstsicherer Offizier, dessen Ankunft die 8. Armee, wiederbelebte, die überwiegend aus Commonwealth-Truppen bestand. Montgomery vereitelte mit dem Gefecht bei Alam Halfa Rommels Versuch, nach Kairo durchzustoßen (30. August bis 7. September). Er war entschlossen, Rommels Achsen-Armee aus deutschen und italienischen Einheiten bei El Alamein zu vernichten.

Heute gilt El Alamein meist als eine Schlacht, die Montgomery wegen seiner enormen logistischen Überlegenheit gar nicht verlieren konnte. Man hat sie auch als eine rein politische Schlacht gewertet, weil Churchill einen Sieg brauchte, bevor die anglo-amerikanische Landung („Torch") in Algerien England in eine untergeordnete Rolle drängte. Letzteres stimmt, aber Krieg ist ein poli-

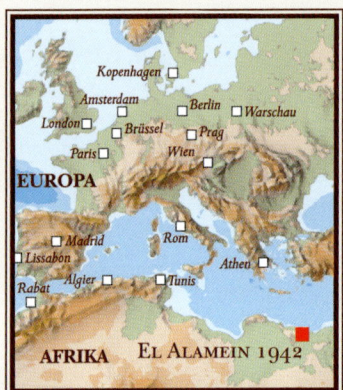

tischer Akt und der Sieg von El Alamein war notwendig, taktisch und strategisch. Montgomery hätte die Schlacht auch verlieren können, weil er einen sehr fähigen Gegner vor sich hatte, der in einer geschickt gewählten Abwehrstellung saß. Alle Erfahrungen aus den Abwehrschlachten des Ersten Weltkrieges waren in dieser unumgehbaren Stellung berücksichtigt. Montgomery musste also die Stellung durchbrechen und hatte dazu eine schlecht ausgebildete Armee mit schlechter Kampfmoral. Hinzu kam mangelnde Koordination von Infanterie, Panzern und Artillerie, eine der besonderen Stärken von Rommels Afrika-Korps. Unter ihren früheren Kommandeuren hatte es die 8. Armee geschafft, trotz Überlegenheit alle Schlachten zu verlieren. Montgomery hatte diese Serie bei Alam Halfa durchbrochen und wollte dies wiederholen.

DER PLAN

Das Hauptproblem Montgomerys bei El Alamein war, Rommels Abwehrstellung zu durchbrechen. Sie war einem dreischichtigen Biskuitkuchen vergleichbar, in dem die eingestreuten italienischen und deutschen Einheiten den Biskuit und die dicken Cremeschichten die Minenfelder dazwischen darstellten. Die britische Infanterie hatte sich stellenweise 4−5 km tief durch Minen durchzukämpfen, bevor die Pioniere minenfreie Korridore für die Panzer schaffen konnten. Die Deutschen sprachen von Minen- (oder Teufels-)Gärten; sie be-

OBEN *Die 2. Schlacht von El Alamein am 26. Oktober 1942. Italienische Truppen laufen in Deckung, während ein Bombenregen der RAF auf die Stellungen der Achse niedergeht.*

trachteten die offenen Ebenen als Todesfelder mit Hecken, die die Minen-Beete umgaben. Insgesamt waren 445.358 Panzer- und Tretminen in diesen Gärten verlegt worden.

Montgomerys Plan sah einen Scheinangriff im Süden mit dem 13. Korps unter Generalleutnant Brian Horrocks vor, während das 30. Infanteriekorps von Generalleutnant Oliver Leese in der Nacht vom 23./24. Oktober in der Operation „Lightfoot" die Abwehr durchbrechen und die Miteiriya-Höhen einnehmen sollte. Zwei Panzerdivisionen des 10. Korps unter Generalleutnant Herbert Lumsden sollten durch die gesicherten Korridore fahren und sich vor die Infanteriespitzen setzen. Hier sollten sie deutsche Gegenangriffe abwehren, während hinter ihnen die Infanterie sich mit den deutschen und italienischen Stützpunkten befassen sollte.

> „Es wird keine Kricket-Taktik in dieser Schlacht geben; es wird ein Wettkampf auf Leben und Tod; der Deutsche ist ein guter Soldat und die einzige Möglichkeit, ihn zu schlagen, besteht darin, ihn in der Schlacht zu töten."
>
> Lieutenant General Bernard L. Montgomery

DER ABLAUF

Hinter einer Feuerwalze aus 882 Kanonen, die zunächst die bekannten Stützpunkte beschossen hatten, verlief der Infanterie-Angriff der Operation „Lightfoot" weitgehend erfolgreich, wobei in den Bereichen der 2. NZ- und 51. Highland-Division in der Nacht vom 23./24 Oktober Breschen für die Panzer geschlagen wurden. Die 9. Panzerbrigade, mit amerikanischen Grant- und Sherman-Panzern ausgestattet, war im Morgengrauen in Position. Aber hinter ihr wurden die Panzerkolonnen des 10. Korps (1. und 10. Panzerdivision) durch einen langen Stau im Minenfeld aufgehalten und befanden sich bei Tagesanbruch immer noch hinter der Infanterie. Versuche, in der nächsten Nacht mit Panzern durchzubrechen, schlugen fehl. Bei diesen Kämpfen focht Oberstleutnant Victor Turner einen brillanten Panzerabwehrkampf mit dem 2. Bataillon der Schützenbrigade bei „Snipe" auf der „Kidney", einer harten flachen Kalksteinsenke, ohne jede Unterstützung. Dafür wurde er mit dem Viktoriakreuz ausgezeichnet.

Montgomerys erfahrene Infanterie war weitgehend erschöpft und seine Panzer saßen immer noch im Minenfeld fest. Er kam sich wie ein Tennisspieler vor, der sich nach verlorenem ersten Satz eine neue Strategie für den nächsten ausdenken muss.

„Lightfoot" hatte Montgomery gezeigt, dass Generalmajor Bernard Freyberg, Kommandeur der 2. neuseeländischen Division und Generalmajor Leslie Morshead, Kommandeur der 9. australischen Division, seine fähigsten Generäle waren. Dank ihrer sollte er die Schlacht gewinnen. Die deutschen Linien bei Miteiriya waren zwar angegriffen, aber nicht durchbrochen worden, weshalb Montgomery den Druck nach Norden verlagerte, wo die Australier etliche Mini-Einkreisungen entlang der Bahnlinie versuchten. Hierauf konzentrierte Rommel seine Gegenangriffe und eine Reihe heftiger Kämpfe um „Barrel Hill" wurden vom 28. Oktober an als „Cauldron" (Kessel) bezeichnet.

Montgomery zog seine Panzer für eine Umstellung zurück. Er unterstellte Brigaden aus dem 13. Korps und den schlechteren britischen Divisionen der 2. neuseeländischen Division, die einen weiteren Nachtangriff unter dem Codenamen „Supercharge" mit der 151. und 152. Brigade und der 9. Panzerbrigade durchführen sollte. Die beiden schwächeren neuseeländischen Infanteriebri-

DIE WICHTIGSTEN KONTRAHENTEN

DEUTSCH/ITALIENISCH

General Erwin Rommel (Afrika-Korps)

Generalleutnant Wilhelm Ritter von Thoma

General Giuseppe di Stefanis

ALLIIERTE

Generalleutnant Bernard Law Montgomery, ‚Monty' (8. Armee)

Generalleutnant Brian Horrocks (13. Korps)

Generalleutnant Oliver Leese (30. Infanterie-Korps)

Generalleutnant Herbert Lumsden (10. Korps)

Oberstleutnant Victor Turner

Generalmajor Bernard Freyberg ((2. Neuseeländische Division)

Generalmajor Leslie Morshead ((9. Australische Division)

Brigadier John Currie (9. Panzerbrigade)

General Erwin Rommel

Generalleutnant Bernard Law Montgomery

OBEN: *Schottische Soldaten schießen auf feindliche Stellungen während der Schlacht von El Alamein.*

gaden sollten mit den Panzern ausbrechen. Einem abgefangenen Funkspruch zufolge hatte Rommel seine Reserven im Norden aufgestellt, wo „Supercharge" ursprünglich ablaufen sollte; Montgomery stellte daraufhin alles für einen Angriff im Zentrum um, der in der Nacht vom 1./2. November vorgetragen wurde. Wieder wurde er kein voller Erfolg, aber er mobilisierte Rommels letzte Reserven von 21 Panzern und dezimierte seine deutsche Infanterie und Panzerabwehrkräfte auf ein Drittel dessen, was ihm vor der Schlacht zur Verfügung stand. Anders als Montgomery hatte Rommel keine Reserven mehr. Der Abwehrdamm der Achse bröckelte und zerbrach in den folgenden 24 Stunden, als sich zunächst gepanzerte Fahrzeuge und dann Panzer unter schweren Verlusten ihren Weg durch die mutigen, aber dezimierten Verteidiger bahnten. Um sein Afrika-Korps zu retten, opferte Rommel seine italienischen Einheiten und zog sich am 4. November zurück. Dieser Rückzug sollte in der Kapitulation der deutschen und italienischen Truppen in Tunesien im Mai 1943 enden. Montgomery hatte seinen Sieg.

DIE BEDEUTUNG VON EL ALAMEIN

Alamein gilt heute als herkömmliche, geplante Operation ohne besondere Schachzüge. Damit tut man Montgomery Unrecht. Er wollte agieren, musste aber die Schlacht mit der Armee schlagen, die er hatte, nicht mit der, die er wollte. Er musste seine Pläne seinen Möglichkeiten anpassen. Selbst hierbei war er zu euphorisch und überschätzte die Fähigkeiten der britischen Panzer. Immerhin war er der erste britische General des 2. Weltkrieges, der eine koordinierte Schlacht nach einem Strategieplan schlug, wobei er Infanterie und Panzer in seinem Plan koordinierte. Daraus entwickelte sich eine blutige Abnutzungsschlacht, in der er sich auf Rommels Gegenzüge einstellte und siegte.

DAS SCHLACHTFELD HEUTE

Heute ist El Alamein eine Wegkreuzung 106 km westlich von Alexandria mit einer Gruppe von Gedenkstätten. Das Museum bietet einen Überblick über das Schlachtfeld, wie über die Waffen und Geräte, die hier zum Einsatz kamen. Südlich von der Kreuzung verläuft eine Asphaltstraße durch eine Häusergruppe mit Geschäften zur Bahnlinie und zur Wüste dahinter. Direkt westlich von einem Stationsgebäude aus Marmor-Kalkstein liegt der alte Bahnhof von El Alamein. Das Dach hat zwar Löcher und die Räume sind mit Abfall übersät, aber eine Führung sollte immer von hier ausgehen. 1942 war dies ein einsamer Fleck in der Wüste und nur deshalb von strategischem Interesse, weil die Qattara-Senke ca. 64 km weiter südlich ihn zur besten Abwehrstellung machte, den die gehetzten britischen Befehlshaber im Sommer 1942 finden konnten. Es gibt einen berühmten Wochenschau-Streifen vom Juli 1942, in der ein sich eingrabender Australier das Wort HEAVEN (Himmel) in eine Seite des Hauses meißelte.

DER SCHAUPLATZ

Südlich der Bahnlinie öffnet sich die Wüste zu einem weiten, kaum merklich von der Küste nach Süden hin ansteigenden Plateau aus hartem Kalkstein, das von einzelnen Kameldornen und Wanderdünen übersät ist. In dieser Gegend gab es viele Minenfelder und heute noch sollte man auf der Asphaltstraße oder vielbenutzten Fahrwegen bleiben und keine Munition oder Trümmer aus der Schlacht aufheben.

AUSGANGSPOSITION VON „LIGHTFOOT"

Auf der Fahrt nach Süden kommt man auf dem Springbock-Weg nach den Baracken der ägyptischen Minensucher zur Kreuzung mit der neuen Ost-West-Straße. Wenn man rechts abbiegt, fährt man ins Gebiet des 30. Korps. Die Straße verläuft diagonal durch das Aufmarschgebiet der 1. südafrikanischen, der 2. neuseeländischen und der 51. Highland-Division für die Operation Lightfoot. Wo die Wartungsgebäude für eine unterirdische Rohrleitung stehen, lag die Grenze zwischen den Neuseeländern und den Highlandern vor den britischen Minenfeldern. Von hier hat man einen guten Blick auf die Miteiriya-Höhen im Südwesten. Deren flache Erhebungen boten Rommels Panzerabwehrgeschützen ideale Deckung und verbarg die Bewegungen seiner Fahrzeuge. Sie waren das Ziel Montgomerys für die Operation „Lightfoot". Die Infanterie sollte in Kolonnen aufmarschieren und sich zur Schlachtordnung für den Nachtangriff auf den Höhenzug formieren. Außer der Küste im Norden und den kaum wahrnehmbaren ca. 4 km entfernten Miteiriya-Höhen gab es im Gelände keine markanten Punkte. In der Nacht mussten sich die Angreifer auf Kompass und Schrittlänge verlassen, um nicht in die Minenfelder um die deutschen und italienischen Stellungen zu geraten. Die Südafrikaner, Neuseeländer und Schotten hatten ca. 6 km vorzurücken, während hinter ihnen die Pioniere Durchfahrten für die

Panzer des 10. Korps minenfrei machten. Montgomery trieb seine Leute bis an die Grenzen des in einer Nacht Möglichen. Die Infanterie erreichte zwar den Höhenzug, die Panzer konnten aber die Abwehrstellungen nicht vor Tagesanbruch durchbrechen, wodurch „Lightfoot" zum Misserfolg wurde. Immerhin zwang er Rommel, Reserven einzusetzen.

„SNIPE"

Nach Westen kommt man auf der Hauptstraße zu einem Kanaldurchlass. Etwas dahinter wendet sich die Straße an einem Haufen Schottersteine nach Nordwesten. Ungefähr 400 m dahinter liegt ein zerstörtes rechteckiges Haus. Dieses markiert die sogenannte „Niere", eine harte Kalkstein-Senke von ca 1 m unter dem umgebenden Niveau. In dieser flachen Senke von 650 x 300 m focht Oberstleutnant Turner und das 2. Bataillon der Schützenbrigade das Gefecht der „Snipe". Auf der Nord- und Ostflanke wird sie von Dämmen aus Trümmern möglicherweise alter Brunnen markiert, von denen einer neben einem Fahrweg liegt, der von der Teerstraße abbiegt. Bleiben Sie unbedingt auf dem Weg – dies war ein vermintes Gebiet. Die umgebenden Sandwälle waren perfekt für Turners 6-Pfünder-Panzerabwehrkanonen.

RAHMAN-PFAD UND MARSEILLE-STEINMAL

Folgt man der Teerstraße nach Westen bis zu einer die Straße in Nord-Süd-Richtung überquerenden Telegrafenleitung, so trifft man auf eine berühmte Steinpyramide mit Einfassung südlich der Straße. Dies ist das Marseille-Steinmal, wo der erfolgreichste deutsche Jagdflieger wegen eines Motorschadens abstürzte. Betrachten Sie die Telegrafenleitung nach Sidi Abdul el Rahman an der Hauptküstenstraße. Die Telegrafenpfosten markieren Rommels letzte Panzerabwehrstellung, wo er auch seine letzten Panzerreserven aufstellte. Die ersten 2–3 km der Telegrafenlinie waren die Angriffsziele für die Operation „Supercharge", einen Einbruch in die Achsenstellungen, den man in Freybergs neuseeländischen Divisionsstand geplant hatte. Der Erfolg zweier britischer Brigaden im Nachteinsatz erlaubte es Curries 9. Panzerbrigade, bis an Rommels Panzerabwehrlinie vorzustoßen. Hier war es auch, dass die britischen Panzer unter schweren Verlusten Rommels Verteidigung bis zum Brechen ausdehnen konnten. Direkt südlich des Steinmals gelang den britischen Panzern schließlich der Durchbruch.

BARREL-HILL UND DAS BLOCKHAUS

Treibsand verbietet es, auf dieser Strecke weiterzufahren, sodass man umkehren und durch El Alamein zurück muss. Biegt man hinter dem Ort links ab und fährt westwärts an den Gedenkstätten an der Uferstraße entlang, erreicht man den Bereich, in dem Morsheads 9. australische Division sich so tapfer am „Barrel Hill" schlug.

Heute wird der „Barrel Hill" abgetragen, weil man die Steine als Baumaterial für die entstehenden Wohnanlagen benötigt. Man findet ihn aber anhand des Blockhauses und der Eisenbahn-Baracken in regelmäßigen Abständen entlang der Bahnlinie. Diese wurden 1942 in den Schlachten zu Feldlazaretten der Achseneinheiten und der Australier. Im Gebiet von „Barrel Hill" und „Cauldron" zwangen die australischen Angriffe bekanntlich Rommel zum Einsatz seiner letzten Reserven, d. h. die Reste von einstmals 164 leichten und dann 15 Panzer- und 90 leichten Divisionen. Dies beanspruchte die Verteidiger so sehr, dass sie den Durchbruch bei der Aktion „Supercharge" am Rahman-Weg nicht mehr verhindern konnten.

DIE GEDENKSTÄTTEN

Fährt man nach El Alamein zurück, trifft man als Erstes auf die italienische Gedenkstätte, einen Marmorturm, den man von allen Punkten des Schlachtfeldes aus sieht. Im Vorhof sind 40-mm-Panzerkanonen an der Basis jeden Trägers aufgestellt; in die Wände sind Gedenktafeln der verschiedenen Regimenter und Divisionen eingelassen. Das Innere besteht aus einem widerhallenden Raum, in dem selbst leises Geflüster zurückkommt. Die See liefert den

OBEN *Blick auf die Gräber von El Alamein durch einen Klosterbogen. Im Hintergrund steht das Opferkreuz, das man auf allen Commonwealth-Friedhöfen der Welt findet.*

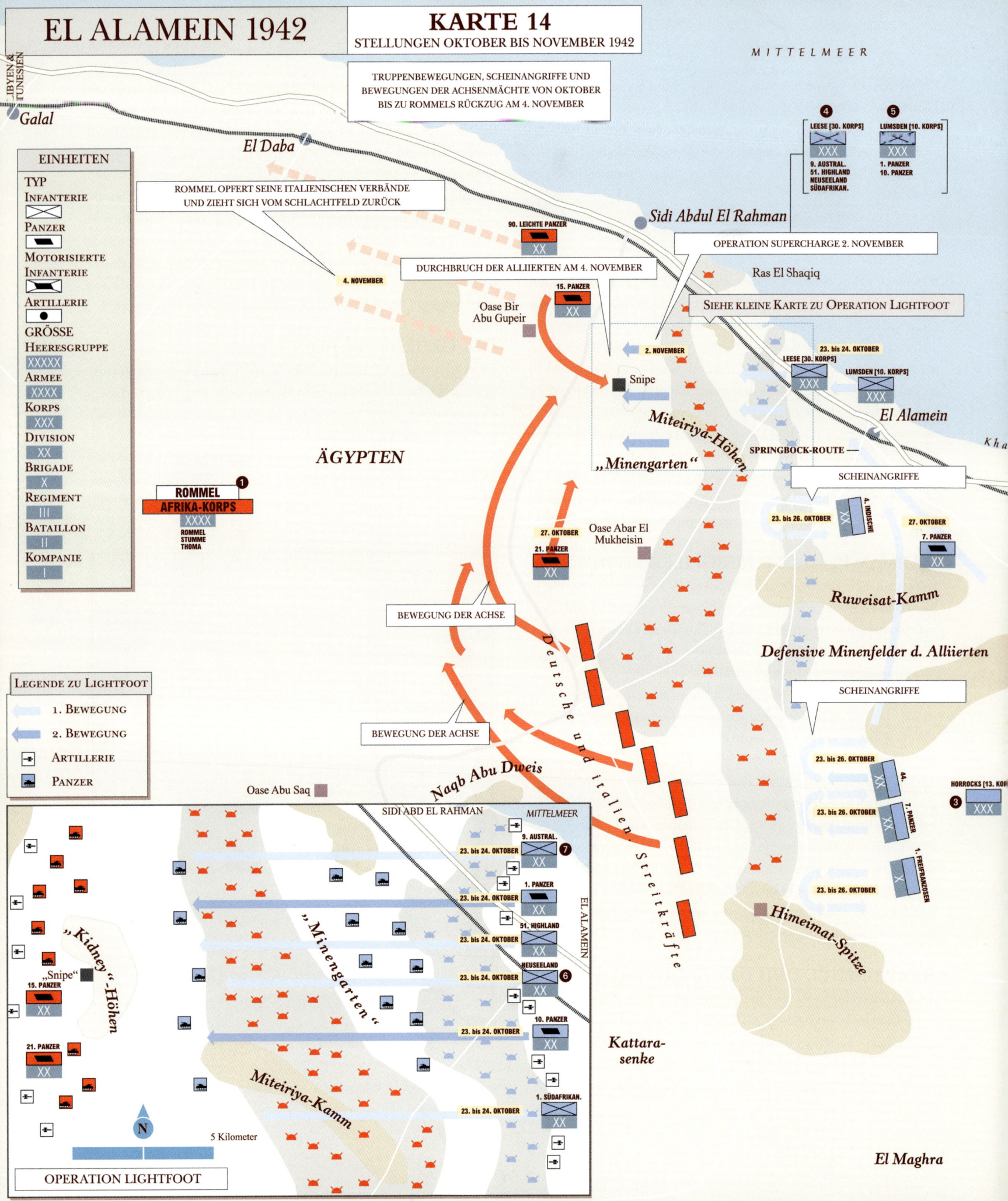

EL ALAMEIN 1942

KARTE 14
STELLUNGEN OKTOBER BIS NOVEMBER 1942

TRUPPENBEWEGUNGEN, SCHEINANGRIFFE UND
BEWEGUNGEN DER ACHSENMÄCHTE VON OKTOBER
BIS ZU ROMMELS RÜCKZUG AM 4. NOVEMBER

MITTELMEER

Galal

El Daba

4 LEESE [30. KORPS]
9. AUSTRAL.
51. HIGHLAND
NEUSEELAND
SÜDAFRIKAN.

5 LUMSDEN [10. KORPS]
1. PANZER
10. PANZER

Sidi Abdul El Rahman

ROMMEL OPFERT SEINE ITALIENISCHEN VERBÄNDE
UND ZIEHT SICH VOM SCHLACHTFELD ZURÜCK

90. LEICHTE PANZER XX

OPERATION SUPERCHARGE 2. NOVEMBER

Ras El Shaqiq

4. NOVEMBER

DURCHBRUCH DER ALLIIERTEN AM 4. NOVEMBER

15. PANZER XX

SIEHE KLEINE KARTE ZU OPERATION LIGHTFOOT

Oase Bir
Abu Gupeir

2. NOVEMBER

LEESE [30. KORPS] XXX

23. BIS 24. OKTOBER

LUMSDEN [10. KORPS] XXX

El Alamein

ÄGYPTEN

Snipe

Miteiriya-Höhen

Kha

„Minengarten"

SPRINGBOCK-ROUTE

ROMMEL **1**
AFRIKA-KORPS XXXX
ROMMEL
STUMME
THOMA

SCHEINANGRIFFE

23. BIS 26. OKTOBER

4. INDISCHE XX

27. OKTOBER

7. PANZER

27. OKTOBER

21. PANZER XX

Oase Abar El
Mukheisin

Ruweisat-Kamm

Defensive Minenfelder d. Alliierten

BEWEGUNG DER ACHSE

SCHEINANGRIFFE

BEWEGUNG DER ACHSE

Deutsche und italien Streitkräfte

23. BIS 26. OKTOBER

44. XX

HORROCKS [13. KO] **3** XXX

23. BIS 26. OKTOBER

7. PANZER

Naqb Abu Dweis

Oase Abu Saq

23. BIS 26. OKTOBER

1. FREIFRANZÖSEN X

Himeimat-Spitze

EINHEITEN

TYP

INFANTERIE

PANZER

MOTORISIERTE
INFANTERIE

ARTILLERIE

GRÖSSE

HEERESGRUPPE XXXXX

ARMEE XXXX

KORPS XXX

DIVISION XX

BRIGADE X

REGIMENT III

BATAILLON II

KOMPANIE I

LEGENDE ZU LIGHTFOOT

→ 1. BEWEGUNG

→ 2. BEWEGUNG

ARTILLERIE

PANZER

SIDI ABD EL RAHMAN

MITTELMEER

9. AUSTRAL. XX **7**

23. BIS 24. OKTOBER

1. PANZER XX

23. BIS 24. OKTOBER

„Kidney"-Höhen

„Snipe"

15. PANZER XX

„Minengarten"

51. HIGHLAND XX

23. BIS 24. OKTOBER

EL ALAMEIN

NEUSEELAND XX **6**

23. BIS 24. OKTOBER

21. PANZER XX

10. PANZER XX

23. BIS 24. OKTOBER

Kattara-
senke

Miteiriya-Kamm

1. SÜDAFRIKAN. XX

23. BIS 24. OKTOBER

N

5 Kilometer

OPERATION LIGHTFOOT

El Maghra

Hintergrund für die Marmor-Katakomben der italienischen Toten, die in Alkoven beigesetzt sind.

Weiter östlich steht die deutsche Gedenkstätte von 1950 im Stil eines normannischen Schlosses aus Apulien in Süditalien. Das Innere vermittelt das Gefühl eines abgeschlossenen Klosters mit Alkoven, in welchen jeweils drei Grabstätten stehen, in denen die Gegend eingemeißelt ist, aus der die Soldaten kamen. In einer kleinen Seitenkapelle befindet sich eine Gedenktafel für Erwin Rommel.

Ein Wegweiser weist zu den Commonwealth-Kriegsgräbern. Es ist, als ob man einen Wüstengarten durch einen einladenden Bogengang betritt, in den die Namen aller Vermissten eingemeißelt wurden. Die Gräber sind geordnet und mit hell- und dunkelroten Sträuchern eingefasst. Die Toten sind chronologisch nach Nationalität in Gruppen zusammengefasst. Mit dem Schlachtfeld im Hintergrund ist es eine schöne Anlage, die nur durch die wuchernden Hochspannungsleitungen und Häuser des wachsenden Alamein beeinträchtigt wird.

ZEITTAFEL

23. – 24. Oktober

Nacht • Infanterieangriff („Lighfoot") hinter einer Artillerie-Walze aus 882 Geschützen bei gleichzeitigem Beschuss der Achsen-Stellungen.
• Panzer-Korridore werden im Bereich der 2. NZ-Division und der 51. Highländer freigeräumt.

24. Oktober

Morgengrauen • Die 9. Panzerbrigade mit ihren amerikanischen Grants und Shermans rückt durch den Neuseelandsektor in die Ausgangsposition vor.
• Das 10. Korps (1. und 10. Panzerdivision) bleibt im Stau im Minenfeld stecken.

24. – 25. Oktober

Ein Durchbruchsversuch der Panzer scheitert. Generalleutnant Turner führt die Panzerabwehrschlacht „Snipe" in der „Nierensenke".

28. Oktober

Montgomery verlegt den Druck nach Norden und lässt die Australier an der Bahnlinie kleine Einkreisungen versuchen. Dies zieht Rommels Gegenangriffe auf sich, was zu etlichen Kämpfen um „Barrel Hill" führt.

1. – 2. November

• Ein abgefangener Funkspruch verrät Montgomery, dass Rommel seine letzten Reserven in den Norden verlegt hat. Montgomery greift daraufhin im Zentrum an („Supercharge"), mobilisiert dabei Rommels letzte Reserven von 21 Panzern und dezimiert die deutsche Infanterie und Panzerabwehr auf ein Drittel der ursprünglichen Stärke.
• Die Abwehr der Achse bröckelt.
• Rommel opfert seine italienischen Einheiten, um sein Afrika-Korps zu retten.

4. November Rommel zieht sich zurück.

NORMANDIE 1944

Von Martin Marie Evans

In Dünkirchen hatten die Franzosen den Engländern die Flucht ermöglicht und sich dann am 4. Juni der deutschen Armee ergeben. Die letzte britische Einheit verließ Frankreich von Marseille aus auf einem Walisischen Kohlendampfer. Am 19. August 1942 versuchte die 2. kanadische Division eine Landung bei Dieppe, die in einem blutigen Desaster endete und den Briten vor Augen führten, wie wenig sie über Landungsoperationen an feindlichen Stränden wussten. Trotzdem, wenn die Deutschen aus Frankreich und den anderen besetzten Gebieten Europas geworfen werden sollten, war eine Landung unumgänglich. 1943 wurde beschlossen, dass die Alliierten irgendwo zwischen Le Havre und Cherbourg landen sollten.

In diesem Gebiet gab es nur den Hafen von Cherbourg, der wegen seiner starken Befestigung nur vom Land aus genommen werden konnte. Verpflegung, Munition und Öl für die Landungstruppen mussten somit auf unkonventionelle Weise herangeschafft werden. Zwei künstliche Häfen mit dem Code-Namen „Mulberry" (Maulbeere)

wurden aus alten Schiffen, Beton-Senkkästen und Molen für den Nachschub gebaut. Öl sollte durch eine Unterwasserleitung (Pipe Line Under The Ocean = PLUTO) gepumpt werden. Es wurden auch etliche Spezialpanzer entwickelt: Der „Doppelantrieb"-Typ (D-D) wurde mit Propeller und Schwimmvorrichtungen aus amerikanischen Shermans gebaut. „Crabs" (Krabben) waren Churchill-Panzer mit Dreschflegeln zur Zündung von Landminen, „Crocodiles" trugen Flammenwerfer und „Petards" waren mit 290-mm-Mörsern zum Zerstören von Bunkern ausgestattet. Panzerfahrzeuge der Pioniere wurden mit Vorrichtungen zum Überqueren von Bächen und Auffüllen von Gräben ausgestattet. Die Amerikaner lehnten es zunächst ab, irgendwelche dieser „Spielzeuge" außer den D-Ds einzusetzen. Später erfanden sie ein eigenes, den „Rhino", der einen spitzenbewehrten Riegel trug, um damit die eigentümlichen Erd- und Heckenumrandungen der Felder in der Bocage zu überwinden.

DIE STRÄNDE DER NORMANDIE

Die ausgewählten Landungsstellen unterschieden sich im Terrain. Im Westen ist die Ostseite der Contentin-Halbinsel sandig mit Dünen zwischen dem Strand und einem Sumpfstreifen, hinter dem das Festland liegt. Dies ist der Utah-Strand. Am Fuße der Halbinsel verläuft die Küste ostwärts, wo das überschwemmte Delta von Douve, Taute, Vire und Aure um Carentan lag, während im Inland die Bocage den

OBEN *Als der Omaha-Strand und das Steilufer besetzt waren, konnten die größeren Landungsschiffe Truppen und Nachschub an Land bringen. An dieser Stelle sollte ein künstlicher Hafen installiert werden, aber der Sturm vom 19. Juni zerstörte ihn vorzeitig.*

Verteidigern Schutz bot. Die ostwärts verlaufenden Klippen drohten mit Küstenbatterien an der Pointe de Hoc, westlich des nächsten Strandes, des Omaha-Streifens. Die Klippen steigen an, bis sie auf der anderen Seite von Arromanches wieder in die Sandstrände Gold, Juno und Sword übergehen. Östlich davon kommt die Orne aus Caen und das Land steigt leicht an, bevor es wieder ins ebenfalls überschwemmte Dives-Tal abfällt. Jeder Strand hielt unterschiedliche Probleme für die Angreifer bereit.

Die Invasion mit dem Codenamen „Overlord" stand unter dem Kommando des amerikanischen Generals Dwight D. Eisenhower, dem die Befehlshaber der Marine, der Land- und der Luftstreitkräfte unterstanden. Für den Angriff in der Normandie („Neptune") befehligte General Sir Bernard Law Montgomery die Landstreitkräfte. Ihm unterstand die 1. US-Armee von Generalleutnant Omar N. Bradley und die 2. britische Armee unter Generalleutnant Sir Miles Dempsey. Die Amerikaner sollten an Utah und Omaha landen, während den Briten Gold und Sword und den Kanadiern der Juno-Strand dazwischen zugewiesen war. Zur Flankendeckung sollten die 82. und 101. US-Luftlandedivision zwischen Ste.-Mère-Église und Carentan abgesetzt werden, während die 6. britische Luftlandedivision die Brücken über den Caen-Kanal und die Orne sowie den Höhenzug im Osten sichern sollten.

DIE INVASION

Die Landung sollten am 5. Juni stattfinden, was das Wetter jedoch nicht zuließ. Ein kurzes Intervall mit besserem Wetter ermutigte Eisenhower, die Landung für den nächsten Tag anzusetzen. Kurz nach Mitternacht landeten die britischen Fallschirmjäger nahe der Brücke über den Caen-Kanal, wo sie die Familie Gondrée vom Café daneben unsanft weckten. Nach einem kurzen Gefecht waren die Kanalbrücke

und die benachbarte Brücke über den Fluss genommen. Die amerikanischen Fallschirmjäger sprangen zur gleichen Zeit an der anderen Flanke ab. Beide Einheiten litten unter Gegenwind, Navigationsproblemen und Feindeinwirkung und hatten hohe Verluste. Aber ihre Ziele erreichten sie, bevor die große Armada aus Kriegsschiffen, Transportern, Landungsschiffen und Amphibienfahrzeugen kurz nach Morgengrauen auftauchten.

Die deutschen Verteidiger oberhalb des Utah-Strandes alarmierte das mit Tagesanbruch einsetzende Feuer der Schiffsartillerie. Die Landungsschiffe waren schon ca. zwei Stunden im Wasser, als sie merkten, dass sie von der Strömung nach Süden abgetrieben worden waren. Brigadegeneral Theodore Roosevelt entschied, dass es wichtiger sei, irgendwo an Land zu kommen, als im Kampf mit der See den Plan einzuhalten. Sie fuhren weiter und wurden so zu ihrem Glück von den deutschen Hauptbefestigungsanlagen abgetrieben. Die Dämme über das Sumpfland hielten ihre Luftlande-Kameraden, sodass sie rasch landeinwärts vorrücken konnten. Hier wurden an diesem Tag über 23.000 Mann an Land gesetzt, wobei nur 200 Mann verloren gingen.

Auf der Spitze der Klippe Pointe du Hoc weiter östlich tobte ein blutiger Kampf. Das 2. amerikanische Ranger-Bataillon unter Oberst-

OBEN *Gegen 8:45 Uhr am 6. Juni landen schwer beladene Soldaten der 40. Nord-Umbrischen Division und Briten der zweiten Welle noch unter Feindbeschuss am Sword-Strand.*

DIE WICHTIGSTEN KONTRAHENTEN

DIE DEUTSCHEN
Feldmarschall Karl von Rundstedt, Oberkommandierender West
Feldmarschall Erwin Rommel, Heeresgruppe B (Normandie)

DIE ALLIIERTEN
General Dwight D. Eisenhower (Armee, Marine und Luftstreitkräfte)
General Sir Bernard Law Montgomery (Landungs-Armee Normandie)
Generalleutnant Omar N. Bradley (1. US Army)
Generalleutnant Sir Miles Dempsey (2. britische Armee)
Brigadegeneral Theodore Roosevelt

Brigadegeneral Norman D. Cota (29. Division)
Oberstleutnant James E. Rudder (2. amerikanisches Ranger Battalion)

General Dwight D. Eisenhower

Am Omaha-Strand gab es schwerste Verluste. Im Westen überragt ihn eine große Klippe, auf welcher die deutschen Geschützstellungen in ihrer strandbeherrschenden Lage heute noch zu sehen sind. Hinter dem Strand verläuft eine Reihe nicht minder drohender Klippen mit Schützengräben, durch welche fünf Gullys Zugang zum Flachland darüber gewährten. Am Strand waren Hindernisse aufgestellt, die an der Spitze Landminen trugen. Darüber hinaus bereitete die See Probleme. Einmal hatte man festgelegt, die Landungsboote und die D-D-Panzer schon 19 km vor der Küste ins Wasser zu lassen, anstatt erst in 11 km, wie an den britischen Stränden. Ferner verursachte der Wind eine Ostströmung, was die Boote aus dem Kurs brachte. Anders als Roosevelt versuchten die Kommandeure die vorgegebenen Landungsstellen zu erreichen, was in erster Linie die D-D-Panzer bezahlen durften. Sie waren nicht auf Wellen von der Seite eingerichtet, sodass von den 32 gestarteten Panzern 27 versanken. Außerdem waren die Deutschen hier stark. Der Abhördienst hatte richtig mitbekommen, dass hier die 761. Küstendivision mit älteren und unerfahrenen Männern stationiert war. Man wusste aber nicht, dass hier auch die 352. Front-Infanteriedivision zur Übung lag.

Als die Landungsschiffe ihre Frontrampen öffneten, um die Männer der 1. Infanteriedivision („Big Red One") ins Wasser zu schicken, eröffneten die Deutschen das Feuer. Die 29. Division wurde als nächstes ausgeladen.

Am Strand herrschten Chaos und Tod. Um Mittag saß man immer noch hier, entweder zusammengekauert vor der Strandmauer oder verwundet oder tot. Drei Kompanien des 2. Ranger-Bataillons standen am Westende des Strandes und warteten auf Oberst Rudders Befehle, erhielten aber keine. Daraufhin griff man die Klippen am Ende des Strandes an, was nur die Hälfte von ihnen überlebte. Anderen Einheiten ging es nicht besser; wohl oder übel mussten sie die Klippen hinauf und die Widerstandsnester eines nach dem anderen angreifen.

Um 7:30 Uhr kam Brigadegeneral Norman D. Cota an Land und fand den Strand von Toten und Verwundeten übersät vor, aber auch einige Gruppen in Deckung. Es war wichtig, vom Strand weg zu kommen und so sprang er von Gruppe zu Gruppe, befehlend, überredend und fluchend. Die Landungsboote brachten ständig neue Leute und langsam trieb dieser Druck, der Mut einzelner und kleiner Trupps die Leute die Gullys und die Klippen hoch. Um 11:00 Uhr war das Dorf Vierville erobert. Am Nachmittag war das Oberland in amerikanischer Hand und am Abend der Brückenkopf gesichert. Der Tribut hierfür war hoch; nur an diesem Strand zählte man rd. 2000 Tote und noch mehr Verwundete. Die 1. und die 2. Division bestanden aus Berufssoldaten, die dies hart fanden; für die Neulinge war Omaha eine blutige Feuertaufe.

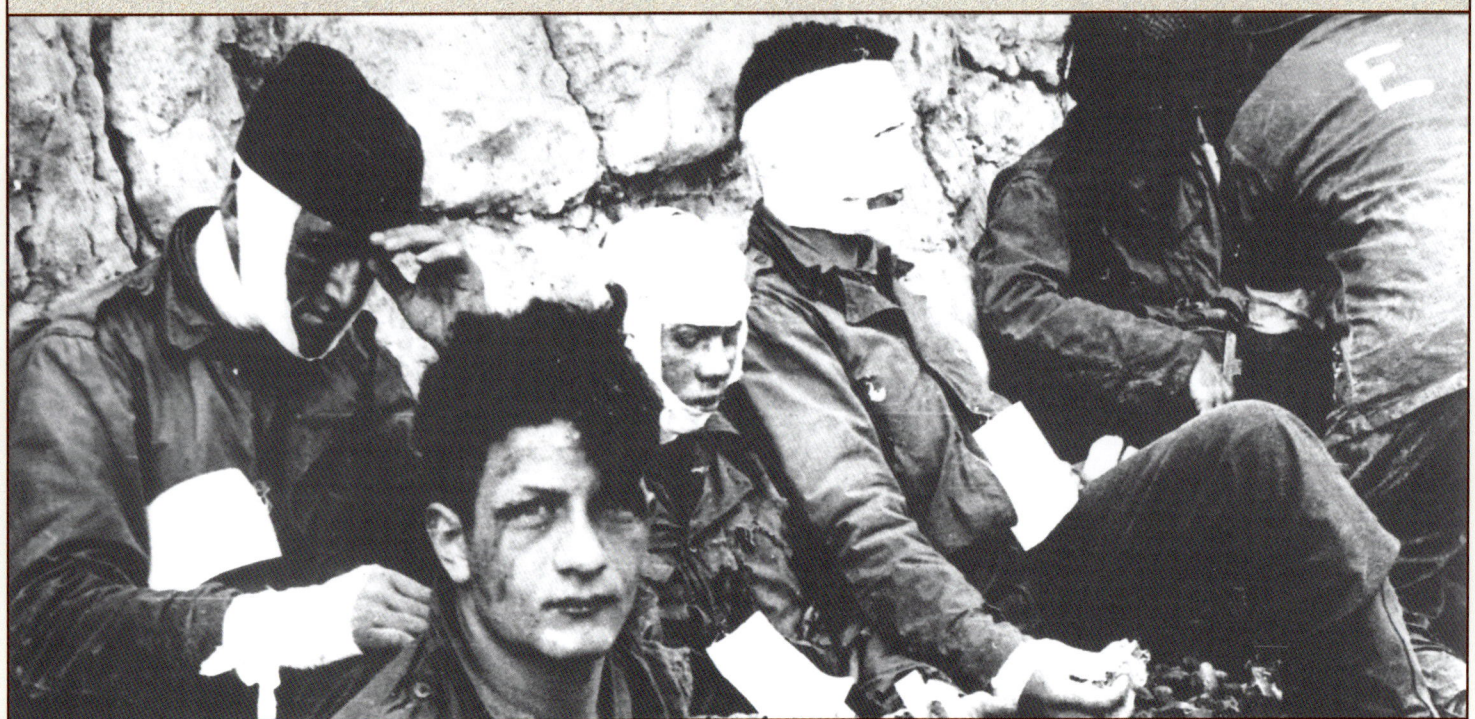

OBEN *Amerikanische Sturmtruppen des 16. Kampfregiments der 1. Division, die bei der Landung am Omaha-Strand verwundet wurden, warten an der Kreideklippe auf den Transport ins Feldlazarett.*

leutnant James E. Rudder hatte den Auftrag bekommen, diese Stellung auf der Klippe zu nehmen und die dort befindliche schwere Artillerie zu zerstören. Die Männer kamen weiter östlich an Land als geplant und mussten nun die Steilküste hinauf. Ihre Kletterhaken kamen wegen der schweren, nassen Taue nicht hoch genug und die Deutschen deckten sie mit Handgranaten ein. Schiffsartillerie und Luftangriffe lieferten die notwendige Deckung, um schließlich die Klippe zu erklimmen. Im Inland fand man auch die unmontierten Geschütze und zerstörte sie. Ein deutscher Gegenangriff schlug sie jetzt zurück auf die Klippe, wo sie das Feuer ihrer eigenen Schiffe empfing. Zur Identifikation rollten die Ranger die eigene Fahne aus und hielten durch, bis sie nach zwei Tagen befreit wurden. Bis dahin hatten die Ranger 60 % Verluste zu beklagen.

Der amerikanische Bereich endete bei Port-en-Bessin, einem Fischerhafen tief zwischen den Klippen, die sich bis Arromanches, wo der britische „Mulberry"-Hafen entstehen sollte, und dem Westende des Gold-Strandes hinziehen. Zwischen den beiden Orten in der Nähe von Longues stand die Vier-Geschütz-Batterie von Chaos. Sie wurde durch Salven von der HMS *Ajax* und nachmittags vom französischen Kreuzer *Georges Leygues* ausgeschaltet. Dies war extrem wichtig, weil die See hier so rau war, dass man entschied, die D-D-Panzer mit den Landungsschiffen am Strand abzusetzen. Die „Spielzeuge" (Funnies) bewährten sich durch ihre Flegel, mit denen sie Minen zur Explosion brachten, sowie ihre Waffen beim Angriff feindlicher Stellungen. Im Gegensatz zu den Amerikanern im Westen kamen die Briten relativ rasch voran; gegen Abend standen sie vor Bayeux, 10 km im Inland.

Die Kanadier am Juno-Strand hatten beim Anlanden Probleme, weil der Sturm die Flut höher als normal aufgestaut hatte, sodass die minenbewehrten Igel-Hindernisse verborgen blieben. Aber die D-Ds liefen gut und unterstützten die Soldaten, als sie sich ihren Weg durch die Küstenorte bahnten. Auf der Westseite von Juno verbot die See das Landen von Panzern und die Bunker forderten einen hohen Tribut von der Landungstruppe. Die Panzer kamen hinter der Infanterie, welche beim Warten auf die Panzer dezimiert wurde. Die Kanadier setzten ihre Landungen fort, arbeiteten sich durch die vordersten

Verteidigungstellungen und waren am Abend im Hinterland. Am Morgen gab es noch größeres Problem: Die 21. Panzer-Division war bei Luc-sur-Mer zwischen Juno und Sword ans Ufer gekommen. Die Sturmflut machte den sonst so schönen breiten Sword-Strand zu einem schmalen Streifen, wodurch ein massiver Verkehrsstau entstand. Auf den sanften Höhen dahinter lagen Bunker und Geschützstellungen, die ausgeschaltet werden mussten. Die Feuerunterstützung von der britischen Marine war durch den Tod des Verbindungsoffiziers gefährdet. Somit musste die Infanterie später mit Panzerunterstützung die Stellungen einzeln eroberten. Laut Plan sollte man bis Caen vorstoßen, was nicht gelang. Lord Lovats 6. Kommando und Kommandant Kieffers 1. französisches Kommando stießen vor und vereinigten sich mit den Luftlandetruppen zur Sicherung der Ostflanke.

Mit Einbruch der Nacht hatten die Alliierten in der Normandie festen Fuß gefasst, auch wenn nicht alle Ziele erreicht waren. Die britische Front war durch die 21er-Panzer zweigeteilt, die Amerikaner hatten zwar eine starke Basis im Hinterland des Utah-Strandes, aber eine eingeschlossene Gruppe auf der Pointe du Hoc und am Omaha-Strand eine viel engere Position als geplant. Am sogenannten D-Day waren 75.215 britische und 57.500 amerikanische Soldaten an Land gegangen; 4300 Briten und 6000 Amerikaner waren der Preis dafür. Aber immerhin, man war an Land und die Deutschen hatten keine Möglichkeit, sie wieder ins Meer zu werfen.

DAS SCHLACHTFELD HEUTE

Das Gesamtgeschehen kann man am besten verstehen, wenn man die zwei größeren Museen besucht, einmal die Gedenkstätte am nördlichen Ring um Caen und das Gedenkmuseum für die Schlacht in der Normandie am Südring um Bayeux.

An den wichtigeren Punkten sind überall Museen und der Besucher könnte Tage und Wochen damit zubringen, Ste.-Mère-Église, Ste.-Mère-du-Mont (Utah-Strand), Vierville-sur-Mer und St.-Laurent-sur-Mer (Omaha-Strand), Arromanches, Ouistreham and Bénouville (Pegasus-Brücke) und lohnende Ausstellungen an vielen weiteren Orten anzusehen. Zur Veranschaulichung des Kampfes sollte man eine Tour zu den eindrucksvollsten Stellen unternehmen und dabei Pointe du Hoc, den Omaha-Strand (beides wegen des Pfads auf die Höhen der westlichen Klippen und wegen des Blicks auf den und vom amerikanischen Friedhof bei Colleville-St.-Laurent), ferner Arromanches (die Klippen im Osten der Stadt zeigen die Reste des künstlichen „Mulberry"-Hafens) und weiter am Strand nach Osten die Orne und die Pegasus-Brücke besuchen.

Es gibt mindestens acht markierte Touristenwege unter „Normandie Terre Liberté". Blaue und weiße Pfähle mit dem Logo einer Seemöwe zeigt die Stellen an, die in der Broschüre *D-Day Landings and the Battle of Normandy* besonders behandelt werden. Die Schrift ist in jedem größeren Touristenzentrum zu bekommen.

> „Feuer regnete aus Maschinengewehren, Gewehren und Raketen aus den Bunkern oben auf der Klippe auf uns runter. Ich sah, wie Sturmboote wie unseres Volltreffer abbekamen. Die Boote fuhren im Zick-Zack, um nicht getroffen zu werden, was alle Pläne über den Haufen warf ... Der Strand war voller Leichen, Männer ohne Arme, ohne Beine – Gott es war grauenhaft!"
> Feldwebel Harry Bare, 116. Regiment.
> Aus Bastable: Voices from D-Day, „Bloody Omaha"

NORMANDIE 1944

KARTE 15
BEGINN 6. JUNI 1944

☞ SIEHE 3-D-GELÄNDEKARTE SEITE 122–123

SIEHE 3-D-GELÄNDEKARTE SEITE 122–123

LEGENDE

	„SCHIFFSKORRIDOR" DER NAVY
	ALLIIERTER VORSTOSS 6. BIS 12. JUNI 1944
	SCHIFF DER ALLIIERTEN
	DEUTSCHE GESCHÜTZSTELLUNG
	ZIELGEBIET FÜR BOMBARDEMENT D. MARINE
JUNO	STRANDABSCHNITT FÜR LANDUNG
Easy	STRANDSEKTOR FÜR LANDUNG
Ravenoville	STADT ODER DORF
	MARSCHLAND ODER ÜBERSCHWEMMT
	WICHTIGE STRASSE
	WICHTIGE EISENBAHNSTRECKE

POSITIONEN DER NAVY MITSAMT ANGRIFFEN UND BEWEGUNGEN ZWISCHEN 6. UND 12. JUNI 1944. DIE WICHTIGSTEN ARMEEVERBÄNDE, KORPS UND DIVISIONEN WERDEN GEMEINSAM MIT DEN VERBÄNDEN DER MARINE DARGESTELLT (DETAILS SIEHE LEGENDE).

SPOUT-KÜSTENGESCHÜTZE

1 US-GENERAL DWIGHT D. EISENHOWER KOMMANDIERTE DIE SHAEF-TRUPPEN (OBERSTES HAUPTQUARTIER DER ALLIIERTEN EXPEDITIONSSTREITKRÄFTE). DER BRITISCHE GENERAL SIR BERNARD MONTGOMERY KOMMANDIERTE DIE LANDSTREITKRÄFTE BEI DER OPERATION OVERLORD.

2 MONTGOMERY — 21. ARMEEGRUPPE — XXXX

3 BRADLEY — 1. US-ARMEE — XXXX

KIRK — SONDEREINHEIT WEST NAVY

VIAN — SONDEREINHEIT WEST NAVY

Ärmelkanal (inset / small map, oben):

Quinéville · Valognes · 709. · HAUPT-GESCHÜTZ · Montebourg · Merderet · 01:30 · 82. US · CHERBOURG · Pointe de Barfleur · 243. · 91. · Sainte-Mère-Église · Douve · 265. · Barfleur · 709. · Saint-Côme-du-Mont

SIEHE KLEINES BILD OBEN

Ortsnamen und Einheiten (Hauptkarte):

Quettehou · Pointe de Saire · Saint-Vaast-la-Hougue · U T A H

BLACK PRINCE · EREBUS · ANCON · TUSCALOOSA (Utah HQ) · BAYFIELD (Omaha HQ) · QUINCY · NEVADA · 7. US · HAWKINS · 5. US · Quinéville · Peter · HAUPT-GESCHÜTZ · Queen · ENTREPRISE · TEXAS · 4. US · Rodger · SOEMBA · 1. US · Ravenoville · 06:30 · Sugar · GLASGOW · Saint-Germain-de-Varreville · 01:30 · 82. US · Tare · 2. PIONIER · Pointe de la Percée · 29. US · Saint-Martin-de-Varreville · Uncle · O M A H A · 06:30 · 243. · 6. BIS 12. JUNI · Pointe du Hoc · GEORGES LEYGUES · Bouteville · Grandcamp-Maisy · Baker · Charlie · 06:30 · MONTCALM · Sainte-Marie-du-Mont · Victor · Able · HAUPT-GESCHÜTZ · Dog · ARKANSAS · Vierville · 101. US · 01:30 · William · 352. · Easy · Fox · G O L D · SCHIFFS-BOMBARDEMENT BEGINNT · George · 05:30 · Saint-Côme-du-Mont · Saint-Laurent-sur-Mer · How · Colleville-sur-Mer · Item · Jig · King · Love · Mike · Nan · Oboe · Douve · 6. BIS 12. JUNI · La Cambe · Formigny · Port-en-Bessin · Arromanches · Langrune-sur-Mer · Carentan · Isigny-sur-Mer · Aure · HAUPT-GESCHÜTZ · Courseulles-sur-Mer · HAUPTGESCHÜTZ · Luc-sur-Mer · Peter · Drôme · Creuilly · Queen · 17. SS · 6. BIS 12. JUNI · Bayeux · Seulles · Ouistreham · Roge · ALLIIERTE FRONT 12. JUNI · 6. BIS 12. JUNI · Carpiquet · 716. · HAUPTGESCHÜTZ · Bénouville · PEGASUS-BRÜC · 275. · Caen · 21. · Taute · Vire · PÉRIERS · Balleroy · Tilly-sur-Seulles · 352. · 12. SS · St.-Lô · 82. US · 2. · LEHR · Caumont-l'Eventé · DOLLMAN · 7. ARMEE · XXXX · ROMMEL · HEERESGRUP · AVRANCHES · FALAISE

Schiffe der Navy (Reihe Mitte/rechts):

AUGUSTA · ANCOU · AJAX · ARGONAUT · EMERALD · ORION · BULOLO (Gold HQ) · FLORES · BELFAST · DIADEM · HILARY (Juno HQ) · LAR (Sword) · SCYLL · DA

30. BRIT. · 50. BRIT. · 07:25 · 3. KANAD. · 07:45 · 1. BRIT. · 3. BRIT. · 07:25

J U N O · S W O R D · Vire-Taute-Kanal

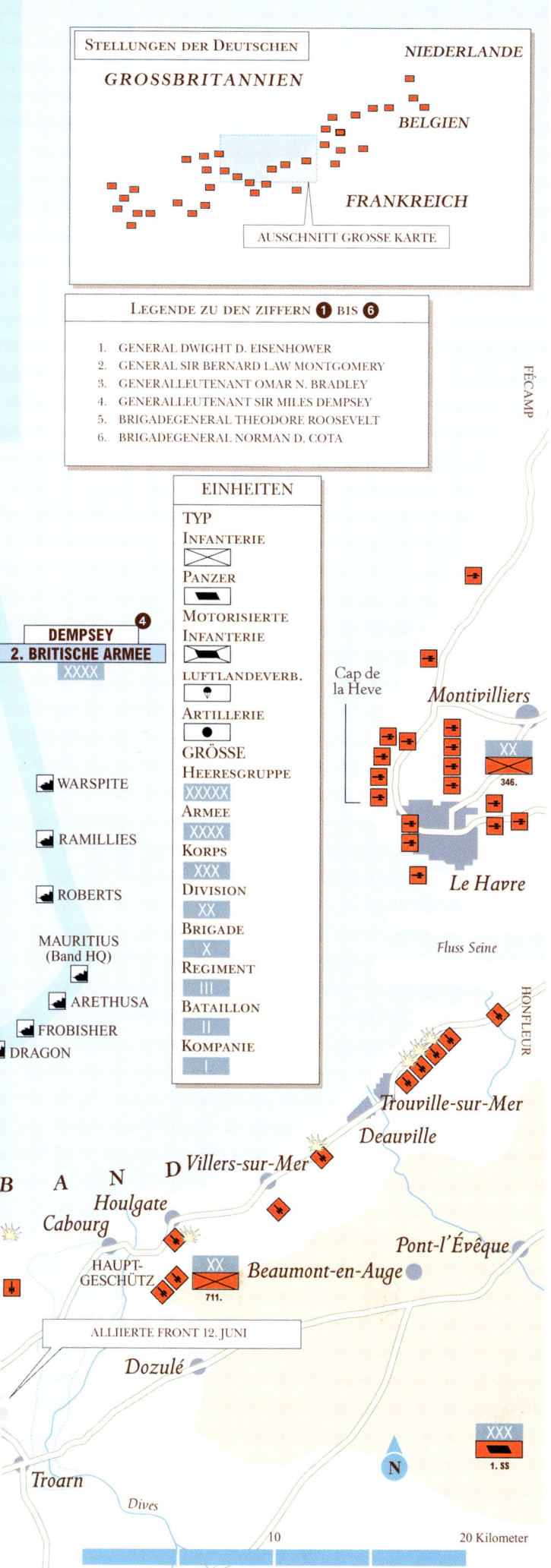

INFORMATIONEN FÜR BESUCHER

- Mémorial, Caen. Tel: ++ 33 (0)2-31-06-06-52. www.memorial-caen.fr
- Musée Mémorial de la Bataille de Normandie, Bayeux.
  Tel: ++ 33 (0)2-31-51-46-90.
- US Airborne Museum, Ste.-Mère-Église. Tel: ++33 (0)2-33-41-41-35.
- Musée du Débarquement Utah Beach, Ste.-Marie-du-Mont.
  Tel: ++ 33 (0)2-33-71-53-35.
- Musée D.Day Omaha, Vierville-sur-Mer. Tel: ++ 33 (0)2-31-21-71-80.
- Omaha Mémorial Musée, 6 Juin, St.-Laurent-sur-Mer.
  Tel: ++33 (0)2-31-21-97-44.
- Musée du Débarquement, Arromanches.
  Tel: ++ 33 (0)2-31-22-34-31. www.normandy1944.com
- Arromanches 360 (cinema). Tel: ++ 33 (0)2-31-22-30-30.
  www.arromanches360.com
- Musée du Mur de l'Atlantique, Ouistreham. Tel: ++ 33 (0)2-31-97-28-69.
- Musée du No 4 Commando, Ouistreham. Tel: ++ 33 (0)2-31-96-63-10.
- Mémorial Pegasus, Museum of the British Airborne Troops, Ranville-Bénouville. Tel: ++ 33 (0)2-31-78-19-44.
  www.normandy1944.com

ABLAUF DES 1. INVASIONSTAGES („D-DAY")

6. Dezember 1943

Eisenhower wird Oberkommandierender des alliierten Expeditionskorps für die Invasion Frankreichs.

15. Mai 1944

Erste Planungskonferenz zum Unternehmen „Overlord"; vorgesehener Invasionstermin: 5. Juni 1944

4. Juni

04:15 Die Landung wird um 24 Stunden verschoben.

21:45 Eisenhower setzt Overlord für den 6. Juni an.

5. Juni

09:00 Die ersten Landungsschiffe verlassen Portsmouth.

6. Juni

00:30 Fallschirmjäger und Lastensegler der 6. britischen Luftlandedivision landen an der Ostflanke; die Pegasus-Brücke wird genommen.

01:30 Die 101. und 82. US-Luftlandedivision landen zur Sicherung der Westflanke.

03:00 Schwere und mittlere Bomber und die Schiffsartillerie bombardieren die deutschen Stellungen.

04:30 82. US-Luftlandedivision nimmt Ste.-Mère-Église ein

06:15 Zweite Welle der Luftangiffe.

06:30 Amerikaner landen; kaum Widerstand an Utah.

07:25 Landung der Briten an Sword beginnt nach Plan.

07:50 Kanadier landen am Juno mit 20 Min. Verspätung.

10:00 Alle Ziele am Juno-Strand erreicht.

11:00 Die Amerikaner brechen vom Omaha-Strand aus.

11:19 Alle Ziele am Gold-Strand sind erreicht.

15:00 Die 21. Panzerdivision wird von 3. britischen Panzerdivision aufgehalten, aber Teile erreichen Luc-sur Mer, das von den Kanadiern gehalten wird.

20:00 Die deutsche „Hillmann-Festung" im Inland von Sword wird endlich erobert.

7. Juni

00:00 Der Omaha-Brückenkopf ist gesichert.

OMAHA-STRAND

Von allen Landungsstellen stellte der Omaha-Strand die Alliierten vor die größten Probleme. Schlechtes Wetter verursachte eine Ost-West-Dünung, er hat einen enormen Tidenhub und war durch eine problematische Steilküste begrenzt. Als einziger Bereich zwischen den britisch-kanadischen Abschnitten (Gold, Juno und Sword) und dem breiten Utah-Bereich im Westen musste er jedoch genommen werden. Mit diesem Problem wurde General Clarence R. Huebner mit der 1. Infanteriedivision, der berühmten „Big Red One" zusammen mit dem 116. Sturmregiment der 29. Division und zwei Elite-Bataillonen der Ranger betraut. Letztere hatten die Aufgabe, die deutschen Batterien auf der Pointe du Hoc einige Kilometer westlich der Hauptlandungsstelle auszuschalten. Die Illustration auf diesen Seiten zeigt die Westhälfte des Omaha-Strandes um 5:00 Uhr am 6. Juni. Die rote Linie zeigt die Positionen, die man zur Mitte des Tages erreicht hatte.

① Strandmauer: Der Omaha-Strand war zur See hin mit einer 3,5 m hohen Mauer abgeschirmt. An einigen Stellen war sie durch Beschuss der Schiffsartillerie unterbrochen. Am Fuße der Mauer lag ein Streifen Kieselstrand. Um 7:00 Uhr reichte die Flut bis an diesen Kieselstreifen, was einen gefährlich engen Raum für das Landungsgut ließ.

② Strand-Zugänge: Die vier engen Hohlwege (Gullys), die vom Strand aufs Festland führen, waren Schlüsselziele. Ihre Kontrolle würde den Panzern und der Infanterie einen leichten Einstieg gewähren, sobald der Strand besetzt sein würde. Die Amerikaner gewannen ab 9:00 Uhr Kontrolle über die Gullys.

③ Strand-Hindernisse: Alle Strände waren mit Hindernissen der Deutschen bewehrt, um die Landung von Amphibienfahrzeugen zu erschweren. Die Hindernisse bestanden aus schweren Eisengerüsten auf Rollen, in den Strand schräg eingetriebenen Pfählen und Blöcken. Die meisten dieser Hindernisse waren mit Minen zur Zerstörung heranfahrender Schiffe versehen. Marine-Pioniere sollten die Minen entschärfen; trotzdem gingen viele Landungsboote wegen versteckter und verminter Hindernisse verloren.

④ Landungsschiff: Speziell für Landungsunternehmen gebaute Schiffe; die hier verwendeten konnten 30–40 Soldaten in Kampfausrüstung befördern. Ca. 20 km vor der Küste bestiegen die Soldaten von großen Schiffen diese Landungsboote. Wegen des schlechten Wetters am Anfang der Woche war die Fahrt zum Strand sehr bewegt und viele wurden seekrank. Die schwer beladenen Soldaten mussten vielfach ins Wasser, das ihnen bis an die Schultern reichte. Die Größe der Landungsschiffe ist in der Illustration übertrieben.

⑤ Die Klippen. Beide Enden des ca. 7 km langen Strandes bestanden aus Klippen; eigentlich waren überall Steilküsten.

⑥ Die deutschen Abwehrstellungen, Gräben und Feuerstände lagen entlang der Steilküste auf dem Oberland mit Schwerpunkten an den Gullys. Die Deutschen waren gut eingegraben und hatten Geschützstellungen in den Klippen, die den Strand beherrschten.

⑦ Erd- und Hecken-Eingrenzungen in der Bocage (Landschaft aus kleinen Feldern, hohen Heckenreihen und Hohlwegen).

⑧ Der Strand war in 8 Sektoren von je 0,5–1 km Breite eingeteilt, in denen jeweils bestimmte Einheiten landen sollten. Trotzdem gab es erhebliche Staus am Strand, die von der ungewöhnlich hohen Flut und vom heftigen deutschen Widerstand verstärkt wurden. Die Bezeichnungen der Abschnitte war wie folgt: a) Fox Red; b) Fox Green; c) Easy Red; d) Easy Green; e) Dog Red; f) Dog White; g) Dog Green; h) Charlie.

⑨ Vierville-sur-Mer: Einheiten des 116. Sturmregiments und der Army-Ranger erreichten den Ort gegen Mittag. Aber mit Einbruch der Dunkelheit war der von den Amerikanern gehaltene Bereich gefährlich schmal und deutschen Gegenangriffen ausgesetzt.

⑩ Les Moulins

⑪ Kampflinie zu Mittag

⑫ St-Laurent-sur-Mer

⑬ Colleville-sur-Mer

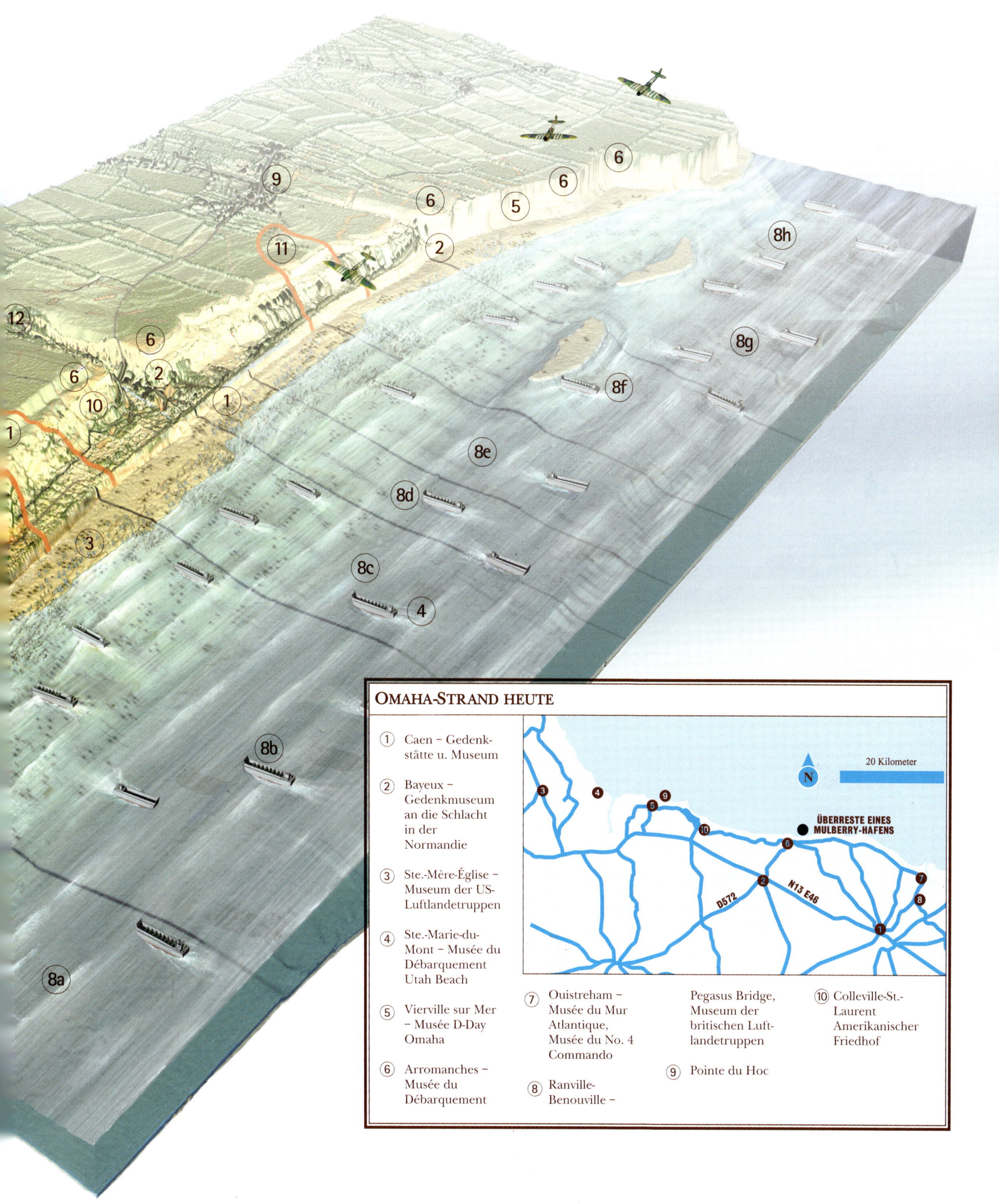

OMAHA-STRAND HEUTE

1. Caen – Gedenk-stätte u. Museum
2. Bayeux – Gedenkmuseum an die Schlacht in der Normandie
3. Ste.-Mère-Église – Museum der US-Luftlandetruppen
4. Ste.-Marie-du-Mont – Musée du Débarquement Utah Beach
5. Vierville sur Mer – Musée D-Day Omaha
6. Arromanches – Musée du Débarquement
7. Ouistreham – Musée du Mur Atlantique, Musée du No. 4 Commando
8. Ranville-Benouville – Pegasus Bridge, Museum der britischen Luft-landetruppen
9. Pointe du Hoc
10. Colleville-St.-Laurent Amerikanischer Friedhof

ÜBERRESTE EINES MULBERRY-HAFENS

20 Kilometer

N

D572   N13 E46

ARNHEIM 1944

Von Martin Marix Evans

Paris wurde am 25. August von den Deutschen kampflos geräumt und am 1. September wurde General Dwight D. Eisenhower, der Befehlshaber der alliierten Invasionsstreitkräfte, Oberbefehlshaber einer Armee aus drei Teilarmeen. Feldmarschall Sir Bernard Law Montgomery mit seiner 21. Armeegruppe, Generalleutnant Omar N. Bradley mit der 12. Armeegruppe – beide waren in der Normandie dabei – und Generalleutnant Jacob Devers mit der 6. Armeegruppe, der die Invasion in Südfrankreich geleitet hatte, waren ihm unterstellt. Die 1. Kanadische Armee kämpfte sich an der Küste entlang nach Norden und nahm am 4. September Antwerpen ein. Dieser Hafen war für die Alliierten jedoch nutzlos, solange die Deutschen nicht von der Scheldemündung vertrieben waren. Bis dahin musste der Nachschub weiter von den Stränden der Normandie durch Frankreich und Belgien herangeschafft

werden. Montgomery und Bradley wetteiferten um den größeren Anteil am Sieg, ersterer wollte in Holland durchbrechen, letzterer direkt nach Osten ziehen. Die Deutschen hatten den Westwall errichtet, der östlich von Nimwegen nach Norden, südlich des Rheins und westlich des Reichswalds verlief. Bradley wollte ihn durchbrechen, Montgomery ihn umgehen. Am 10. September entschied sich Eisenhower für Montgomerys Plan.

Die Operation „Market Garden" – so ihr Deckname – bestand aus zwei Teilunternehmen, einem Luftlandeangriff und einer Landoperation. Das XXX. Korps unter Generalleutnant Brian Horrocks sollte „Garden" durchführen, indem er von der belgischen Grenze aus in die Niederlande bis zum Ijsselmeer vordringen sollte. Dazu hatte er neben starker Luftunterstützung die Garde-Panzerdivision und die 43. und 50. Infanteriedivision zur Verfügung. Das XII. und VIII. Korps sollte an den Flanken folgen.

„Market" sollte von vom 1. Luftlandekorps unter Generalleutnant Lewis H. Brereton von der 1. Luftlandearmee unter Generalleutnant F. A. M. „Boy" Browning durchgeführt werden. Die drei Divisionen dieser Kommandos sollten den Fluss, die Kanalbrücken und die Flanken von Horrocks Vorstoß sichern, indem man bei Eindhoven, Nimwegen und Arnheim landete. Auf diese Weise sollte die schwache deutsche Front zwischen Rhein und Ijsselmeer von der 52. Tiefland-Division der 21. Armeegruppe einen vernichten-

OBEN: *Die Brücke „Too far" („zu weit") nach dem Kampf um Arnheim. Die Deutschen haben die Trümmer des Panzer-Aufklärungsbataillons beiseite geräumt, um die Straße passierbar zu machen. Die rauchge-schwärzte Ruine des Wachturms steht rechts von der Auffahrt. Weiter rechts steht eins der Häuser, welches die Briten besetzt hatten, jetzt ohne Dach, eins von so vielen zerstörten Häusern, die soweit abgetragen wurden, dass die Besucher heute hineinschauen können.*

DIE WICHTIGSTEN KONTRAHENTEN

AUF DEUTSCHER SEITE
Feldmarschall Walter Model
General Wilhelm Bittrich
(II. SS-Panzerkorps)
General Friedrich Kussin
Sturmbannführer Ludwig
Spindler (Artillerie-
Sturmbannführer)
Sturmbannführer Krafft

AUF ALLIIERTER SEITE
General Dwight D. Eisen-
hower (Oberbefehlshaber
der alliierten Invasions-
truppen – SHAEF)
Feldmarschall Sir Bernard
Law Montgomery
(21. Heeresgruppe)
Generalleutnant Omar N.
Bradley (12. Heeresgruppe)
Generalleutnant Jacob Devers
(6. Heeresgruppe)
Generalleutnant Brian
Horrocks (XXX. Korps)

Generalleutnant Lewis
H. Brereton (1. alliierte
Luftlandearmee)
Generalleutnant F.A.M. „Boy"
Browning
(1. Luftlandekorps)
Major General Maxwell
Taylor ((101. US-Luft-
landedivision)
Brigadegeneral James M.
Gavin (82. US-Luftlande-
division)
Generalmajor R. E. Urquhart
(1. brit. Luftlandedivision)
Brigadier P. H. W. Hicks
(1. Luftlandebrigade)
Brigadier G. W. Lathbury
(1. Fallschirmjägerbrigade)
Oberstleutnant John Frost
(2. Battalion)
Major Freddie Gough (Aufklä-
rereinheit, 1. Fallschirm-
jäger-Brigade)

Feldmarschall Walter Model

Feldmarschall Sir Bernard Law Montgomery

den Schlag erhalten, sodass es möglich würde, den Krieg noch 1944 zu beenden.

Das 1. Luftlandekorps bestand aus einer britischen und zwei amerikanischen Divisionen. Die 101. US-Division unterstand Generalmajor Maxwell Taylor. Sie sollte nach der Landung bei Eindhoven die Brücken über den Wilhelmina- und Willems-Kanal sowie über Aa und Dommel sichern. Die 82. Division unter Brigadegeneral James M. Gavin sollte südlich von Nimwegen zwischen Grave und Groesbeek landen, um die Brücken über Maas und Waal und ihren Verbindungskanal zu besetzen. Gleichzeitig sollte so der Vorstoß vor einem Gegenangriff aus dem Reichswald geschützt werden. Beide amerikanischen Einheiten hatten schon in der Normandie gekämpft. Die britische Einheit unter Generalmajor R. E. Urquhart sollte nördlich des Rheins westlich von Arnheim landen, um rasch die Straßen- und Eisenbahnbrücken in der Stadt zu sichern.

Die Distanz vom Ausgangspunkt des XXX. Korps am Maas-Escaut-Kanal bei Lommel bis Arnheim beträgt ca. 100 km. Der Vormarsch sollte Eindhoven am ersten Tag, Nimwegen am zweiten und Arnheim am dritten Tag erreichen. Die Aktion „Market Garden" sollte am 17. September starten; eine Woche blieb zur Planung und für die Vorbereitungen.

DIE SCHLACHT UM ARNHEIM

Die britische 1. Luftlandedivision hatte viele Probleme. Das größte davon war, dass das Gelände südlich des Rheins für Luftlandungen denkbar ungeeignet war, weil es ein Eindeichungsgebiet voller Entwässerungsgräben und erhöht liegender Straßen war. Auch waren Flakbatterien nördlich von Arnheim gefährlich, ebenso wie der Wald auf den erhöhten Flächen nördlich des Rheins. Nur im Nordwesten gab es offenes Land für Fallschirmjäger und Lastensegler. Zudem wurden infolge eines Engpasses beim Lufttransport für das Einfliegen des Korps drei Tage benötigt. Was den Feind betrifft, so besagte der Geheimdienstbericht für die 1. Brigade, dass es keine Fakten für eine Einschätzung der Lage gäbe. Dass hier ein Übungsgebiet der Deutschen lag, war bekannt; Nachrichten, dass die 9. und 10. Panzerdivision in der Nähe lagen und überholt wurden, nahm man entweder nicht ernst oder missachtete sie.

Der Morgennebel des 17. September hob sich bis 9:00 Uhr und die ersten 359 Lastensegler starteten um 9:45 Uhr. Um 12:40 Uhr wurde die Vorhut aus der 21. Fallschirmjägerkompanie zum Markieren der Landungszone S nordwestlich von Wolfheze und die Zonen X und Z südwestlich davon abgesetzt. Um 13:00 Uhr landeten die Segler, geflogen von den häufig vergessenen Piloten vom Segler-Regiment, und eine Stunde später wurden die Fallschirmjäger abgesetzt. Die 1. Luftlandebrigade unter Brigadier P.H.W. Hicks landete in Zone Z und war für die Sicherung der Landungs- und Absprungszonen verantwortlich. Die 1. Fallschirmjägerbrigade unter Brigadier G.W. Lathbury landete in Zone X, während General Urquhart und

OBEN *Männer des 1. Bataillons installieren einen 75-mm-Granatwerfer zur Verteidigung der Enklave zwischen Hotel Hartenstein und Oosterbeek, wo sich die Briten zum letzten Mal formierten. Ab dem 21. September lagen sie unter dem Feuer der Kampfgruppe von Tettau auf einer Erhöhung im Westen.*

im Jeep zwischen ihren Einheiten herumkurvten. So verlangte Urquhart am Nachmittag nach Gough, der sich erst vom Gefecht mit dem 16. SS absetzen musste, und als er Urquhart nicht im Hartenstein fand, ihn suchen fuhr.

Frosts Leute waren um 15:00 Uhr aufgebrochen und aufgehalten worden – nicht vom Feind, sondern von der Bevölkerung, die sie umjubelte. Die Eisenbahnbrücke war gesprengt worden, bevor man sie erreichte, und die Ponton-Brücke zwischen den Pfeilern teilweise demontiert, so dass sie nicht ans andere Ufer kamen. Trotz Abwehrfeuer aus dem höhergelegenen Den Brink rückte das 2. Bataillon in der Abenddämmerung zur Straßenbrücke vor und besetzte die Nordauffahrt und die umliegenden Häuser. Zu ihnen gesellte sich Goughs Einheit, die Urquhart nicht gefunden hatte, sowie ein Teil des Stabs der 1. Fallschirmbrigade. Ein Schutzturm der Brücke wurde gegen 22:00 Uhr abgebrannt, wobei auch ein paar deutsche Fahrzeuge Feuer fingen. Bei Tagesanbruch des 18. September verteidigten rd. 740 Mann die Brücke. Sie vernichteten einige Panzerspähwagen des 9. SS-Aufklärungsbataillons, als sie versuchten, vom Süden herüberzukommen, und wehrten später am Tage einen Panzerangriff ab.

sein Stab, die 1. Luftlande-Aufklärungsabteilung sowie weitere Divisionseinheiten, Artillerie und Sanitäter in Zone Z landen sollten. Sie trafen dabei kaum auf Widerstand und sammelten sich rasch. Sie ahnten aber nichts von dem deutschen Bataillon, welches etwas östlich von ihnen trainierte.

Als die 1. Fallschirmjägerbrigade aufbrechen wollte, wurde Major Freddie Goughs Aufklärungseinheit dieser Brigade befohlen, auf der Nordseite der Bahnlinie rasch bis zur Straßenbrücke vorzugehen. Etwas östlich von Wolfheze (wo heute die Autobahn entlang führt) wurden sie gestoppt, weil Sturmbannführer Krafft schleunigst sein Bataillon vom Training in Stellung gehen ließ. Das 3. Bataillon nahm die „Tiger"-Route ins Zentrum, indem es den Utrechtseweg in Richtung Oosterbeek folgte. Links davon marschierte das 1. Bataillon auf der „Leoparden"-Route zur Bahnlinie. Oberstleutnant John Frosts 2. Bataillon auf dem „Löwen-Pfad" sollte vor der Besetzung der Uferstraße durch das höhere, bewaldete Gebiet von Westerbouwing hindurch. Leopard war durch Kraffts Einheit gesperrt, Tiger ebenfalls durch die gleiche Einheit. Das 1. Fallschirmbataillon war gestoppt, das 3. gebremst, so dass es an diesem Abend nur das Hartenstein-Hotel in Oosterbeek erreichte. In einem Feuergefecht auf dem Wege war General Friedrich Kussin gefallen. Das Hartenstein-Hotel wurde Stabsquartier. Die Briten waren stark behindert, weil ihre Funkverbindung ausgefallen war. Offiziere, die auf dem Laufenden bleiben wollten, wurden unerreichbar, weil sie

DIE DEUTSCHE REAKTION

Die Deutschen reagierten sofort. Feldmarschall Walter Model war am 17. September ebenso zufällig wie das II. SS-Panzerkorps unter General Wilhelm Bittrich in Oosterbeek. Model wies Bittrich an, mit den 10. SS-Panzern den Übergang nach Nimwegen zu sperren und mit den vorhandenen Teilen der 9. Panzerdivision die Briten anzugreifen, während der Rest nach Deutschland zurück musste. Dem Artillerie-Kommandeur, Sturmbannführer Ludwig Spindler, befahl er, jeden britischen Versuch zu vereiteln, die Gruppe an der Straßenbrücke zu verstärken. Dazu baute er Sperrzonen von Norden nach Süden, westlich von Arnheim und in der Stadt ca. 1000 m westlich der Brücke auf, gegen welche die Briten machtlos waren.

Am Nachmittag des 18. September rückte General Urquhart mit dem 3. Bataillon vor, als er, Lathbury und zwei Stabsoffiziere in Häusern nahe dem St.-Elisabeth-Hospital Schutz suchen mussten. Erst nach 12 Stunden konnte er zum Hauptquartier in Oosterbeek zurück. Inzwischen hatte Brigadier Hicks das Kommando übernommen und die 2. Süd-Staffordshires zusammen mit dem 11. Bataillon der neu gelandeten 4. Fallschirmbrigade nach Arnheim geschickt.

Am nächsten Tag sollte das XXX. Korps von Belgien kommend zu ihnen stoßen. Frost hielt die Brücke gegen zunehmenden Druck, aber weder im Norden noch im Süden der Bahnlinie konnte man gegen die 9. Panzer oder andere deutsche Einheiten etwas ausrichten. Urquhart musste seine Leute nach Oosterbeek zurückziehen. Schlechtes Wetter behinderte Nachschub und Verstärkung aus der Luft, welche die polnische Fallschirmbrigade stellen sollte. Am 20. September wurde Frost verwundet und musste das Kommando an Gough übergeben. Allen war klar, dass Entsatz nicht zu erwarten sei, und so ergab man sich am nächsten Morgen.

Urquhart konnte jetzt nur noch die Oosterbeek-Enklave bis zum Eintreffen des XXX. Korps aus dem Süden verteidigen. Die deutschen Angriffe waren heftig, nur von einer Waffenruhe zur Evakuierung der britischen Verwundeten aus den Schoonord- und Vreewijk-Hotels unterbrochen. Britische Artillerie wehrte nahe der Kirche einen Panzerangriff unter hohen eigenen Verlusten ab.

Im Süden nahm das Regiment 504 der 82. US-Fallschirmjäger die Brücke bei Nimwegen, aber es wurde Abend, bevor vier Panzer der Gardegrenadiere sie passierten. Sie stoppten wie befohlen zur Brückensicherung. Am 21. September versuchte die Irische Garde den ganzen Tag vergeblich, gegen die 10. Panzerartillerie nach Arnheim zu gelangen. Nun aber konnte die Artillerie des XXX. Korps von Nimwegen aus die deutschen Stellungen um Oosterbeek beschießen; trotzdem wurde das 1. Border-Regiment von der rasch zusammengestellten deutschen Kampfgruppe von Tettau vom Berg bei Westerbouwing geworfen. Die Polen konnten von Driel am Südufer des Rheins aus nicht helfen, weil sie nicht in genügender Zahl übersetzen konnten.

Im Süden hatte die 101. US-Luftlandetruppe am 22. September bei Veghel erbittert zu kämpfen, damit der von Belgien ausgehende dünne Schlauch nicht abgeschnitten wurde. Während die britischen Luftlandetruppen aushielten und man versuchte, sie zu verstärken, wurde klar, dass man aufgeben musste. Die Befehle hierzu erreichten Urquhart morgens am 25. September, als gerade ein Versuch der 4. Dorsets, ihm zu helfen, fehlschlug. Als am Abend die Artillerie des XXX. Korps den Feind beschoss, strömten die Verteidiger an den Fluss und wurden bei strömendem Regen nach und nach abtransportiert. Eine Nachhut von 300 Mann blieb bei den Verwundeten. Von ca. 11.000 Mann, die nördlich des Flusses gelandet waren, konnten 2120 evakuiert werden. Die 1. britische Luftlandedivision verlor auf beiden Seiten des Flusses 1485 Tote von 11.920 Mann (inklusive der polnischen Brigade, die südlich des Rheins gelandet war). Das eroberte und gehaltene Gebiet erstreckte sich fast 100 km von Belgien aus bis kurz vor Arnheim. Es wurde zum Ausgangspunkt für den erfolgreichen Angriff auf Deutschland im Jahr darauf.

DAS SCHLACHTFELD HEUTE

Ein Besuch des Schlachtfeldes sollte vom Luftlande-Museum Hartenstein ausgehen, wo Urquhart im Hotel Hartenstein, Oosterbeek, sein Hauptquartier errichtet hatte. Dort gibt es eine umfassende Sammlung authentischer Ausrüstung sowie eine vollständige Darstellung des Geschehens anhand von Karten, Bildern und Videos. Für eine Tour im Auto wird ein entsprechender Führer angeboten.

Als Aussichtspunkt bietet die Terrasse des Westerbouwing-Restaurants einen exzellenten Überblick über die Oosterbeek-Enklave mit der Driel-Fähre. Man überschaut auch die einzelnen Straßen- und Eisenbahnbrücken von Arnheim.

In Arnheim selbst ist die John-Frost-Brücke, wie sie jetzt heißt, wiederaufgebaut; das Original wurde von den Deutschen gesprengt. Vom Eusebius-Turm in Kerkplein

OBEN *Zwei Hotels am Utrechtseweg am östlichen Stadtrand von Oosterbeek wurden als Verbandsplätze verwendet. Ab 20. September lagen sie mitten im Kampfgebiet. Oberst Warrack handelte mit General Bittrich eine Kampfpause aus, während der die Verwundeten in deutsche Pflege und Gefangenschaft kamen.*

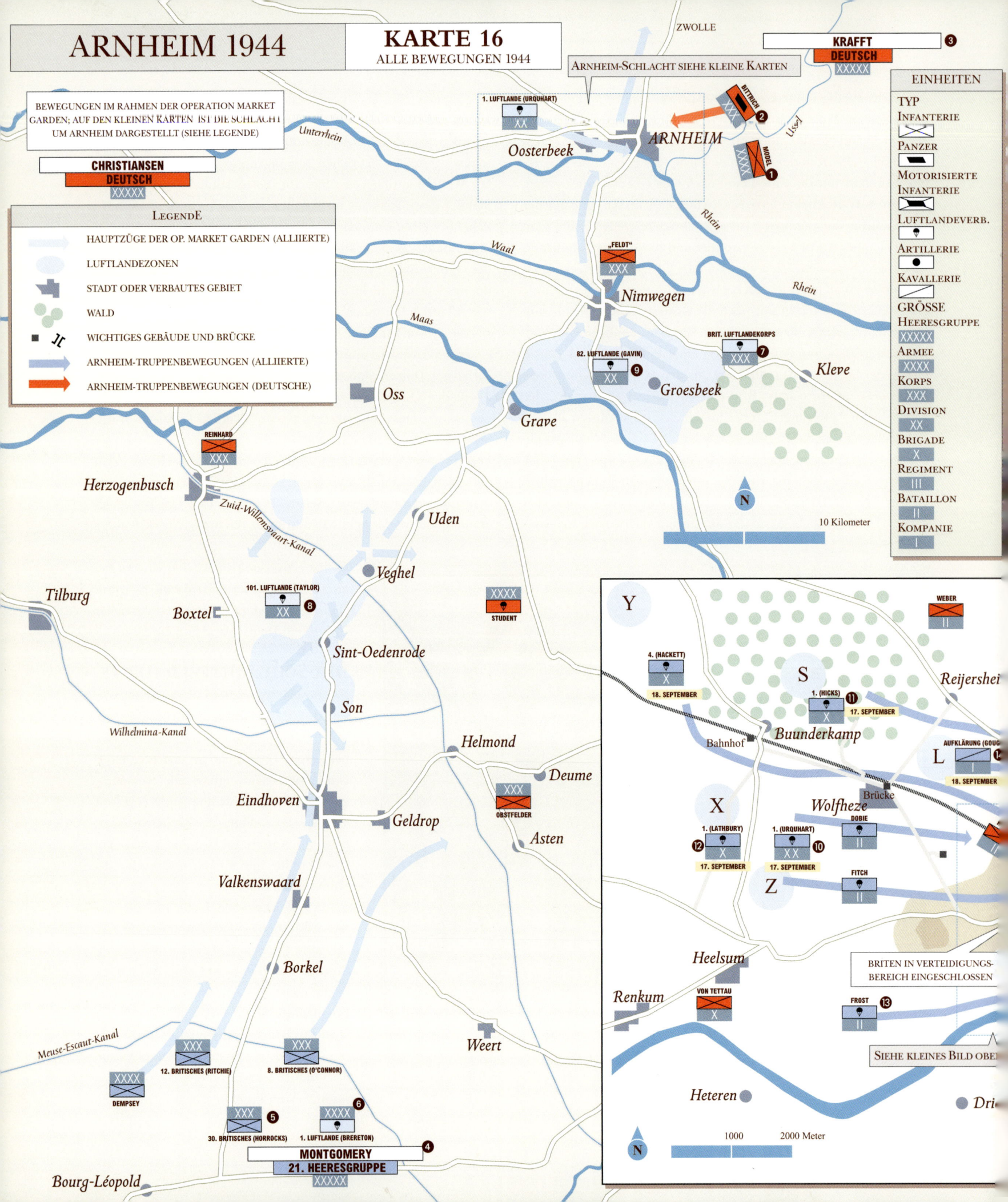

ARNHEIM 1944

KARTE 16
ALLE BEWEGUNGEN 1944

ARNHEIM-SCHLACHT SIEHE KLEINE KARTEN

ZWOLLE

KRAFFT
DEUTSCH ③

EINHEITEN

TYP
INFANTERIE
PANZER
MOTORISIERTE INFANTERIE
LUFTLANDEVERB.
ARTILLERIE
KAVALLERIE

GRÖSSE
HEERESGRUPPE XXXX
ARMEE XXXX
KORPS XXX
DIVISION XX
BRIGADE X
REGIMENT III
BATAILLON II
KOMPANIE I

BEWEGUNGEN IM RAHMEN DER OPERATION MARKET GARDEN; AUF DEN KLEINEN KARTEN IST DIE SCHLACHT UM ARNHEIM DARGESTELLT (SIEHE LEGENDE)

1. LUFTLANDE (URQUHART)

BITTRICH ②

MODEL ①

CHRISTIANSEN
DEUTSCH

Unterrhein

Oosterbeek

ARNHEIM

IJssel

Rhein

LEGENDE

- HAUPTZÜGE DER OP. MARKET GARDEN (ALLIIERTE)
- LUFTLANDEZONEN
- STADT ODER VERBAUTES GEBIET
- WALD
- WICHTIGES GEBÄUDE UND BRÜCKE
- ARNHEIM-TRUPPENBEWEGUNGEN (ALLIIERTE)
- ARNHEIM-TRUPPENBEWEGUNGEN (DEUTSCHE)

Waal

„FELDT"
XXX

Nimwegen

Rhein

BRIT. LUFTLANDEKORPS ⑦

82. LUFTLANDE (GAVIN) ⑨

Kleve

Maas

Groesbeek

Oss

Grave

REINHARD
XXX

Herzogenbusch

Zuid-Willemsvaart-Kanal

Uden

N

10 Kilometer

Veghel

101. LUFTLANDE (TAYLOR) ⑧

Tilburg

Boxtel

Sint-Oedenrode

STUDENT

Son

Wilhelmina-Kanal

Helmond

Deume

Eindhoven

OBSTFELDER
XXX

Geldrop

Asten

Valkenswaard

Weert

Borkel

Meuse-Escaut-Kanal

XXX
12. BRITISCHES (RITCHIE)

XXX
8. BRITISCHES (O'CONNOR)

XXXX
DEMPSEY

XXX
30. BRITISCHES (HORROCKS) ⑤

XXX
1. LUFTLANDE (BRERETON) ⑥

Bourg-Léopold

MONTGOMERY ④
21. HEERESGRUPPE
XXXX

(Einschub-Karte)

Y

WEBER
II

4. (HACKETT)
18. SEPTEMBER

S

Reijershei

1. (HICKS) ⑪
17. SEPTEMBER

Buunderkamp

Bahnhof

AUFKLÄRUNG (GOUG...)
18. SEPTEMBER

L

X

1. (LATHBURY) ⑫
17. SEPTEMBER

1. (URQUHART) ⑩
17. SEPTEMBER

Wolfheze

DOBIE

Brücke

Z

FITCH

Heelsum

BRITEN IN VERTEIDIGUNGS-BEREICH EINGESCHLOSSEN

Renkum

VON TETTAU
X

FROST ⑬
II

SIEHE KLEINES BILD OBE...

Heteren

Dri...

1000   2000 Meter

N

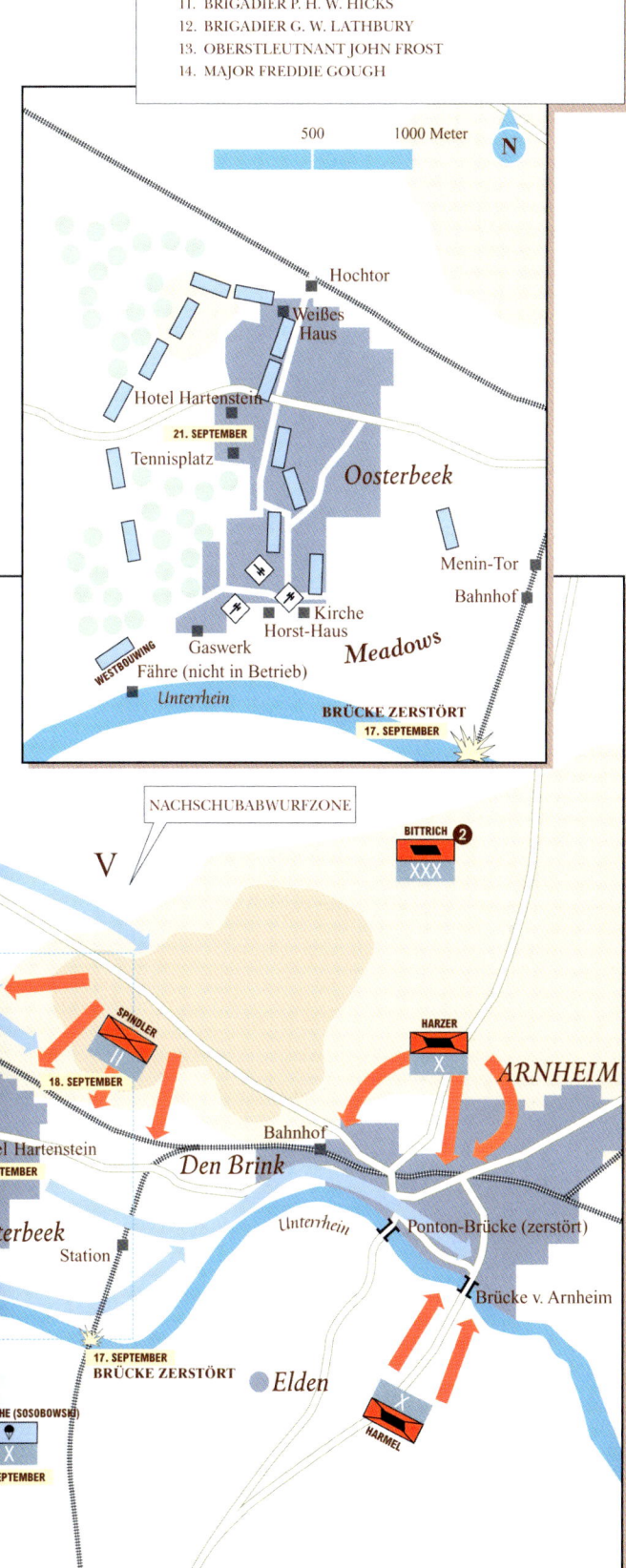

LEGENDE ZU DEN ZIFFERN ❶ BIS ⓮

DEUTSCHE
1. FELDMARSCHALL WALTER MODEL
2. GENERAL WILHELM BITTRICH
3. STURMBANNFÜHRER KRAFFT

ALLIIERTE
4. FELDMARSCHALL SIR BERNARD LAW MONTGOMERY
5. GENERALLEUTNANT BRIAN HORROCKS
6. GENERALLEUTNANT LEWIS H. BRERETON
7. GENERALLEUTNANT F. A. M. „BOY" BROWNING
8. GENERALMAJOR MAXWELL TAYLOR
9. BRIGADIER GENERAL JAMES M. GAVIN
10. GENERALMAJOR R. E. URQUHART
11. BRIGADIER P. H. W. HICKS
12. BRIGADIER G. W. LATHBURY
13. OBERSTLEUTNANT JOHN FROST
14. MAJOR FREDDIE GOUGH

überschaut man das ganze Gebiet. Es lohnt sich auch sehr, die Umgebung des St.-Elisabeth-Hospitals und des Stadtmuseums zu besuchen, wo die Deutschen die britischen Entsatzeinheiten stoppten.

Interessant und informativ ist auch ein Besuch der Nimwegen-Straßenbrücke und der westlich der Brücke auf dem Nordufer errichteten Gedenkstätte für die Amerikaner, welche die Kreuzung einnahmen. Südöstlich der Stadt liegt bei Groesbeek im Landungsgebiet der 82. US Luftlandedivision ein weiteres lohnendes Museum und der interessierte Besucher kann den ganzen Ablauf über Eindhoven bis an die belgische Grenze verfolgen.

INFORMATIONEN FÜR BESUCHER

- Airborne-Museum Hartenstein, Utrechtseweg, Oosterbeek. Tel: ++ 31 (0)26 333 77 10. www.airbornemuseum.com
- Liberation Museum, Wylerbaan, Groesbeek. Tel: ++ 31 (0)24 397 44 04.

ZEITTAFEL

13. September

Der Geheimdienst der 1. Fallschirmbrigade findet „keine Hinweise für die Einschätzung der Stärke" (des Gegners).

17. September

Start der Operation „Market Garden"

09:00 Der Morgennebel hebt sich.

09:45 Die ersten 359 Lastensegler starten.

12:40 Die Pfadfinder, die 21. Fallschirmkompanie, werden abgesetzt, um Landungszonen S, X und Z nordwestlich und südwestlich von Wolfheze zu markieren.

13:00 Die Lastensegler beginnen mit der Landung.

14:00 Fallschirmjäger werden abgesetzt; die britischen Funkkontakte fallen aus.

15:00 Frosts Männer werden abgesetzt.

18:30 Die Eisenbahnbrücke wird vor ihren Augen gesprengt, die Ponton-Brücke zwischen ihren Pfeilern ist abgebaut, so dass sie nicht ans Südufer gelangen.

19:30 Das 2. Bataillon besetzt die Nordauffahrt der Straßenbrücke und die umliegenden Häuser. Goughs Einheit stößt zu ihnen, ebenso das Hauptquartier der 1. Fallschirmbrigade.

22:00 Der Flakturm an der Straßenbrücke wird durch Feuer vernichtet.

18. September

Morgengrauen Rd. 740 Mann verteidigen die Brücke. Sie werfen das 9. SS-Panzeraufklärungsbataillon zurück und wehren einen Panzerangriff aus dem Osten ab.

20. September

Frost wird verwundet und übergibt das Kommando an der Brücke an Gough; am nächsten Morgen ergeben sich die Verteidiger.

21. September

Irische Gardeeinheiten versuchen erfolglos nach Arnheim durchzubrechen.

25. September

Evakuierung der Überlebenden

ARDENNENSCHLACHT 1944

Von Jason Musteen

Nach der Landung in der Normandie im Juni 1944 rückten die Westalliierten unter Dwight D. Eisenhower durch Frankreich und Italien vor, während die Sowjetarmee das Naziregime in Osteuropa unter Druck setzte. Wenn die Alliierten auch in Holland einen massiven Rückschlag erlitten und im Hürtgenwald im November horrende Verluste wegstecken mussten, schien das 1000-jährige Reich Adolf Hitlers im Winter 1944 am Rande des Zusammenbruchs. Der Sieg schien sicher; die Alliierten brauchten nur ihren Marsch nach Berlin fortzusetzen.

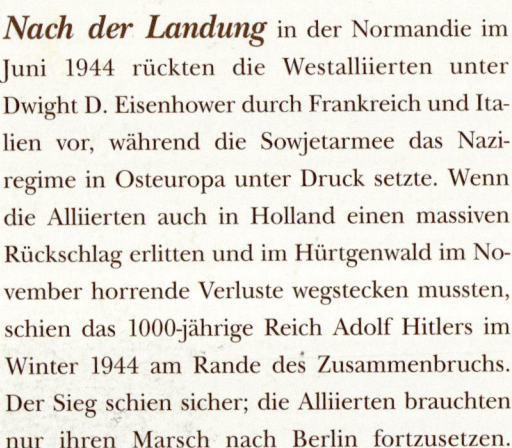

Allerdings hatte der Feind auch noch ein Wort dazu zu sagen; Hitler plante auch eine Offensive. Er wollte mit einem Überraschungsangriff durch die schwach verteidigten Ardennen und Belgien einen Keil durch die alliierten Linien treiben, um die amerikanischen Armeen unter Omar Bradley von den britisch-kanadischen Kräften unter Bernard Montgomery zu trennen. Hitler spekulierte, dass seine Truppen ungehindert bis an die Kanalküste vorstoßen könnten, wenn sie den Westrand der Ardennen an der Maas mithilfe von erbeutetem Treibstoff erreichten. Das Ziel war der Hafen von Antwerpen, über den riesige Mengen Nachschubgüter nach Europa ka-

men. Hitler glaubte, solch eine Aktion könne die Alliierten Armeen vom Nachschub abschneiden und sie auf dem Kontinent einschließen, wie es schon 1940 geschehen war, und ihr in seinen Augen labiles Bündnis zum Bruch führen.

Doch war die Situation von 1944 nicht die gleiche wie 1940. Entlang der ganzen Westfront standen Hitler kampferfahrene Truppen gegenüber, die sich auf dem Kontinent durchgekämpft hatten. Von seinen eigenen waren viele an den Fronten geblieben. Er hatte einige neue Divisionen im Westen aufgestellt, von denen viele nur Volksgrenadier-Divisionen waren, die aus Halbwüchsigen und alten Männern bestanden. Außerdem verschlang die Ostfront, die es 1940 noch nicht gab, täglich mehr Soldaten, als Deutschland nachliefern konnte. Ferner dominierten die amerikanischen und britischen Piloten am Himmel über Europa, während die Rote Armee die Ölfelder Rumäniens besetzt hatte und damit einen Blitzkrieg 1944 ausschloss. Die Luftwaffe war nicht einmal ein Schatten ihrer selbst; um die alliierte Lufthoheit auszuschalten, wollte Hitler seinen Angriff im Winterschnee und Nebel im Dezember 1944 starten.

OBEN *Deutsche Infanterie rückt während der Ardennenschlacht bei Poteau, Belgien, hinter brennenden amerikanischen Fahrzeugen vor. Der deutsche Angriff überraschte zwar die Amerikaner völlig, konnte aber Hitlers Ziel – Antwerpen – nie erreichen.*

RECHTS *Dutzende von Leichen im Schnee, die grausigen Zeugen des Malmedy-Massakers vom 17. Dezember 1944. SS-Leute ermordeten rd. 80 amerikanische Kriegsgefangene nahe Malmedy, Belgien. Die Leichen wurden nummeriert, um bei der Untersuchung die Übersicht zu behalten. Januar 1945, Baugnez, Belgien.*

DIE SCHLACHT

Um 5:30 Uhr morgens am 16. Dezember startete Hitler seine letzte große Offensive. Unter dem Befehl von Generalfeldmarschall Walter Model griffen fünf Panzerdivisionen und 12 Infanteriedivisionen aus den Westwallbefestigungen heraus in den Ardennen an. Die Amerikaner hatten hier nur 5 Divisionen stehen, weil sie einen Winterangriff durch die fast unpassierbaren Adennen – die Geisterfront – fast für unmöglich hielten. Diese Divisionen bestanden entweder aus jungen Rekruten oder waren nach verheerenden Verlusten im Hürtgenwald einige Wochen zuvor zur Erholung hierher verlegt worden.

Obwohl Hitler mit schwachem amerikanischem Widerstand rechnete, musste er auf seinem Weg ans Meer etliche Flüsse überschreiten. Da ihm die Pioniere von 1940 für die Pontons fehlten, musste er die Brücken intakt in die Hand bekommen. Deshalb wurde die Kampfgruppe Peiper der 1. SS-Panzerdivision unter Oberstleutnant Peiper als Speerspitze der Offensive mit dem Auftrag von Model losgeschickt, die Brücken zu besetzen und die Treibstoffdepots zu sichern. Durch die Losheim-Schlucht hervorbrechend rollten Peipers schwere Tiger- und Panther-Panzer durch die Nahtstelle des V. und VIII. US-Korps 40 km ohne nennenswerten Widerstand nach Westen. Berüchtigt für seine Exekution amerikanischer Gefangener am 17. Dezember außerhalb von Malmedy, verlor Peiper bald den Kontakt und Nachschub, bis eine einzelne Gruppe amerikanischer Pioniere in Eigeninitiative bei der Brücke über die Amblève bei Trois Ponts seinen Vormarsch stoppte.

Wenn auch Peipers Vorstoß weiterhin Beachtung findet, so war er nur eine kleine Teilaktion eines größeren Angriffs. Drei deutsche Armeen stürmten am 16. Dezember in die Ardennen. Trotz anfänglicher Überraschung durch General Sepp Dietrichs 6. Panzerarmee hielten die 2. und 99. US-Infanteriedivisionen die nördliche Schulter des Angriffs auf die Elsenborner Höhen, die höchsten Erhebungen in Belgien. Im Süden hielt die 4. Infanteriedivision die andere Schulter gegen General Erich Brandenbergers 7. Armee. Im Zentrum jedoch überrollten Teile der 5. Panzerdivision unter Gene-

---

DIE WICHTIGSTEN KONTRAHENTEN

AUF DEUTSCHER SEITE

Feldmarschall Walter Model (Heeresgruppe B)

General Josef ‚Sepp' Dietrich (6. SS-Panzerarmee)

General Hasso von Manteuffel (5. Panzerarmee)

General Erich Brandenberger (7. Armee)

Oberstleutnant Joachim Peiper (1. SS-Panzer-Division)

BEI DEN ALLIIERTEN

General Dwight D. Eisenhower (alliierter Oberbefehlshaber)

General Omar Bradley (12. Armee-Gruppe)

Generalleutnant Courtney Hodges (1. US Armee)

Generalleutnant George S. Patton jun. (3. US Armee)

Generalleutnant George S. Patton jun.

ral Hasso von Manteuffel Teile der 28. Infanteriedivision und kesselten fast spontan die 106. Infanteriedivision in der Schnee-Eifel ein, einem Höhenzug entlang der deutsch-belgischen Grenze. Zwei der drei Regimenter der 106. Division waren am Abend des 17. völlig eingeschlossen und Eisenhower musste seine einzige strategische Reserve, die 82. und 101. Luftlandedivision einsetzen, um das Anwachsen des Keils („Bulge") in seiner Front zu stoppen.

Am 19. Dezember hatten sich die eingeschlossenen Regimenter geschlossen ergeben und St.-Vith und Bastogne wurden nahezu eingeschlossen. Während die 7. Panzer-Division hartnäckig St.-Vith verteidigte, sprang die 101. Division bei Bastogne ab, um die Verteidiger zu unterstützen. Am 21. Dezember fiel St.-Vith und die Deutschen konnten rasch den Ring um Bastogne schließen, wo die 101. ihre isolierte Stellung weiter behauptete. Als man ihrem Führer, Brigadegeneral Anthony McAuliffe, am 22. Dezember die Kapitulation anbot, reagierte er nur mit „Nuts" (Quatsch), was ihn berühmt machte, und setzte den Kampf fort.

Der deutsche Vormarsch hatte im Zentrum einen enormen Anfangserfolg, blieb aber nach einer Woche stecken. Nachdem es nicht gelang, die Brücken bei Trois Ponts zu nehmen, hatte Peiper weiter nördlich einen anderen Übergang gesucht, bis ihm schließlich am 19. bei La Gleize Treibstoff und Zeit ausgingen. Nach einem vergeblichen Versuch, seinen Auftrag zu retten, ließen Peiper und eine Handvoll der ihm verbliebenen Leute ihre Panzer zurück und liefen am 23. Dezember zu Fuß zu den deutschen Linien zurück. Etwa 40 km westlich von Bastogne wurde von Manteuffel bei Celles, nur 4 km vor der Maas, gestoppt. Am 23. Dezember lichtete sich auch noch Hitlers „Hilfsnebel", wodurch die Alliierten Munition und Verbandsmaterial über Bastogne abwerfen und deutsche Kolonnen auf den schlammigen, verstopften Straßen aus der Luft angreifen konnten. Der letzte deutsche Angriff auf das immer noch eingeschlossene Bastogne wurde am Weihnachtstag von der 101. abgewiesen. George Patton, der wild darauf war, mitzumischen, beeilte sich, mit seiner 3. US-Armee nach Bastogne zu kommen, als das Wetter sich besserte. Er musste sich mit seinen Panzern über 250 km durch viele Hindernisse kämpfen, bis er am 26. Dezember das belagerte Bastogne entsetzen konnte.

Trotz des Überraschungseffektes war Hitlers schlecht überlegte Offensive von Anfang an zum Scheitern verurteilt. Selbst wenn es seine Generäle geschafft hätten, Antwerpen zu erreichen, hätte sich die prekäre Situation im Osten und Süden dadurch kaum geändert. Im Laufe des Januar 1945 rückten die Amerikaner wieder durch das

OBEN: *Ein massiver deutscher Königstiger fährt an den Soldaten der 99. Infanterie-Division entlang, die am ersten Tage der Offensive gefangen genommen wurden. Der Mangel an Treibstoff für diese Ungetüme trug sehr zur deutschen Niederlage bei.*

verlorene Gebiet vor und hatten am 28. Januar die „Beule" wieder geglättet. Hitlers letzter Einsatz war verspielt. Binnen weniger Wochen überschritten die Amerikaner den Rhein und rückten durch Deutschland auf Berlin vor. Durch das Ardennen-Abenteuer konnte Hitler weder etwas gegen die Flut aus dem Westen tun noch seinen Soldaten im Osten Erleichterung verschaffen. Seine Abwehr zerbrach unter den neuen Angriffen und am 30. April nahm er sich das Leben. Deutschland ergab sich am 7. Mai.

DAS SCHLACHTFELD HEUTE

Wenn auch Städte wie Bastogne oder St.-Vith das größere Interesse finden, so gibt es doch in den jetzt friedlichen Tälern der Ardennen in Deutschland, Belgien und Luxemburg viele interessante Stellen für den Besucher und den Historiker. Die Belgier und Luxemburger, die heute im Kampfgebiet leben, haben den Krieg und Hitlers letzten Angriff nicht vergessen, so-dass heute fast in jedem Ort der „Beule"

OBEN *Amerikanische Soldaten auf einem Hausdach in Beffe, Belgien, am 1. Januar 1945. Ein Großteil der Kämpfe fand in kleinen Dörfern wie diesem statt.*

ein Denkmal der Verteidiger steht. Die vielen Orte der Kampfhandlungen kann man heute leicht abfahren, insbesondere, seit die Grenzen der EU offen sind. Für den Touristen, der nur die wichtigsten Schauplätze sehen will, gibt es ebenso Touren wie für den Enthusiasten, der das ganze Geschehen im Detail verfolgen will.

Für die volle Tour sind vier Tage ausreichend. Sie kann aber länger oder kürzer dauern, je nachdem, wie viel Zeit man auf den Schlachtfeldern oder in den Museen zubringt. Für noch eingehendere Erkundungen kann man sich an der nördlichen oder südlichen Schulter die Stellen anschauen, an denen der erste amerikanische Widerstand auftrat, oder der Kampfgruppe Peiper folgen oder den Weg des weitesten deutschen Vorstoßes in die Ardennen nachfahren. Organisierte Touren bieten belgische oder Luxemburger Reisebüros an; eigene Besichtigungen kann man mithilfe von Broschüren wie z. B. *A Tour of the Bulge Battlefield* von William Cavanaugh organisieren.

Für Teiltouren bieten sich viele Kampfplätze und gute Museen in etlichen Ortschaften zur Besichtigung an, deren Besuch nur wenige Stunden dauert. Wie bei jedem Schlachtfeld gibt es einige Punkte, die man nicht missen sollte, wie die Stellungen der 106. Infanterie-Division in der Schnee-Eifel, den Elsenborn-Kamm, Bastogne, St. Vith und den Schauplatz des Malmedy-Massakers in Baugnez.

HINWEISE FÜR BESUCHER

• Association of Museums of the Battle of the Bulge: Association des Musées de la Bataille des Ardennes, 53 Route de Wiltz, B-6600 Bastogne. Tel 32 (0) 61 21 85 64. www.ambu.lu.

• Luxembourg Tourist Office: Luxembourg National Tourist Office, PO Box 1001, L-1010 Luxembourg. Tel 42 82 82 10. www.ont.lu.

• Diekirch – Musée National d'Histoire Militaire Diekirch, 10 Bamertal, L-9209 Diekirch. Tel (352) 80 89 08. ww.nat-military-museum.lu.

• Ettelbruck – General Patton Memorial Museum, 5 Rue Dr. Klein, L-9054 Ettelbruck. Tel (352) 81 03 22. www.luxembourg.co.uk/nmmh/patton.

• Wiltz – Musée de la Bataille des Ardennes, Château de Wiltz, L-9516 Wiltz. Tel (352) 26 95 00 32.

• Clervaux – Musée de la Bataille des Ardennes, Château de Clervaux, L-9712, Clervaux. Tel (352) 92 00 72.

• Perlé – 385th Bomb Group Museum, Rue de l'Eglise, L-8826 Perlé. Tel (352) 23 64 94 65. www.385bg.com.

• Belgian Tourist Office: Office de Promotion du Tourisme Wallonie-Bruxelles, Rue Marché aux Herbes 63, B-1000 Bruxelles. Tel 00 32 (0) 2/504 03 90. www.belgium-tourism.net. www.wallonia-tourism.be.

• La Gleize – Historical Museum December 1944, 7 Rue de L'Eglise, B-4987 La Gleize. Tel 32 (0) 80 78 51 91. www.december44.com.

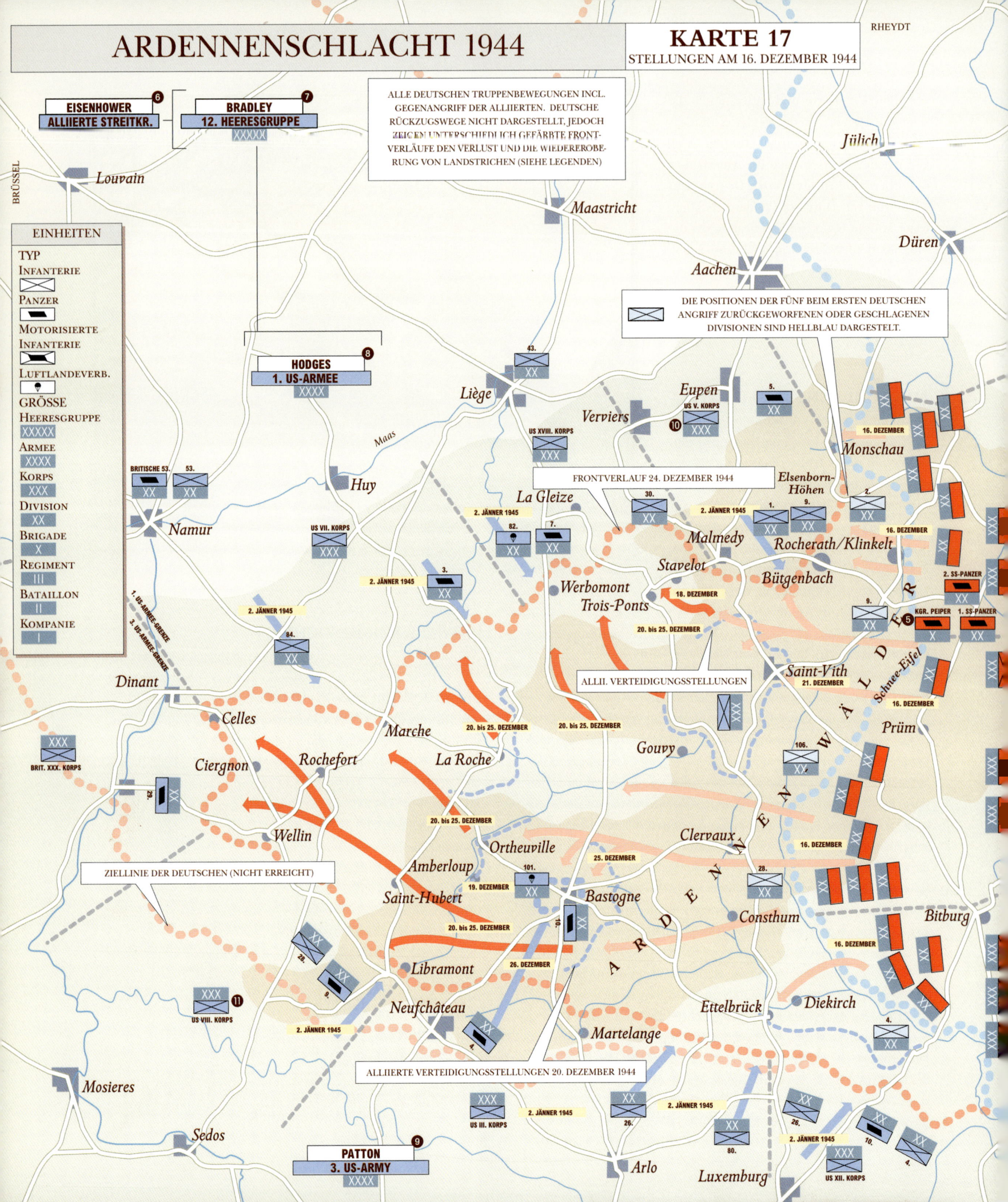

ARDENNENSCHLACHT 1944

KARTE 17
STELLUNGEN AM 16. DEZEMBER 1944

ALLE DEUTSCHEN TRUPPENBEWEGUNGEN INCL. GEGENANGRIFF DER ALLIIERTEN. DEUTSCHE RÜCKZUGSWEGE NICHT DARGESTELLT, JEDOCH ZEIGEN UNTERSCHIEDLICH GEFÄRBTE FRONT-VERLÄUFE DEN VERLUST UND DIE WIEDEREROBERUNG VON LANDSTRICHEN (SIEHE LEGENDEN)

EISENHOWER
ALLIIERTE STREITKR. ⑥

BRADLEY
12. HEERESGRUPPE ⑦

BRÜSSEL

Louvain

Maastricht

Jülich

Düren

Aachen

DIE POSITIONEN DER FÜNF BEIM ERSTEN DEUTSCHEN ANGRIFF ZURÜCKGEWORFENEN ODER GESCHLAGENEN DIVISIONEN SIND HELLBLAU DARGESTELLT.

HODGES
1. US-ARMEE ⑧

Liège

43.

Eupen

US V. KORPS ⑩

5.

16. DEZEMBER

Verviers

Monschau

US XVIII. KORPS

2.

Maas

Huy

FRONTVERLAUF 24. DEZEMBER 1944

Elsenborn-Höhen

16. DEZEMBER

La Gleize

30.

2. JÄNNER 1945

1.

9.

Malmedy

Rocherath/Klinkelt

2. JÄNNER 1945

2. SS-PANZER

BRITISCHE 53.

53.

82.

7.

Stavelot

Bütgenbach

9.

Namur

US VII. KORPS

3.

2. JÄNNER 1945

Werbomont
Trois-Ponts

18. DEZEMBER

KGR. PEIPER

1. SS-PANZER

5.

2. JÄNNER 1945

20. bis 25. DEZEMBER

Saint-Vith
21. DEZEMBER

Schnee-Eifel

1. US-ARMEE-GRENZE

84.

ALLII. VERTEIDIGUNGSSTELLUNGEN

16. DEZEMBER

3. US-ARMEE-GRENZE

Dinant

Celles

Marche

20. bis 25. DEZEMBER

20. bis 25. DEZEMBER

Gouvy

Prüm

BRIT. XXX. KORPS

Ciergnon

Rochefort

La Roche

106.

29.

Clervaux

16. DEZEMBER

Wellin

ZIELLINIE DER DEUTSCHEN (NICHT ERREICHT)

Ortheuville

20. bis 25. DEZEMBER

Amberloup

101.

25. DEZEMBER

28.

Bastogne

Consthum

16. DEZEMBER

Bitburg

Saint-Hubert

19. DEZEMBER

20. bis 25. DEZEMBER

26. DEZEMBER

A R D E N N E N W Ä L D E R

16. DEZEMBER

28.

Libramont

US VIII. KORPS ⑪

Neufchâteau

Ettelbrück

Diekirch

4.

ALLIIERTE VERTEIDIGUNGSSTELLUNGEN 20. DEZEMBER 1944

2. JÄNNER 1945

Martelange

Mosieres

US III. KORPS

2. JÄNNER 1945

2. JÄNNER 1945

2. JÄNNER 1945

26.

Sedos

PATTON
3. US-ARMY ⑨

26.

80.

2. JÄNNER 1945

10.

Arlo

Luxemburg

US XII. KORPS

4.

EINHEITEN

TYP

INFANTERIE

PANZER

MOTORISIERTE INFANTERIE

LUFTLANDEVERB.

GRÖSSE

HEERESGRUPPE XXXXX

ARMEE XXXX

KORPS XXX

DIVISION XX

BRIGADE X

REGIMENT III

BATAILLON II

KOMPANIE I

- La-Roche-en-Ardenne – Musée de la Bataille des Ardennes, 5 Rue Châmont, B-6980 La Rocheen-Ardenne. Tel 32 (0) 84 41 17 25. www.batarden.be.
- Bastogne — American Memorial and Bastogne Historical Center, Colline du Mardasson, B-6600 Bastogne. Tel 32 (0) 61 21 14 13. www.bastognehistoricalcenter.be.
- Bastogne – Maison Mathelin, 1 Rue G. Delperdange, B-6600 Bastogne. Tel 32 (0) 61 21 17 58.
- Poteau – Ardennen Poteau '44 Museum, 22 Poteauerstraße, B-4780 Poteau-St. Vith. Tel 32 (0) 80 217425. www.museum-poteau44.be.
- Camp Elsenborn – Truschbaum Museum, Camp Elsenborn, B-4750 Butgenbach. Tel 32 (0) 80 44 21 05. www.camp-elsenborn.be.

ZEITTAFEL

6. Juni   Tag der Invasion in der Normandie

16. September
        Hitler verkündet Generälen den Ardennen-Plan.

17. September–4. Oktober
        Operation „Market Garden" (Arnheim) schlägt fehl.

2. November–13. Dezember
        Schlacht im Hürtgenwald

16. Dezember
05:30   Deutsche Offensive. Amerikanische Stellungen in der Losheim-Schlucht werden überrannt, aber beide „Schultern" des deutschen Angriffs bald gebremst.
Abend   Eisenhower bietet die 7. und 10. US-Panzerdivision aus der Reserve auf, um den deutschen Angriff im Zentrum zu stoppen.

17. Dezember
Morgens   Die deutsche 18. Volksgrenadierdivision schließt die 106. US-Infanteriedivision völlig ein.
Nachmittag   Massaker von Malmedy
Nachts   Eisenhower bietet die 82. und 101. Luftlandedivision aus der strategischen Reserve auf.

18. Dezember
11:45   Peiper wird bei Trois Ponts gestoppt.

19. Dezember
07:00   Die 101. Luftlandedivision erreicht Bastogne.
16:30   106. US-Infanteriedivision (8000 Mann) ergibt sich.

21. Dezember
        St.-Vith fällt.

22. Dezember
        McAuliffe verweigert die Kapitulation.

23. Dezember
        Klare Sicht ermöglicht Luftversorgung von Bastogne. Rest der Kampfgruppe Peiper zieht sich zu Fuß zurück.

25. Dezember
        Der letzte deutsche Angriff auf Bastogne wird abgewiesen. Die 2. deutsche Panzerdivision erreicht Celles.

26. Dezember
        Die 4. US-Panzerdivision befreit Bastogne.

28. Januar 1945
        US-Einheiten erobern das gesamte an die Deutschen verlorene Gebiet zurück, die „Beule" ist geglättet.

ÜBER DIE AUTOREN

MICHAEL RAYNER ist Koordinator des Trusts für historische Schlachtfelder, einer britischen Einrichtung zur Erhaltung, Beschreibung und Darstellung von Schlachtfeldern. Er war zeitlebens an Geschichte, insbesondere Militärgeschichte interessiert und hat etliche Werke dazu verfasst, darunter English Battlefields (Tempus 2004). Er ist derzeit stellvertretender Leiter der Langley School, Norfolk.

MARTIN MARIX EVANS hat mehr als 20 Bücher über Militärgeschichte geschrieben, vom englischen Bürgerkrieg über den Burenkrieg bis zu den beiden Weltkriegen. Sein Werk lebt von Berichten aus erster Hand, Untersuchungen auf den Schlachtfeldern und dem sorgfältigen Studium von Karten, Zeichnungen und Fotografien.

CHRISTINA HOLSTEIN ist ausgebildete Juristin, deren Hauptinteresse immer der Militärgeschichte galt. Sie ist anerkannte Expertin für die Schlachtfelder von Verdun, des Argonnerwaldes und von St. Mihiel Salient des 1. Weltkrieges. Neben dem Schreiben leitet sie auch Besichtigungen für einzelne und Gruppen. Ihr erstes Buch erschien 2002.

COLONEL JOHN HUGHES-WILSON ist Präsident der Gilde der Schlachtfeldführer und einer der führenden britischen Kommentatoren für Nachrichtenwesen und Militärgeschichte. Im BBC-Fernsehen unterhält er die Serie „Was wäre wenn?"
Zu seinen Büchern zählen The Puppet Master („Die Drahtzieher") und Military Intelligence Blunders („Schnitzer des militärischen Geheimdienstes") sowie Blindfold and Alone („Blind und allein"). Er ist Mitglied des Churchill-College in Cambridge und des Royal United Services Institute, Whitehall. Als Infanterie- und Geheimdienst-Offizier war er im Falkland-Eisatz, auf Zypern, in Arabien und Nordirland sowie im Politsumpf von Whitehall und der NATO.

DR. CHRISTOPHER PUGSLEY ist ehemaliger neuseeländischer Infanterieoffizier, Senior Lektor für Kriegsgeschichte am RMA Sandhurst, wo er über die Entwicklung der Kriegskunst liest. Er hat 14 Werke verfasst und wurde zweimal für die Templer Goldmedaille und den Montana-Neuseeland-Buchpreis vorgeschlagen. Sein letztes Buch heißt Operation Cobra aus der Serie „Battle Zone Normandy".

ANTHONY HALL hat 15 Jahre lang Bücher über Militärgeschichte herausgegeben und ist seit fünf Jahren selbst Autor zu diesem Thema. Er hat maßgeblich an Geschichten des amerikanischen Bürgerkrieges mitgewirkt, ist Autor mehrerer Bücher über die Landungen in der Normandie und Mitautor einer Geschichte der Körperpanzer. Er lebt in Staffordshire in England.

MAJOR JASON R. MUSTEEN ist aktiver Offizier in der US-Armee und bekleidete verschiedene Kommandeur- und Stabspositionen in Panzer- und Panzerspäheinheiten. Er ist Master und Doktor für Geschichte der Florida State Universität und derzeit Assistenzprofessor für Militärgeschichte an der US-Militärakademie von Westpoint.

MAJOR JOSHUA MOON lehrt Militärgeschichte an der US-Militärakademie in Westpoint. Obwohl die napoleonische Zeit sein Spezialgebiet ist, führte er seine Kadetten und Armee-Offiziere mehrmals zu den Schlachtfeldern von Gettysburg und Antietam.

MICHAEL HANNON diente bei der Artillerie von 1950 bis 1968. Sein spontanes Interesse an Militärgeschichte wurde durch sein Studium am Staff College, Camberley, noch verstärkt. Danach arbeitete er für eine internationale Computerfirma bis 1990. Eine dritte Karriere startete er mit seiner Frau, mit der er die „Grapeshot Tours" gründete, welche die Info-Ferien „In den Fußstapfen von Kaiser Napoleon" anbietet.

CHRISTOPHER L. SCOTT war Ausbildungsleiter der Royal Armouries im Tower von London. Er ist Mitarbeiter des Battlefield Trusts, einer britischen Einrichtung zur Erhaltung, Beschreibung und Darstellung von Schlachtfeldern, und der Gilde der Battlefield-Führer. Er schreibt und unterrichtet Militärgeschichte, war der Herausgeber von Battlefield und ein Lord General historischer Schlachtendarstellungen.

REGISTER

BILDNACHWEIS

Copyright © der Fotos liegt bei den Fotografen und ihren Agenturen laut anhängendem Verzeichnis. Abkürzungen: o = oben; ol = oben links; or = oben rechts; u = unten; ul = unten links; l = links; r = rechts; m = Mitte. (Ist nichts angegeben, so enthält die Seite nur ein Foto oder alle Fotos einer Seite stammen von demselben Fotografen.)

AM = Airborne Museum; akgi = akg-images, akgi/LL = akg-images/Laurent Lecat; CdV/F/BM = Chateau de Versailles, France/www.bridgeman.co.uk – CdV/F/BM/G = Chateau de Versailles,France/www.bridgeman.co.uk/Giraudon – CdV/F/BM/L/G = Chateau de Versailles,France/www.bridgeman.co.uk/Lauros/Giraudon – PC/BM = Privatsammlung/www.bridgeman.co.uk – GMW/E/BM = Gurkha Museum,Winchester,England/ www.bridgeman.co.uk – NMGW/C/BM = National Museum & Gallery of Wales,Cardiff/www.bridgeman.co.uk – CdVF/BM = Chateau de Versailles,France/ www.bridgeman.co.uk – AH/WM/UK/BM = Apsley House/The Wellington Museum,London,UK/www.bridgeman.co.uk – L/P/F/BM/G = Louvre,Paris,France/www.bridgeman.co.uk/Giraudon – ANC/UK/BM = Army & Navy Club,London,UK/www.bridgeman.co.uk – DDG/P/USA/BM = David David Gallery,Philadelphia,PA,USA/www.bridgeman. co.uk; BMAL = The Bridgeman Art Library; BT = www.battletour.com; CH = Christina Holstein; FWW/GWW = First World War.com/The Great World War: A History edited by Frank A. Mumby; FWW/CPHWW = First World War.com/Collier's New Photographic History of the Worlds War (New York, 1918); FWW/LVC = First World War.com/Liberty's Victorious Conflict; G = Gallo Images/Gettyimages.com; GS! = Great Stock!; B/C = Bettmann/CORBIS; BM/C = Buddy Mays/CORBIS; C = CORBIS; HDC/C = Hulton-Deutsch Collection/CORBIS; MN/C = Michael Nicholson/CORBIS; MSt.MS/C = Michael St. Maur Sheil/CORBIS; NGC/C = National Gallery Collection/CORBIS; PV/C = Paul Velasco/CORBIS; RK/C = /Richard Klune/CORBIS; SA.M;E/C = Sally A. Morgan; Ecoscene/CORBIS; WK/C = Wolfgang Kaehler/CORBIS; IK = Ian Knight; IWM = Imperial War Museum; LMM = Liberty Memorial Museum; LoC/OS/TH = Library of Congress/O'Sullivan,Timothy H; LoC/BNPAG = Library of Congress/Brady National Photographic Art Gallery; LoC/BCWPG = Library of Congress/Brady Civil War Photograph Collection; LoC/GA = Library of Congress/Gardner, Alexander; LoC/VJ = Library of Congress/ Vannerson, Julian; LoC/CWP = Library of Congress/Civil War Photographs; LoC/SWM = Library of Congress/Smith, William Morris; LoC/CWP = Library of Congress/Civil War Photographs; ME = Mary Evans; MJM = Major Joshua Moon; OM = Oorlogs Museum; PA = Photo Access

1		GS!/C	28		PC/BM	57		LoC/GA	81	r	FWW/CPHWW	111	l	akgi
2–3		GS!/B/C	30		ME	58		PC/BM	81	o	LMM	111	r	GS!/B/C
4–5		GMW/E/BM	31		G	59	l	LoC/VJ	82		GS!/MSt.MS/C	112		akgi
6–7		NMGW/C/BM	34		AH/WM/UK/BM	59	r	LoC/CWP	83		CH	113		GS!/B/C
8		GS!/DM/C	35	l	AH/WM/UK/BM	62		LoC/SWM	86		GS!/MSt.MS/C	116		GS!/C
9		GS!/RK/C	35	r	L/P/F/BM/G	63	ol	LoC/BCWPG	87	l	FWW/CPHWW	117	l	ME
10–11		PC/BM	36		ANC/UK/BM	63	or	LoC/BCWPG	87	r	IWM	117	r	GS!/B/C
12		CdV/F/BM	37		PA	63		LoC/GA	88		IWM	118		GS!/C
13		GS!/B/C	42–43		DDG/P/USA/BM	64	o	GS!/B/C	89		LMM	124		AM
14	l	GS!/MN/C	44		LoC/OS/TH	64	u	MJM	94		GS!/MSt.MS/C	125		GS!/B/C
14	r	G	46	l	GS!/C	65		GS!/WK/C	95	ol	GS!/C	126		IWM
15		GS!/B/C	46	r	LoC/BNPAG	70–71		PC/BM	95	or	FWW/LVC	127		AM
18		CdV/F/BM/L/G	47		GS!/DM/C	72		G	95	u	LMM	130		GS!/C
19	l	akgi/LL	50		GS!/C	73		GS!/HDC/C	96		GS!/B/C	131	t	GS!/C
19	r	ME	52		GS!/C	74		LMM	97		GS!/SA.M;E/C	131	u	GI
20		ME	53	l	GS!/C	75	l	FWW/GWW	100–101		GS!/C	132		GS!/C
22		akgi	53	m	LoC/BNPAG	75	r	ME	102		GS!/C	133		GS!/C
23		BT	53	r	GS!/BM/C	76		GI	103		GS!/B/C			
26		ME	56	l	LoC/GA	77		GS!/WK/C	104		GS!/C			
27	l	GS!/NGC/C	56	m	GS!/C	80		LMM	105		GS!/B/C			
27	r	CdV/F/BM/G	56	r	LoC/GA	81	ul	FWW	110		GI